児玉光雄 著

1日5分！で右脳の能力がアップします！

実業之日本社

もくじ

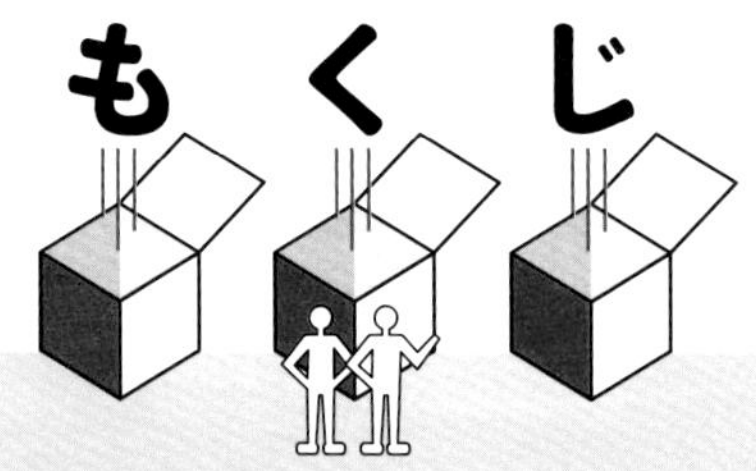

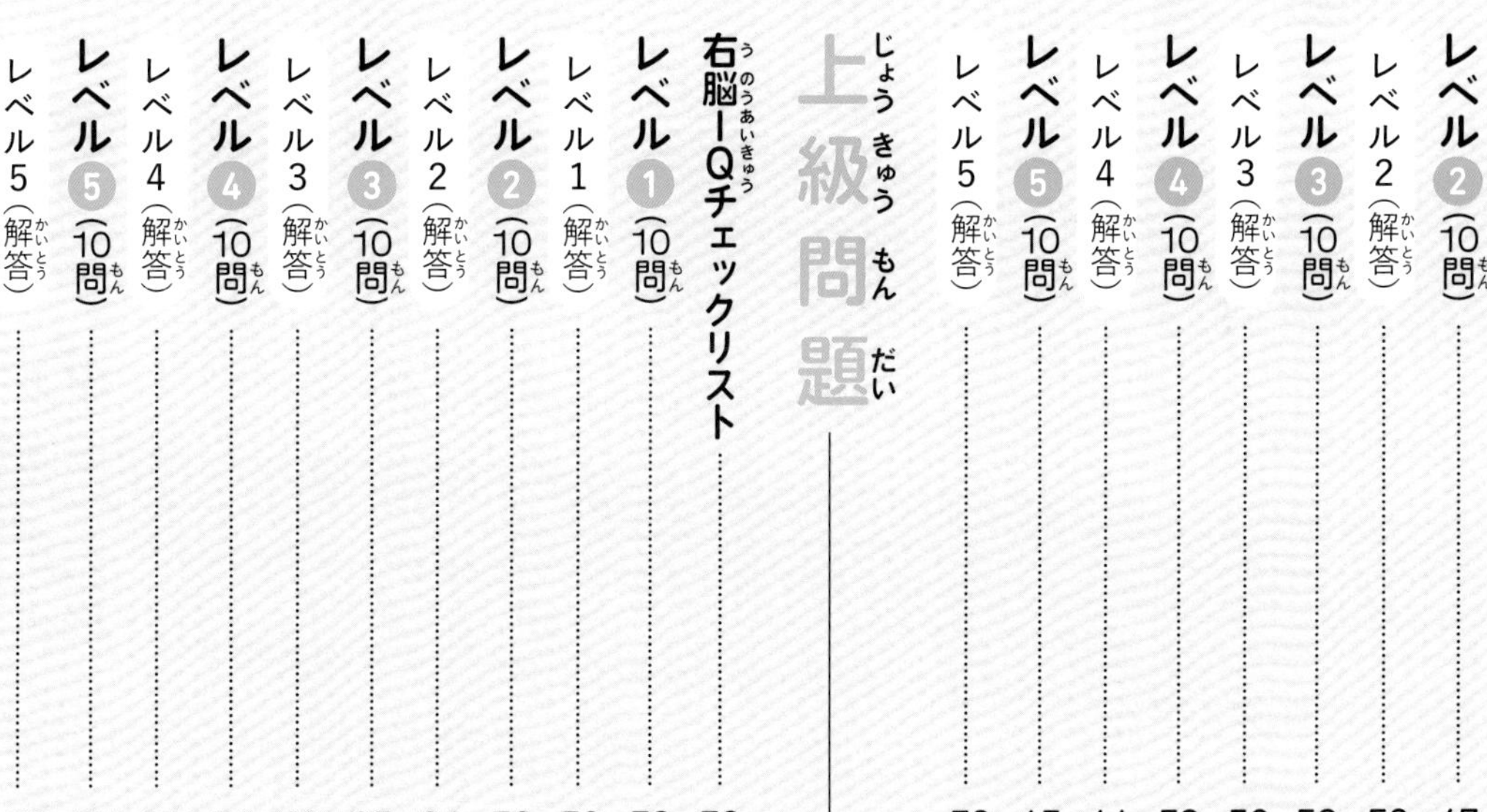

上級問題

はじめに

この本との出会いが、あなたのお子さんの運命を変えるかもしれません。

「鉄は熱いうちに打て！」という言葉は、子どもたちの脳をできるだけ早い時期に徹底的に鍛えることの大切さを教えてくれます。脳細胞が劇的に変化するのが5歳から12歳の時期であるのは紛れもない事実です。

この時期の子どもの脳は劇的に変化を遂げ、基本的な脳の機能はほとんど決定されます。そのためにも、この時期にこの本に掲載されている右脳を活性させる問題に親しむことにより、その機能を鍛えることができます。

12歳までの脳はとても柔軟性があり、ちょうど乾いたスポンジが水を吸い込むように情報を貪欲に吸収してくれます。しかし、残念ながら、この時期に知識をひたすら詰め込むだけの「左脳偏重主義」の日本の教育システムは、これからの時代に生き残る人材育成の教育システムとしては、もはや時代遅れです。

ここで簡単に、大脳新皮質の左脳と右脳の機能について解説しておきましょう。「左脳」は言語機能や論理的思考、分析的処理をする役割を担っています。つまり文字や数字を介して行う思考形態です。

一方、「右脳」は、図形処理や空間認識など、画像を介して理解することが得意で、発想力や創造力に大きく関与しています。たとえば、過去の大発見や大発明のほとんどは、彼らの右脳から出力された画像により、その概念が生まれ、それを左脳によって文字や数字に変換されることにより、その発明や発見が共通認識として世に認められたわけです。

これからの時代は左脳の役割は、ほとんどすべてコンピュータに置き換わる運命にあります。つまり、これまで左脳が果たしてきた文字や数字を介した情報処理は、今やほとんどコンピュータに置き換わってしまうのです。

一方、人間の右脳の機能は、人工知能の急激な発達があるとはいえ、その機能がすべてコンピュータに置き換わるのはまだまだ先の話になります。つまりこれからの時代の生き残れるのは、発想力や直観力に秀でた「右脳人間」であることは間違いありません。

そのためには、脳の発達が著しい5歳から12歳までのお子さんの右脳を徹底的に鍛える必要があるのです。だから、5歳から12歳のお子さんをお持ちのご両親には、何をおいてもお子さんに右脳を活性させることに務めていただきたいのです。

私は日本で最初に「右脳ＩＱ」という概念を導入し、現在もその普及に尽力しています。小さい頃から右脳を鍛えているお子さんは、小学校に入学してからも問題を効率良く解いて優秀な成績をあげることができます。

それだけでなく、普段から右脳を働かせる習慣が身についているお子さんは、物事に集中できる没頭モードが身についているため、問題を理解する速度も高まるのです。

少し前の話になりますが、私はある大手学習塾で１００人を超える小学生に右脳ドリルを実際に解いてもらったことがあります。その結果、右脳ドリルの成績の良い子どもは塾の成績も良いことが判明しました。それだけでなく、右脳ドリルを解いた感想を子どもたちに聞いたところ、「学校の勉強よりも楽しかった！」という感想が多かったのです。つまり、右脳ドリルは楽しみながら右脳を鍛えることができるのです。

この本は、お子さんが楽しみながら右脳を活性化することを前提に、さまざまなユニークな問題を収録しています。お子さんはもちろん、大人にとっても十分楽しめる問題ですので、お子さんと一緒に、この「右脳ドリル」を解くことにより家族ぐるみで楽しむこともできます。

この本との出会いは、あなたのお子さんの右脳に奇跡を起こすきっかけになるはずです。

追手門学院大学特別顧問　児玉光雄

この本の使い方

1 制限時間

このドリルには全部で１５０の問題が収録されています。初級問題、中級問題、上級問題、いずれも制限時間は各レベル（全10問）5分となります。

2 用意するもの

まず答えを書き込む筆記用具を用意してください。鉛筆を使えば、答えを消して何度でも繰り返して問題をやることができます。

それから、時間を計るための時計を用意してください。これでスタートできます。

3 早く答えるためのコツ

選択式の問題がほとんどなので、カンの鋭さも得点を左右します。問題を解くときに考え込む必要はありません。右脳は「ひらめき脳」と呼ばれていて、とっさの判断が得意です。カンを頼りに、すばやく答えを出しましょう。

問題は順番にやる必要はありません。わかりやすい問題から始めてもいいのです。この場合にも右脳の力が役に立ちます。

4 答え合わせ

時間がきたら問題を解くのをやめて、解答を見ながら答え合わせをしましょう。レベル1〜5でそれぞれいくつ正解したかを数えて、その合計をだしたら「右脳IQ数値表」でいまの自分の右脳の力を確かめてください。

5 ステップアップ

初級の50問のうち40問以上正解できるようになったら、中級に進んでください。中級でも40問以上正解できるようになれば、上級に進んでください。初級は4〜6歳、中級は小学校低学年、上級は小学校中学年以上向けというのがおおよその目安ですが、幼児でも上級の問題をすらすら解いてしまう子もいますし、大人でも問題によっては初級でも苦労するかもしれません。右脳のレベルは年に関係がないのです。

同じ問題を繰り返しやっていると覚えていくので、だんだん成績はよくなります。しかし、同じ問題を1週間以上おいてから解けば、何度チャレンジしても右脳を鍛える効果はほとんど変わりません。

6 注意

たとえわからなくても、簡単にあきらめて答えを見てはいけません。制限時間のあいだは問題を解くことに集中してください。集中することで右脳の力は高まっていくのです。

◆

それでは、がんばって「右脳ドリル」にチャレンジしてください。すべての問題をやり終えたとき、あなたの右脳は大きくレベルアップしているはずです。

初級問題

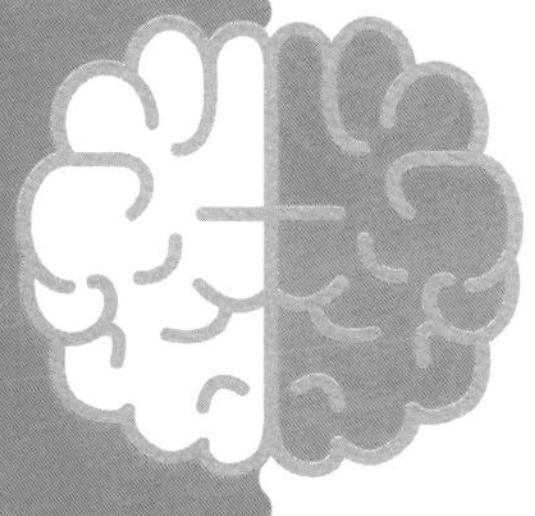

初級問題所要時間

各レベルごとに5分（計25分）

	1回目 正解数	2回目 正解数	3回目 正解数
レベル1			
レベル2			
レベル3			
レベル4			
レベル5			
合計			

右脳IQ数値表

正解数	右脳IQ値
46 ～ 50	155
41 ～ 45	147
36 ～ 40	139
31 ～ 35	131
26 ～ 30	123
21 ～ 25	115
16 ～ 20	107
11 ～ 15	99
06 ～ 10	91
01 ～ 05	83

レベル

きみの右脳は最高レベルだよ
147 ～ 155

きみの右脳はとても優秀だよ
131 ～ 139

きみの右脳は平均レベルだよ
115 ～ 123

もう少しがんばろうね
99 ～ 107

毎日このドリルを解いてね
91 以下

もんだい 1

いちばん数が多いのはどれかな？

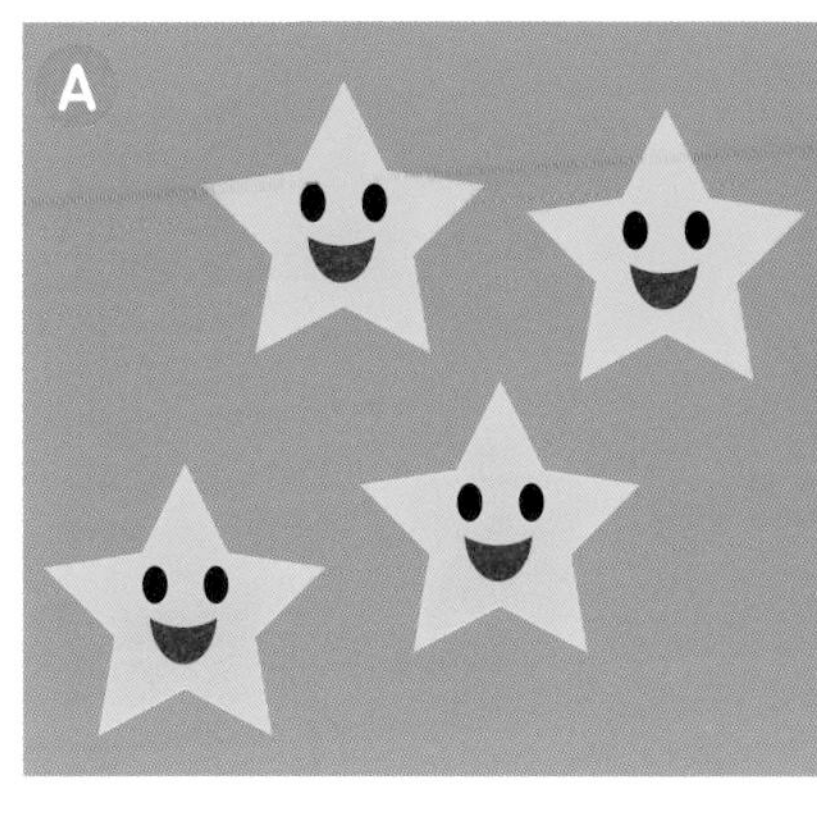

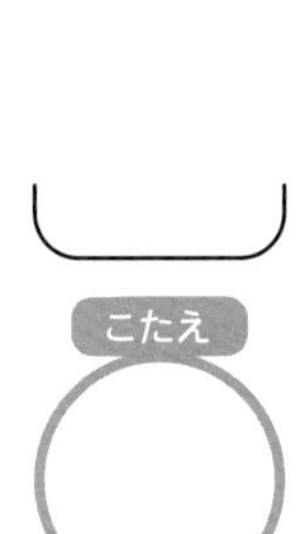

もんだい 2

上の絵のつづきになるように
A～Dの絵を順番に並べかえてね。

こたえ

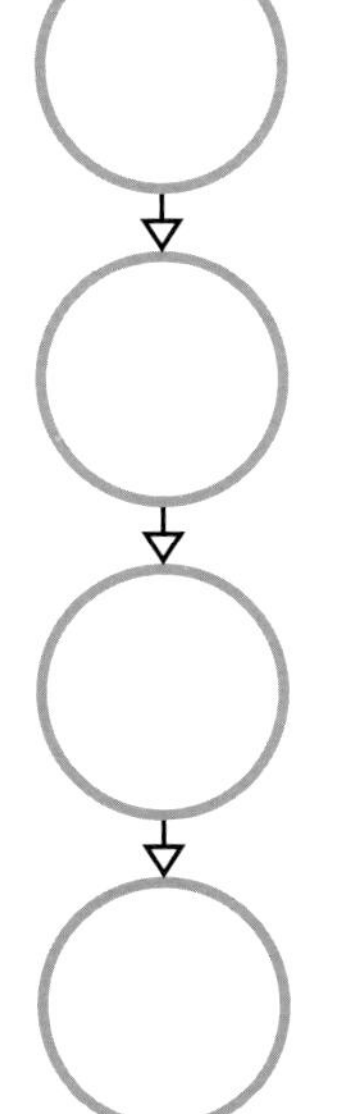

もんだい 3

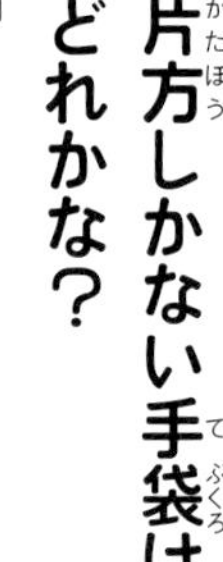

片方しかない手袋はどれかな？

E 

D 

C 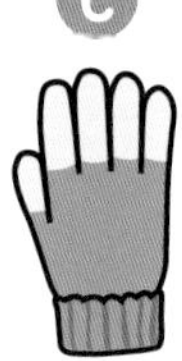

B 

A 

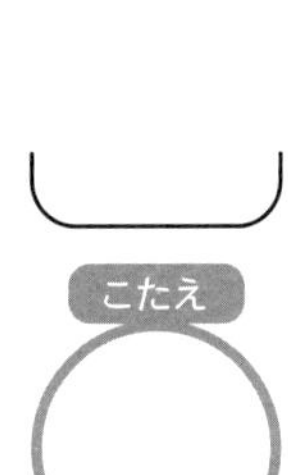

こたえ

もんだい 4

1つだけほかとちがうものをさがしてね。

C 

A 

D 

B 

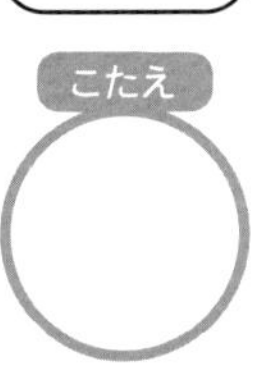

こたえ

初級問題

レベル1
レベル2
レベル3
レベル4
レベル5

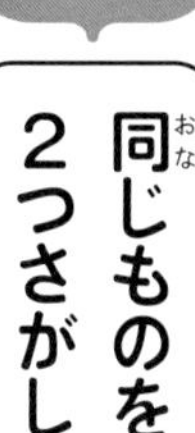

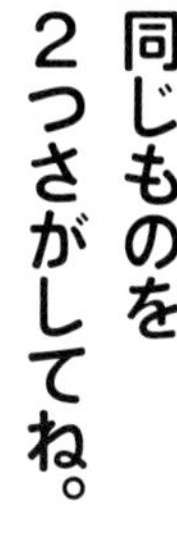

同じものを2つさがしてね。

こたえ

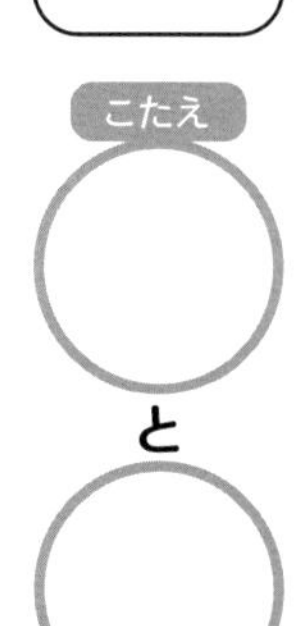

1つだけ数がちがうものをさがしてね。

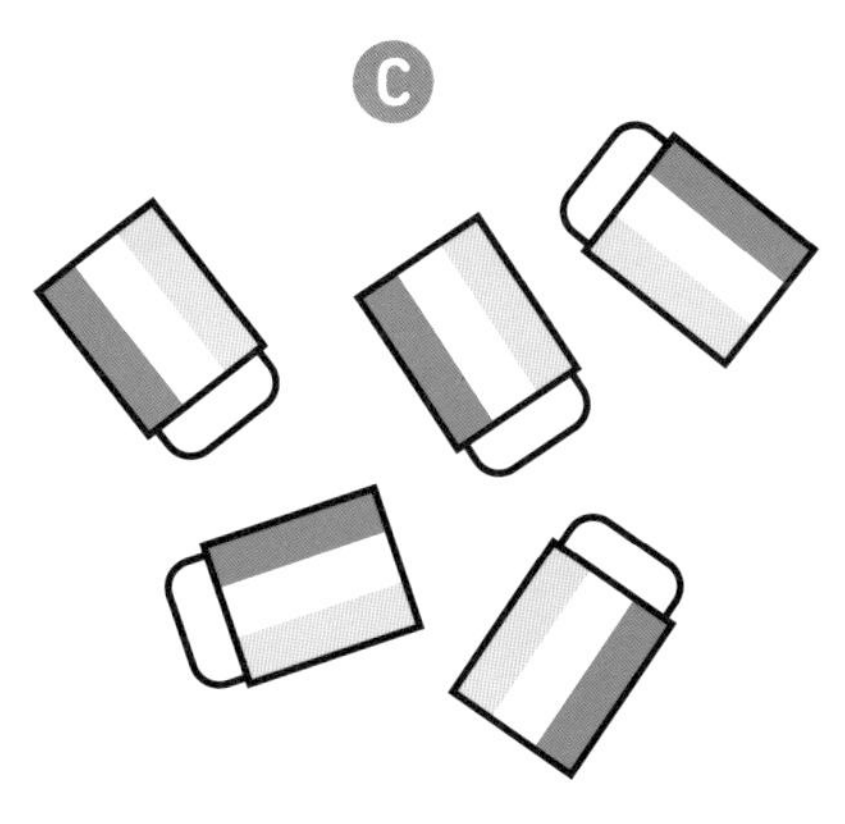

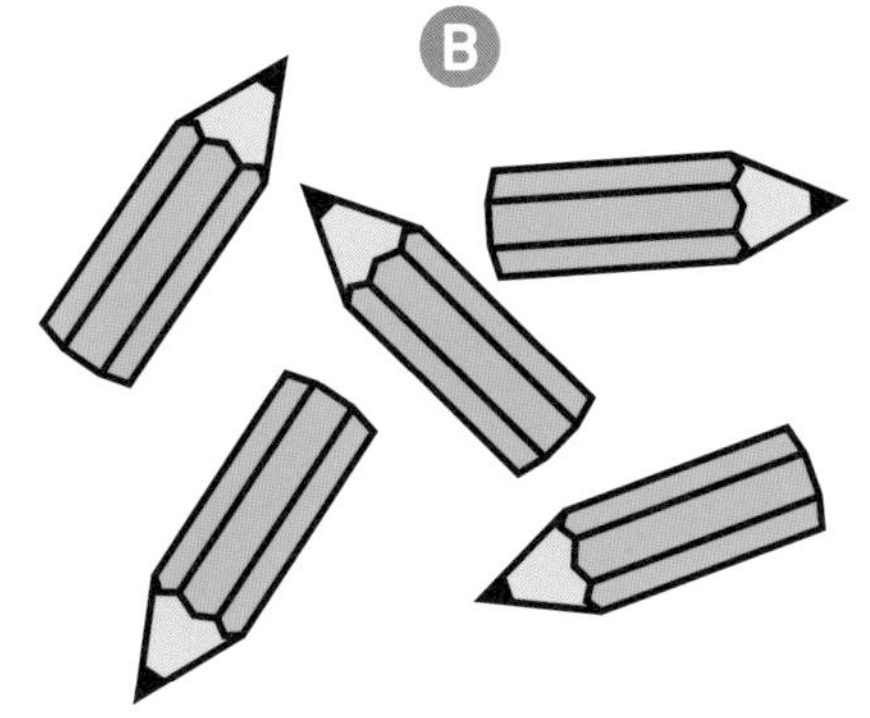

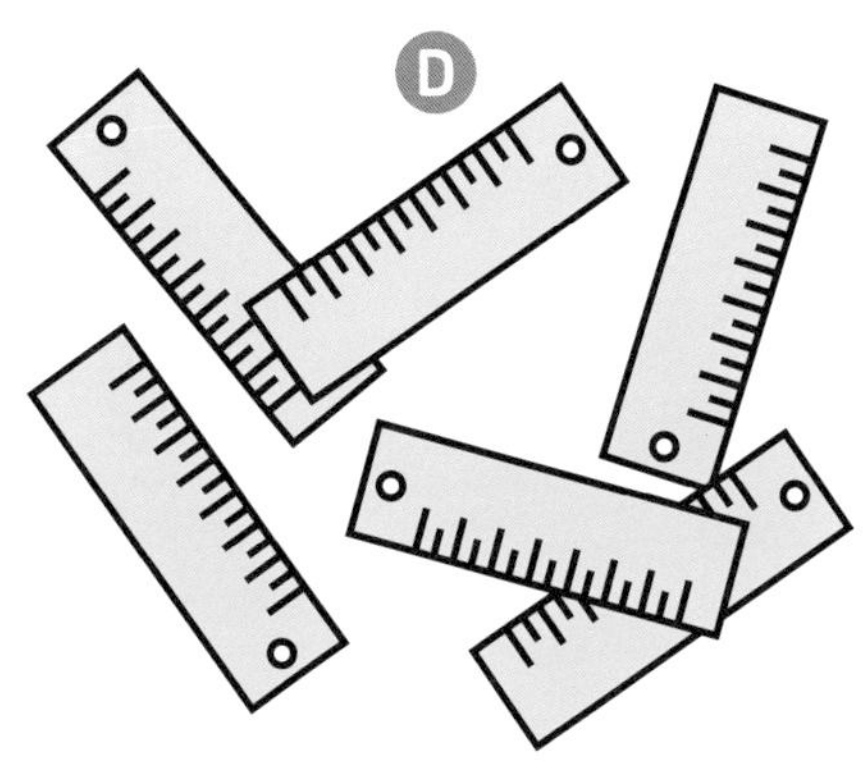

こたえ

もんだい 7

上の絵と同じくみあわせのものはどれかな？

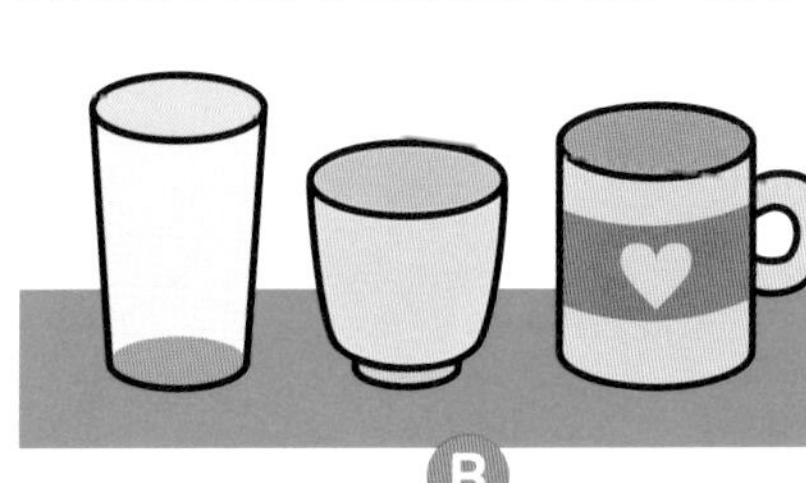

A

B

C

D

こたえ

もんだい 8

上の絵と下の絵を正しく線で結んでね。

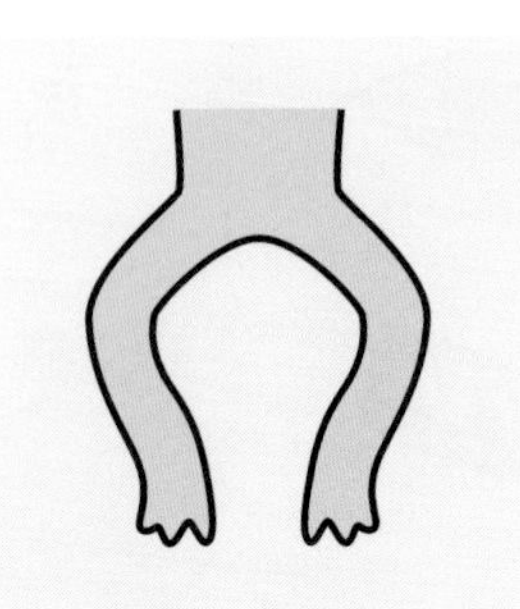

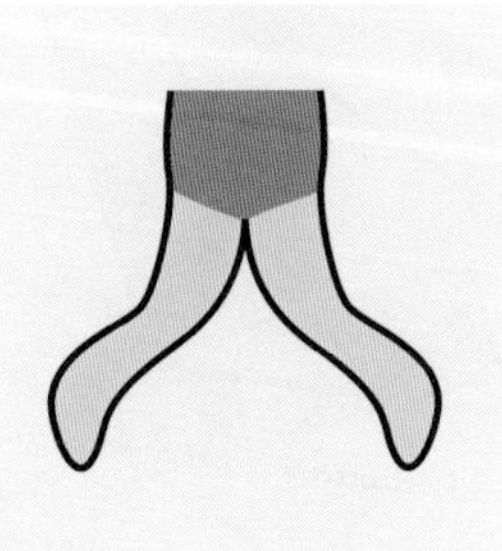

初級問題（しょきゅうもんだい）

レベル1 レベル2 レベル3 レベル4 レベル5

1つだけほかとちがうものをさがしてね。

もんだい
10

上（うえ）の絵（え）と同（おな）じものはどれかな？

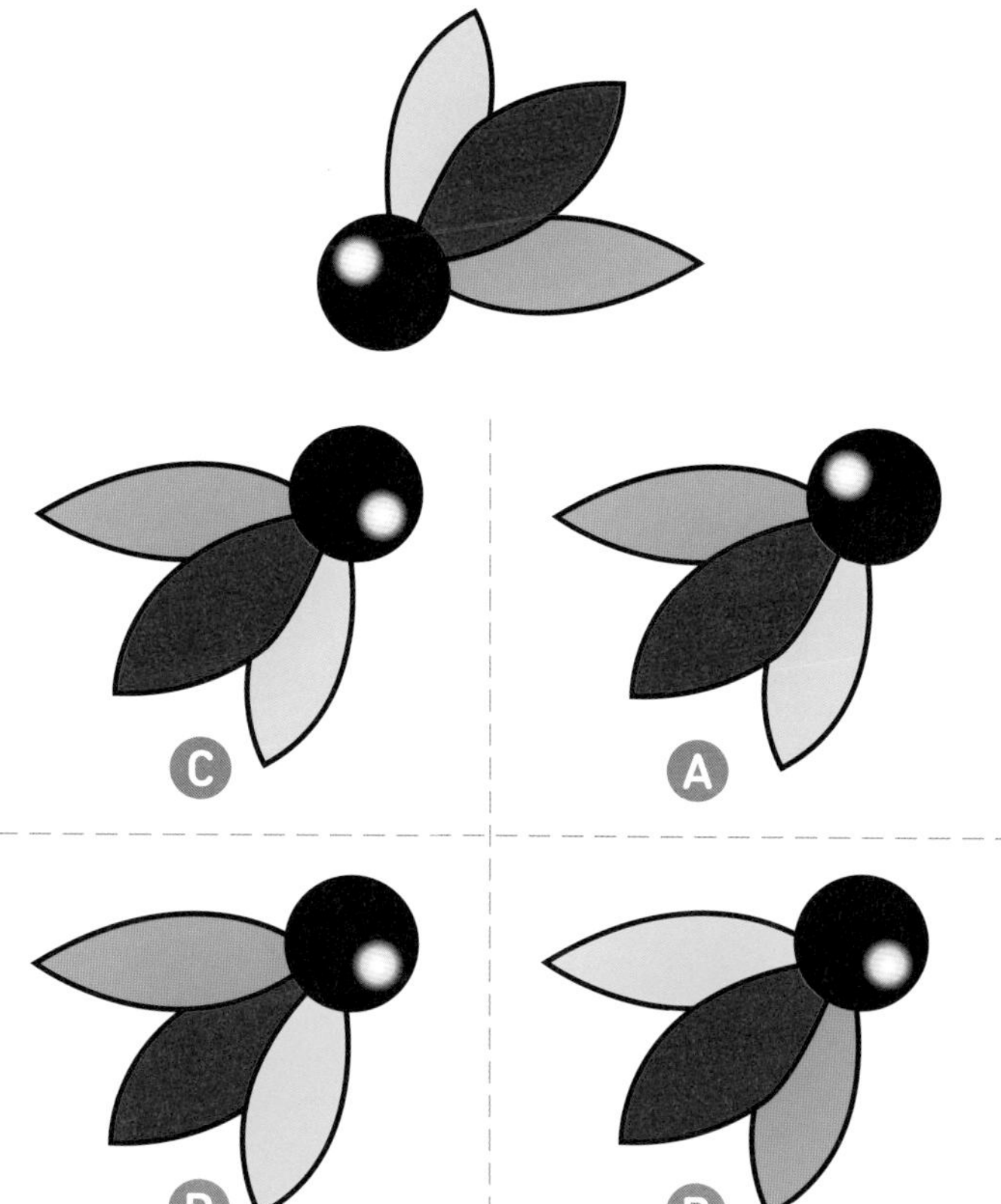

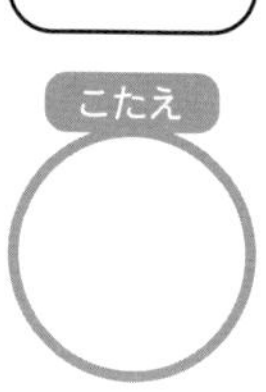

解答 初級問題・レベル1

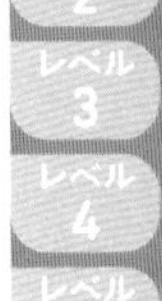

もんだい 5

こたえ A と B

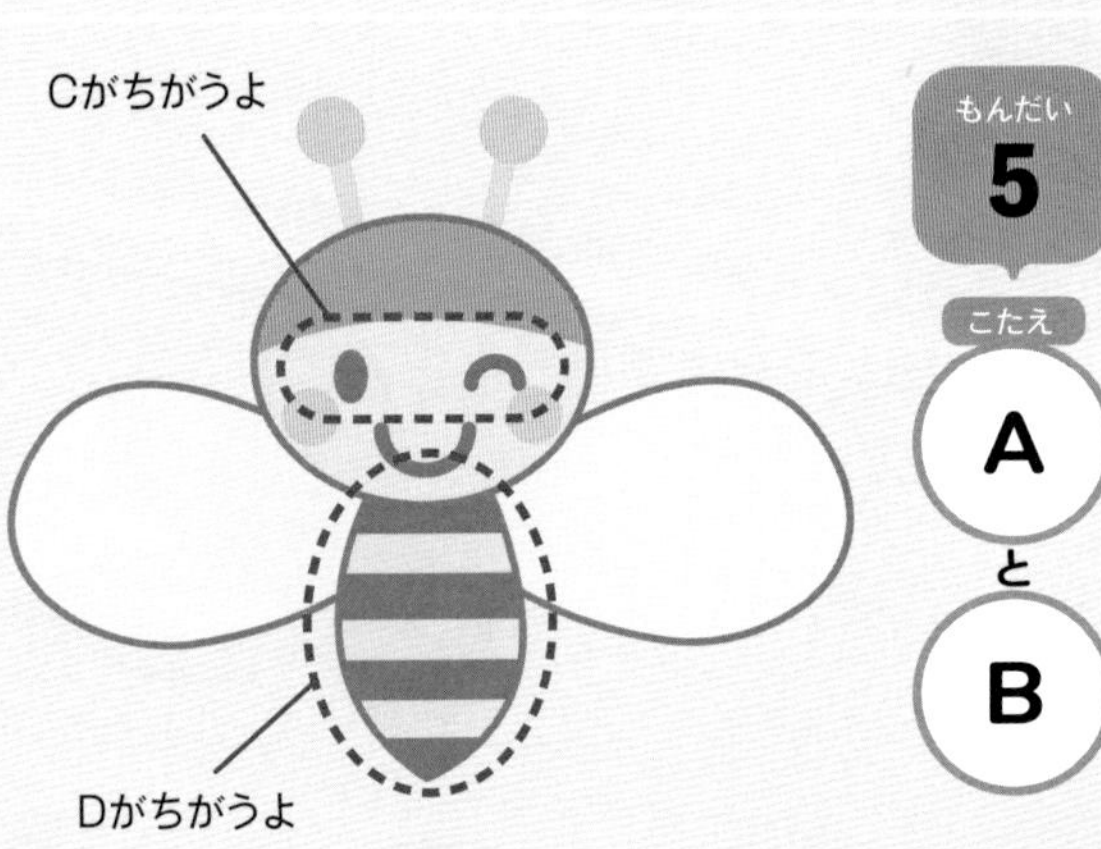

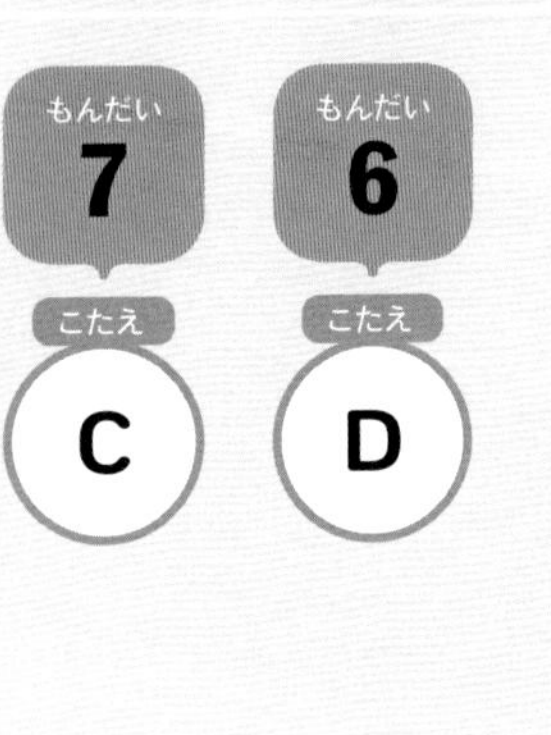

図を見てね

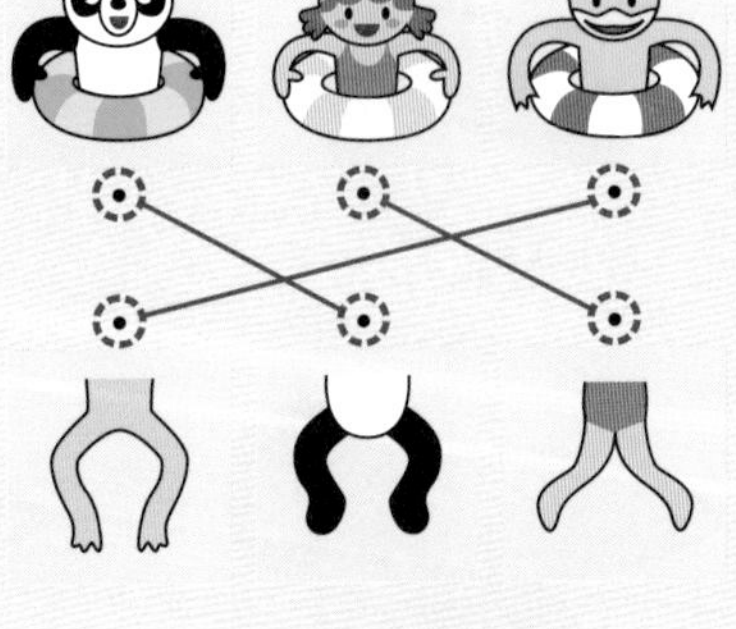

Cだけ野菜で、そのほかは動物だよ

もんだい 10

こたえ C

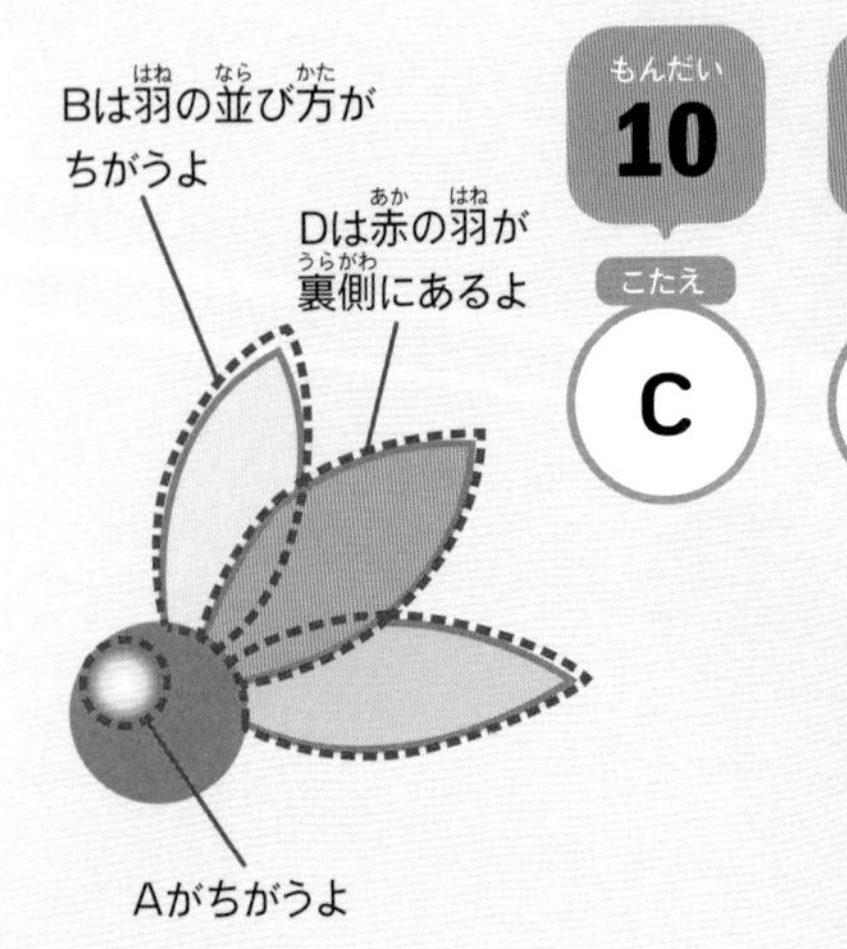

もんだい
1

上の絵のつづきになるように
A~Dの絵を順番に並べかえてね。

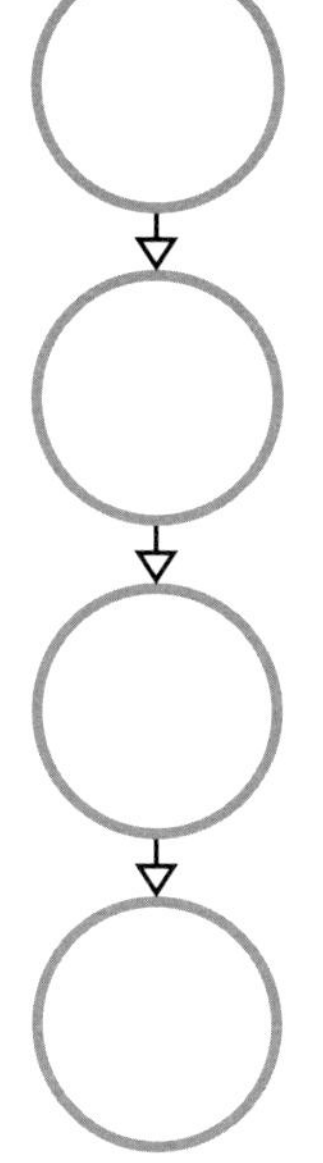

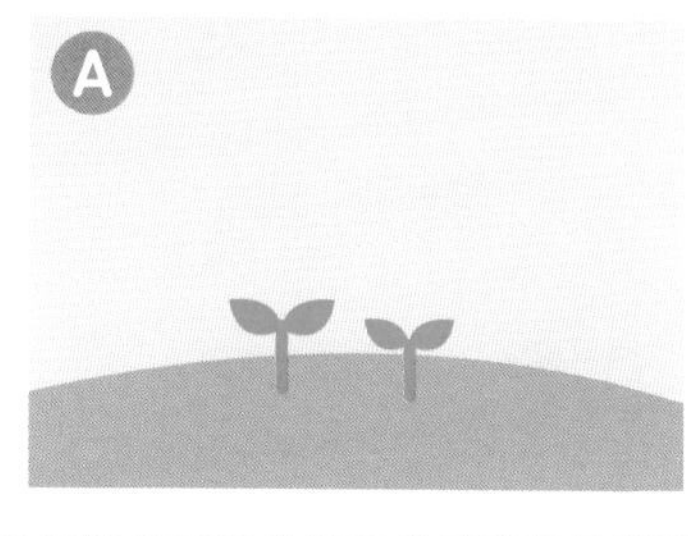

もんだい
2

同じものを
2つさがしてね。

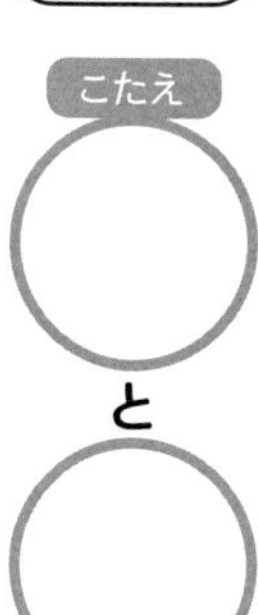

もんだい
3

つみきの数と同じ花はどれかな？

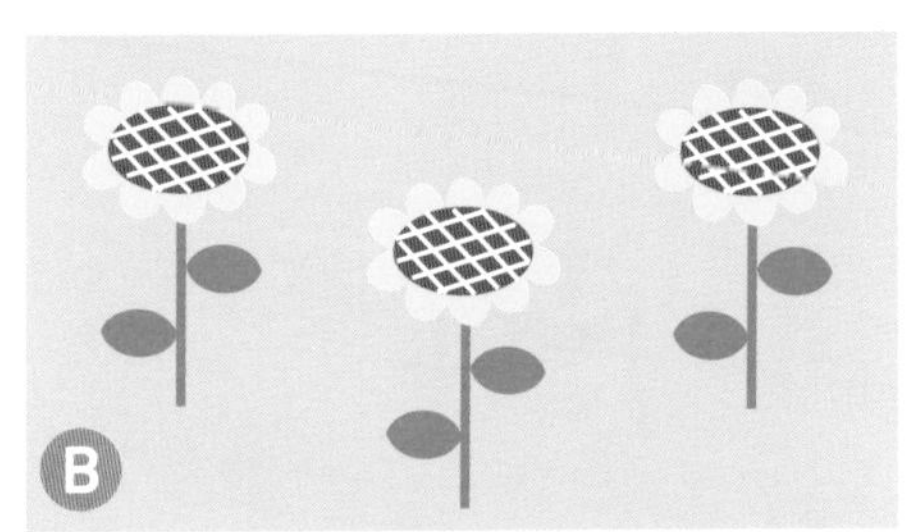

こたえ

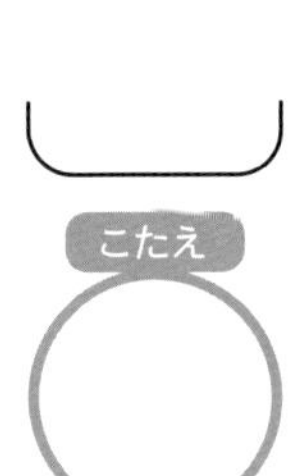

もんだい
4

同じくみあわせを2つさがしてね。

こたえ

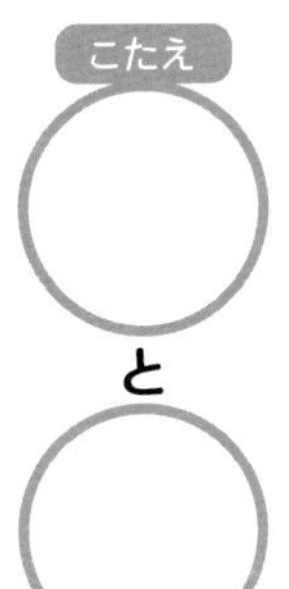

もんだい 5

1匹しかいない魚はどれかな？

A

B

C

D

E

こたえ

もんだい 6

同じ数のものを線で結べるかな？

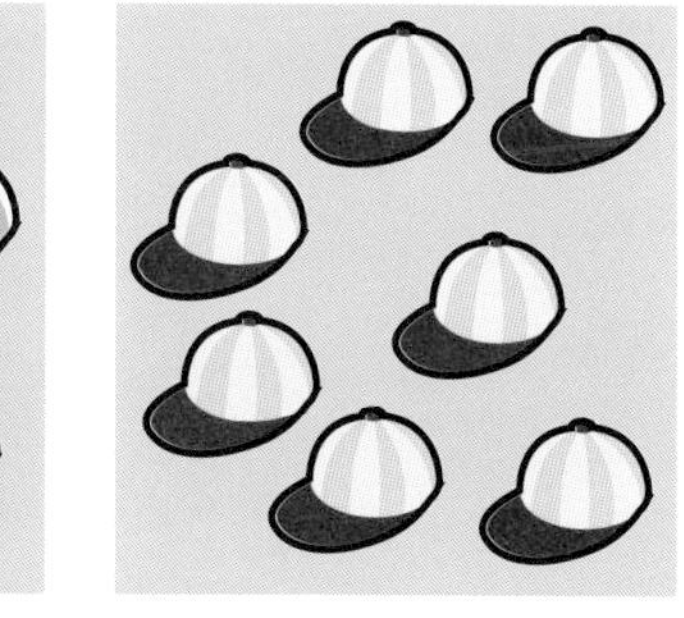

もんだい 7

上の絵と同じものはどれかな？

A

C

B

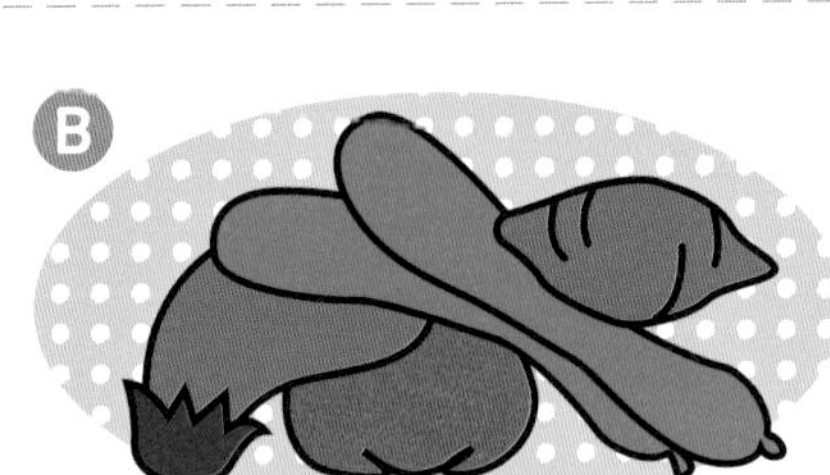

D

こたえ

もんだい 8

上の絵のつづきになるように A～Dの絵を順番に並べかえてね。

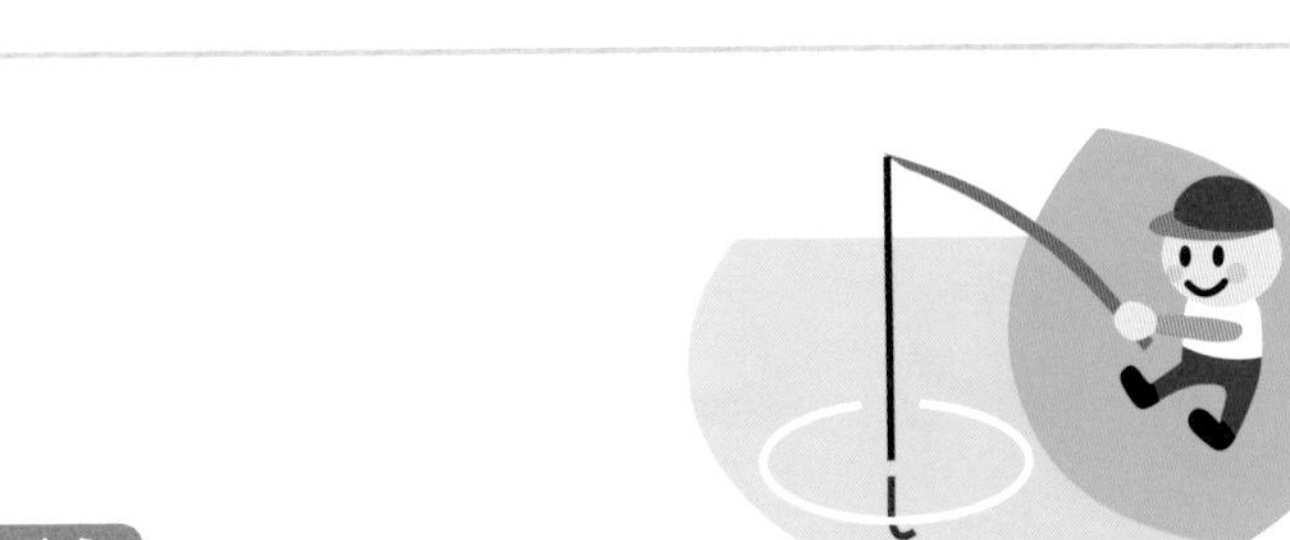

A

C

B

D

こたえ

初級問題(しょきゅうもんだい)

レベル1 レベル2 レベル3 レベル4 レベル5

1つしかない乗り物(のりもの)はどれかな？

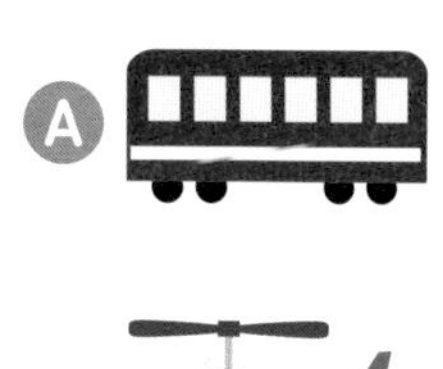

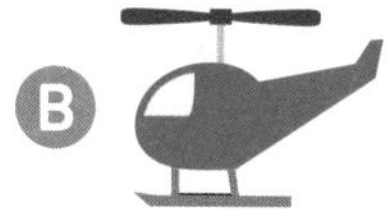

もんだい
10

つみきの形(かたち)を上(うえ)から見(み)たものはどれかな？

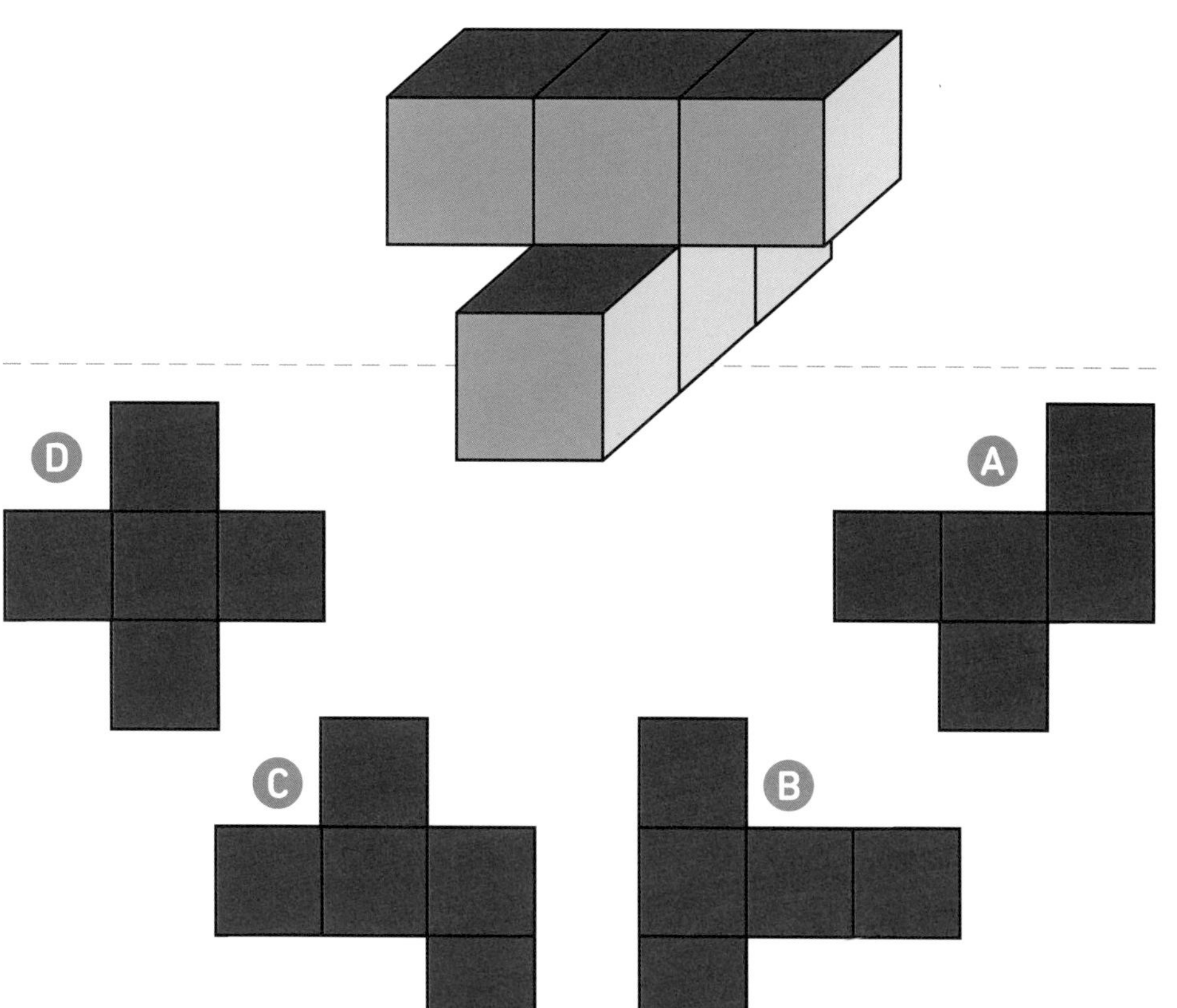

こたえ

解答（かいとう） 初級問題（しょきゅうもんだい）・レベル2

もんだい 1

こたえ A → D → C → B

もんだい 2

こたえ A と D

もんだい 3

こたえ A

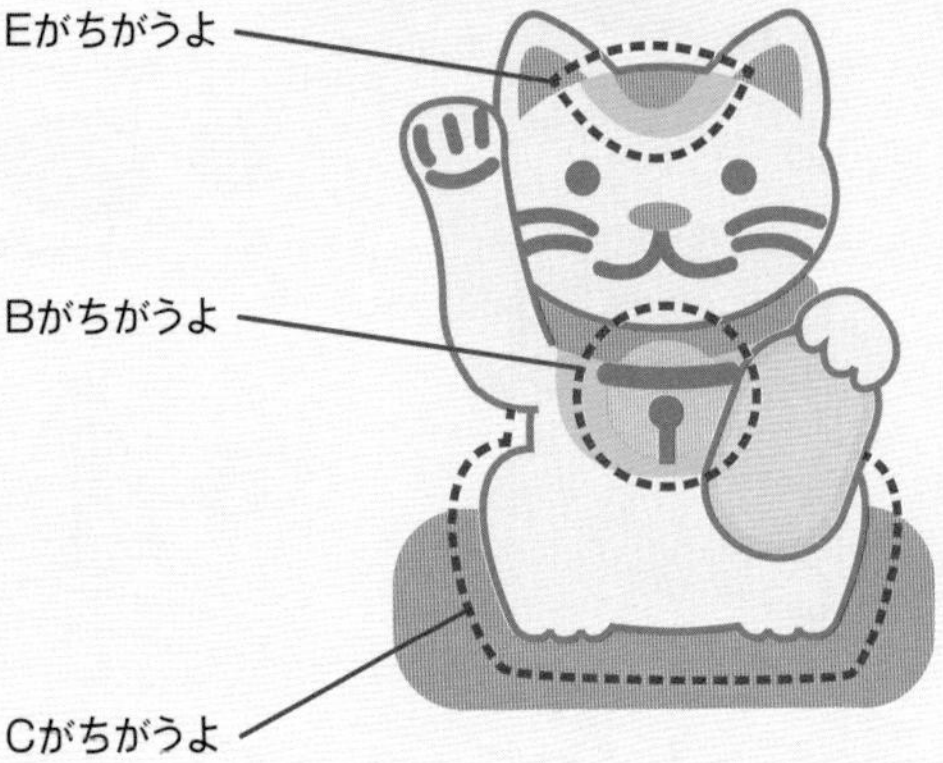

もんだい 4

こたえ A と D

もんだい 5

こたえ D

もんだい 6

こたえ 図（ず）を見（み）てね

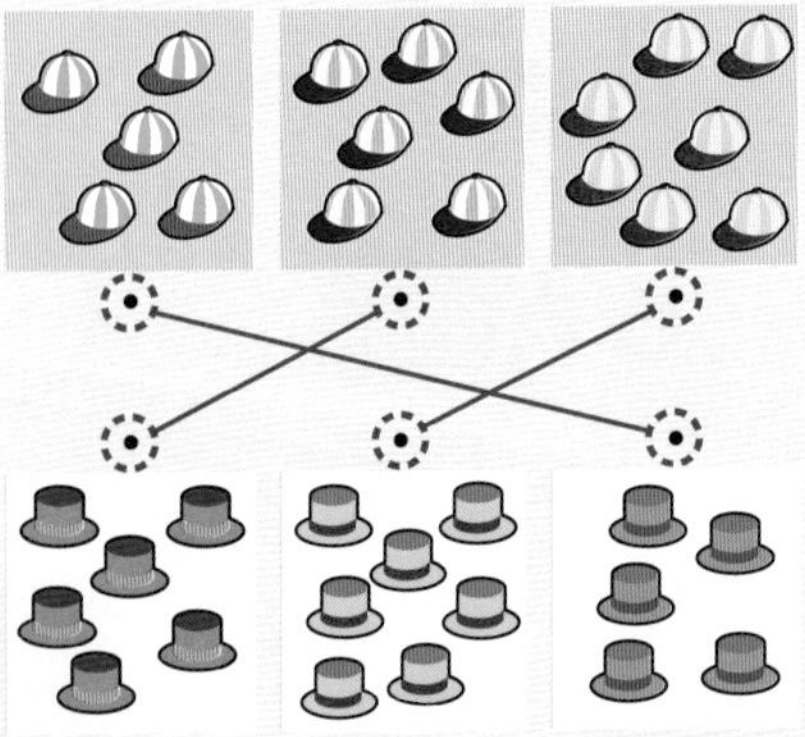

もんだい 7

こたえ B

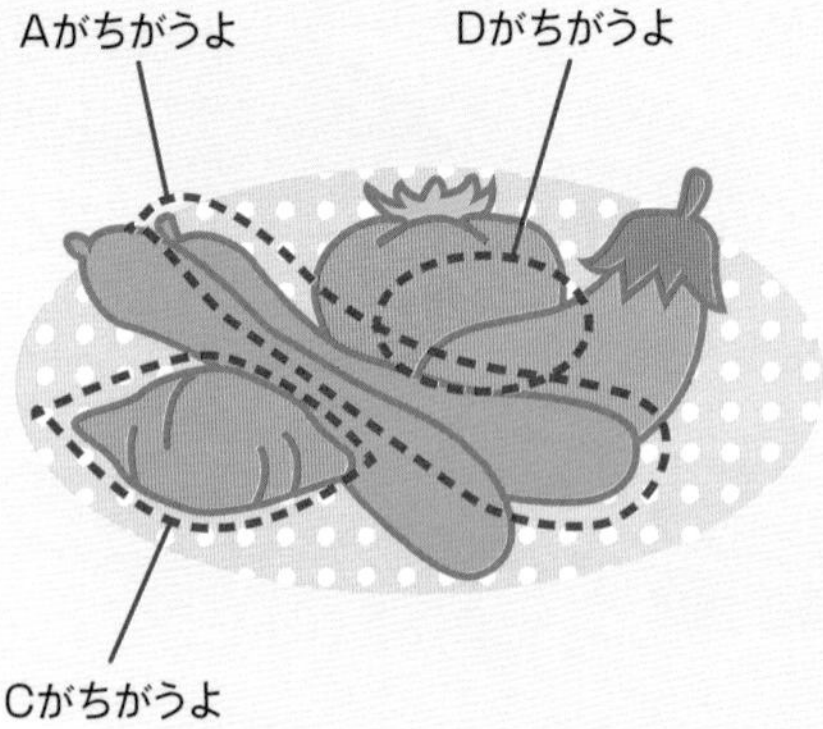

もんだい 8

こたえ C → A → D → B

もんだい 9

こたえ F

もんだい 10

こたえ D

初級問題

レベル1 レベル2 レベル3 レベル4 レベル5

もんだい 1

片方しかない履き物はどれかな？

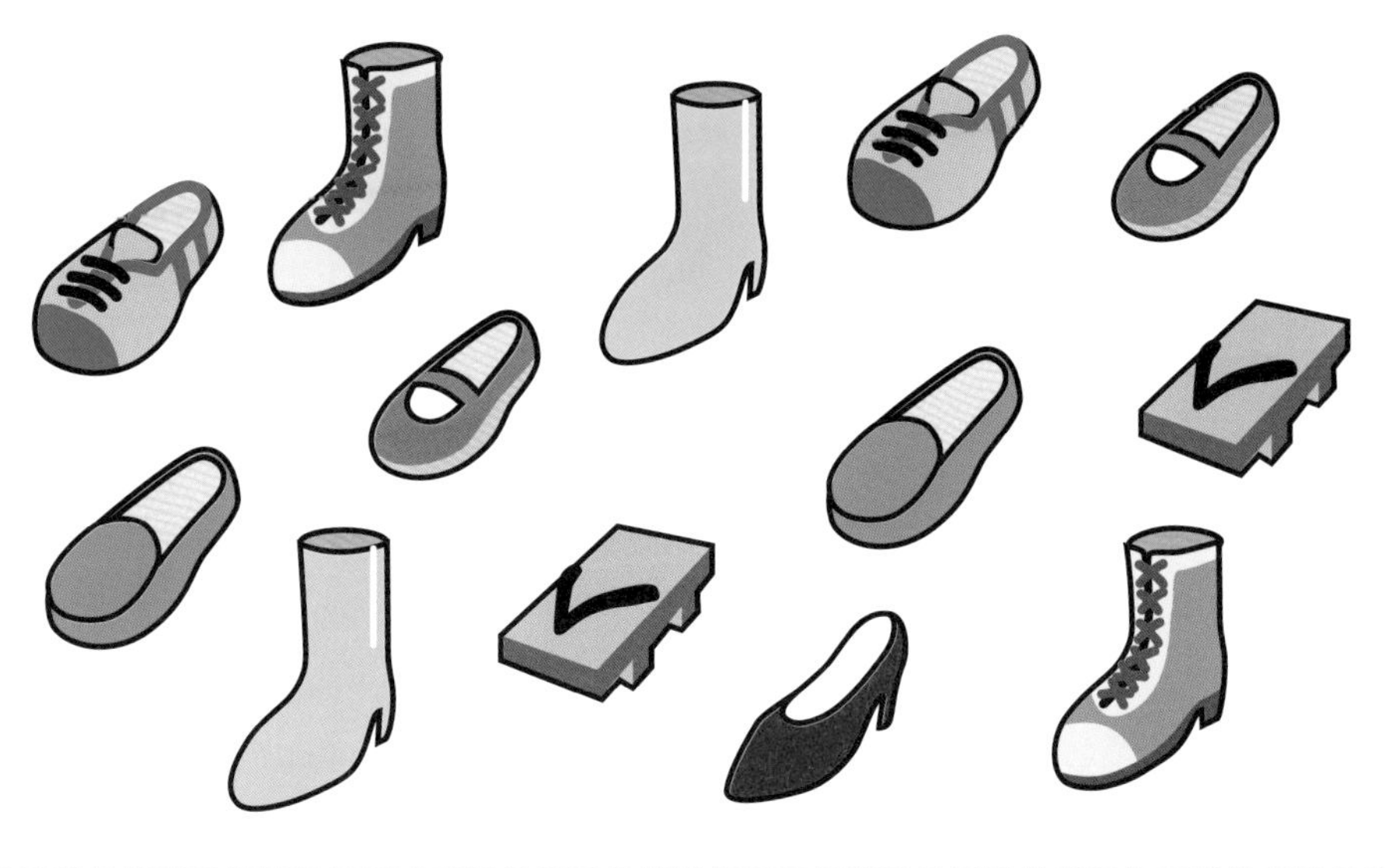

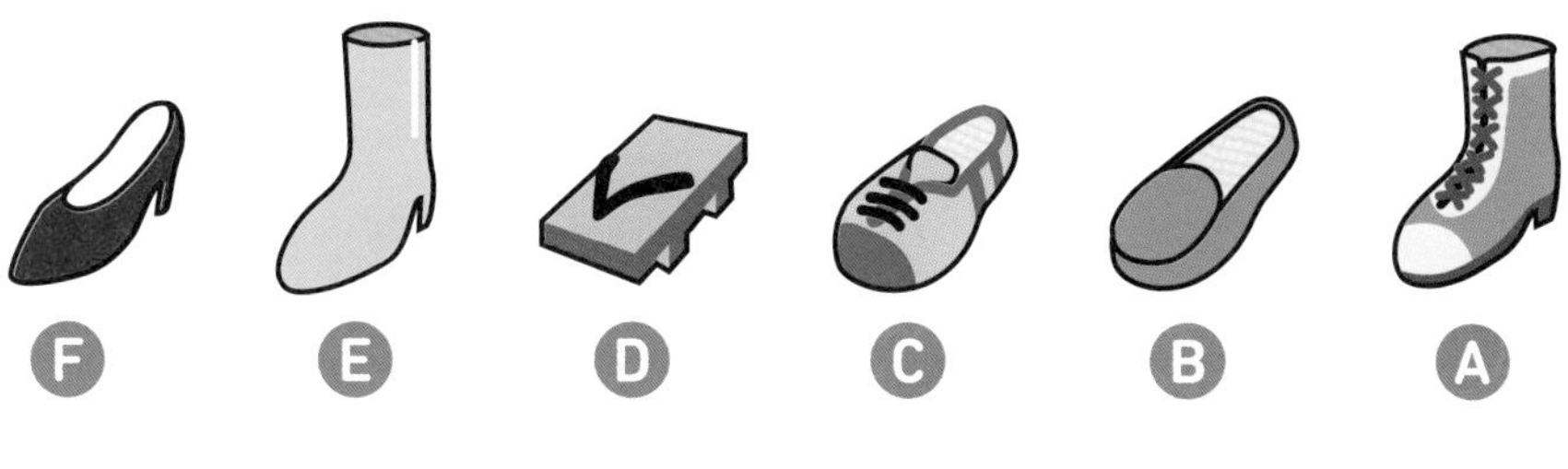

こたえ

もんだい 2

上の絵のつづきになるようにA～Dの絵を順番に並べかえてね。

こたえ

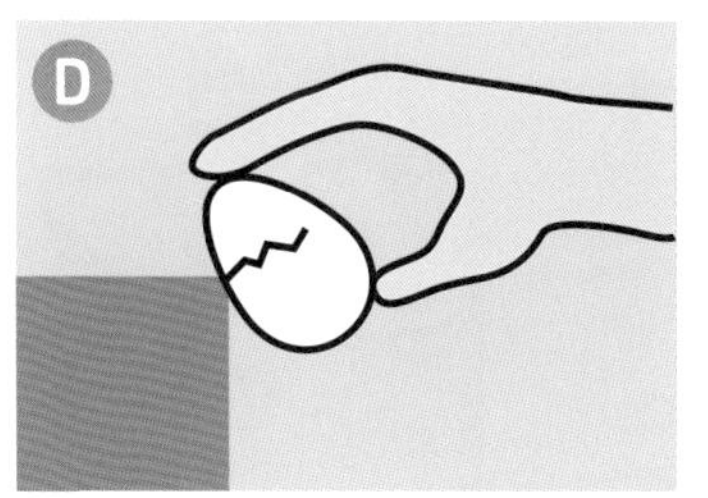

初級問題

もんだい 3

右のケーキと同じいちごの数にするには左のケーキにいくついちごをのせたらいいかな？

A B C D

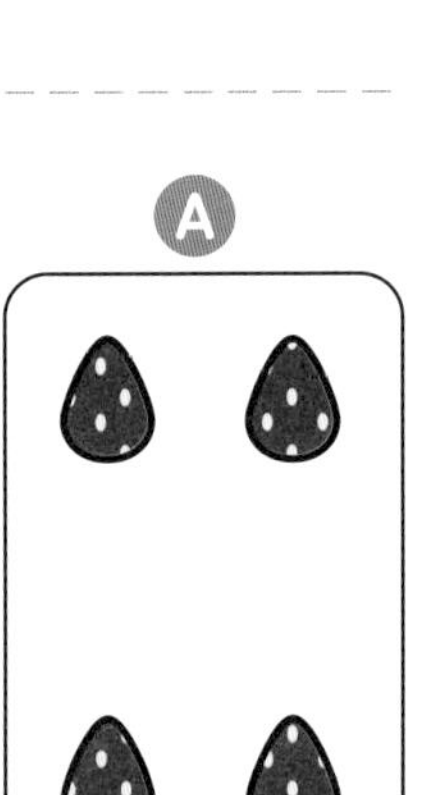

こたえ

もんだい 4

どのピースを入れればパズルが完成するかな？

A B C D E

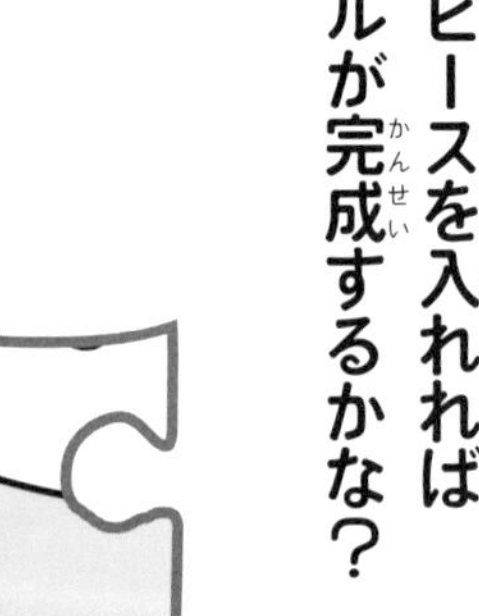
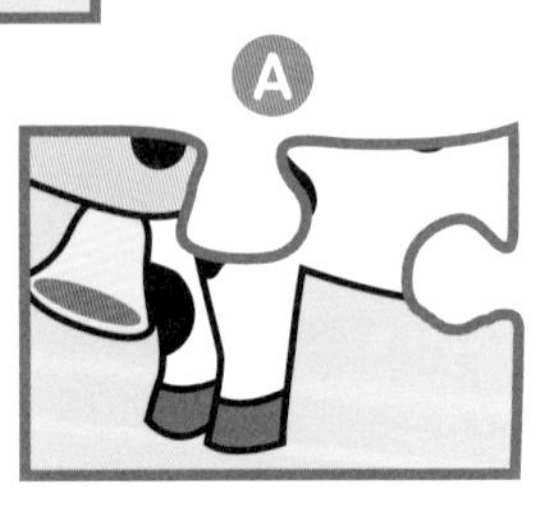
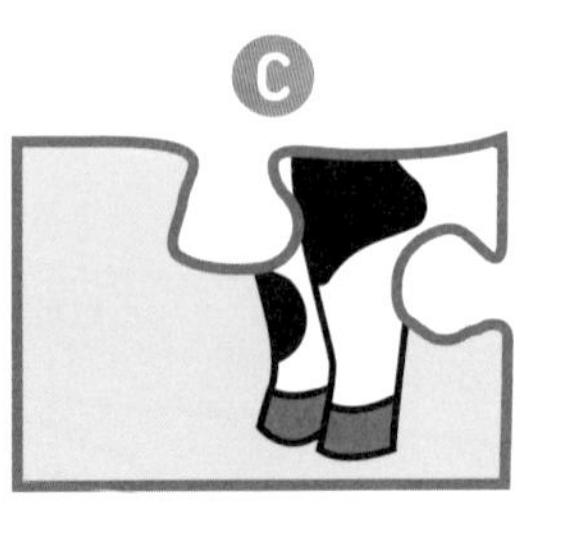
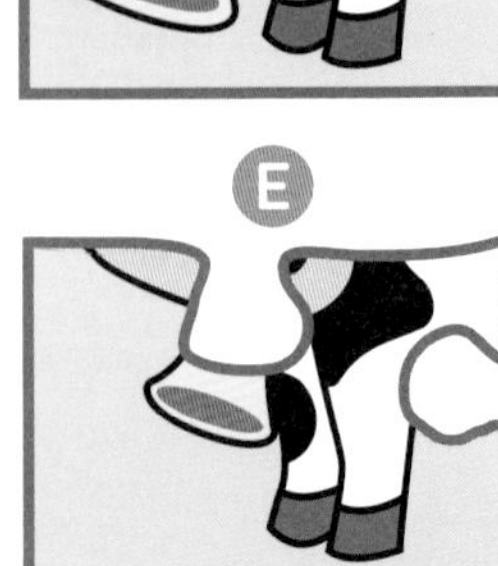
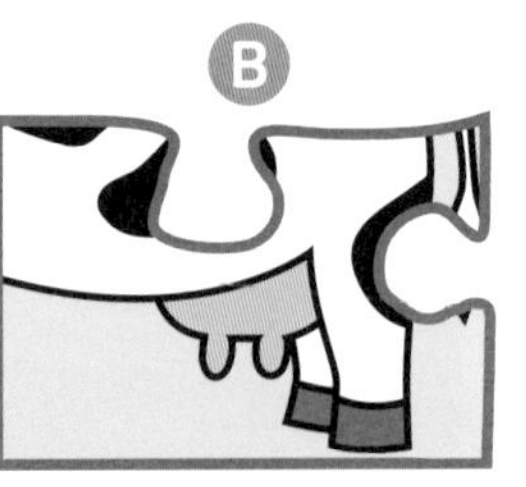

こたえ

もんだい

5

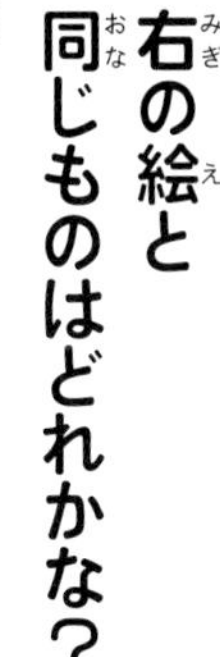

右の絵と同じものはどれかな？

もんだい

6

上の絵と下の絵を正しく線で結んでね。

もんだい
7

いちばん数が多い野菜は
どれかな？

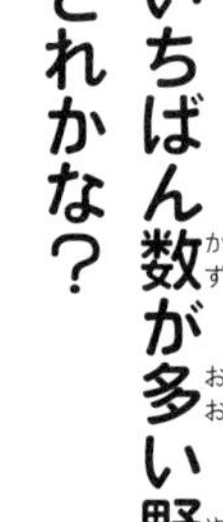
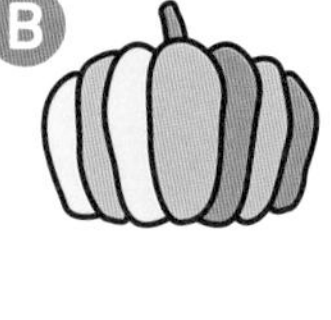

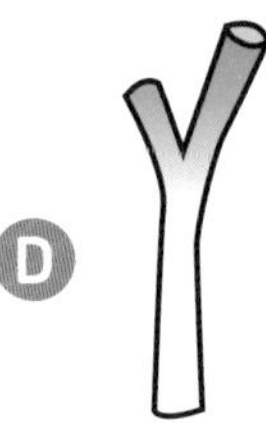
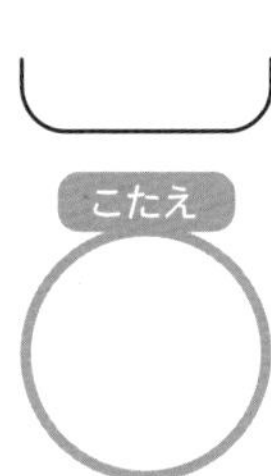

A

B

C

D

こたえ

もんだい
8

1つだけほかとちがうものを
さがしてね。

A

C

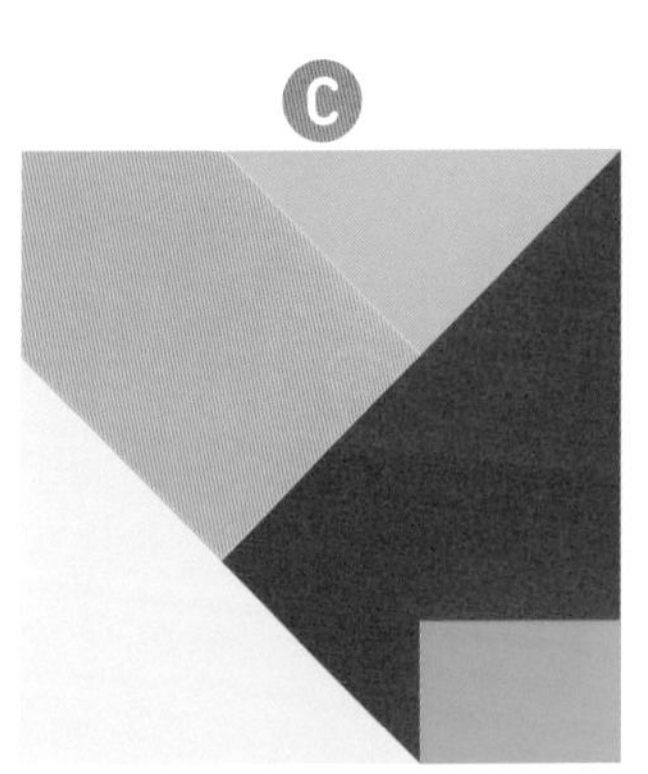

B

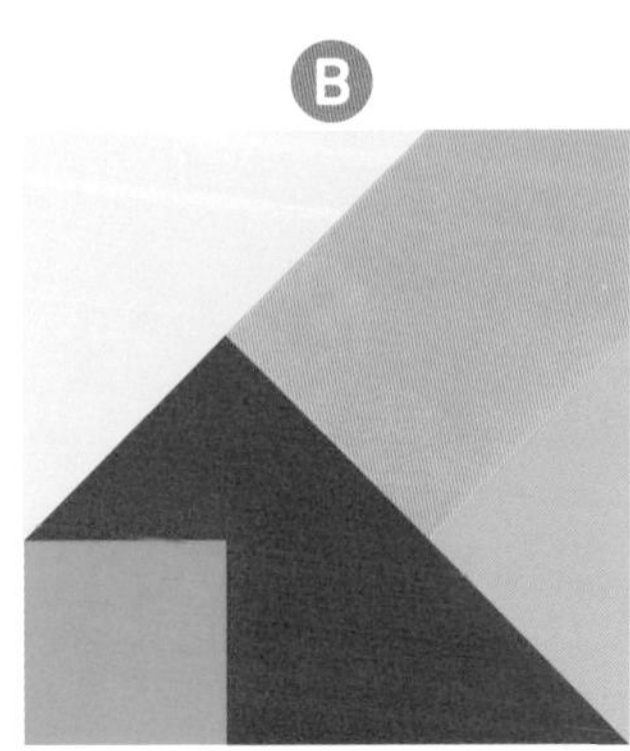

D

こたえ

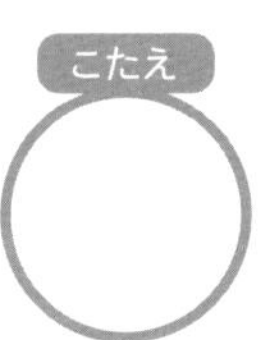

初級問題

矢印のようにナナメ上から見た形はどれかな？

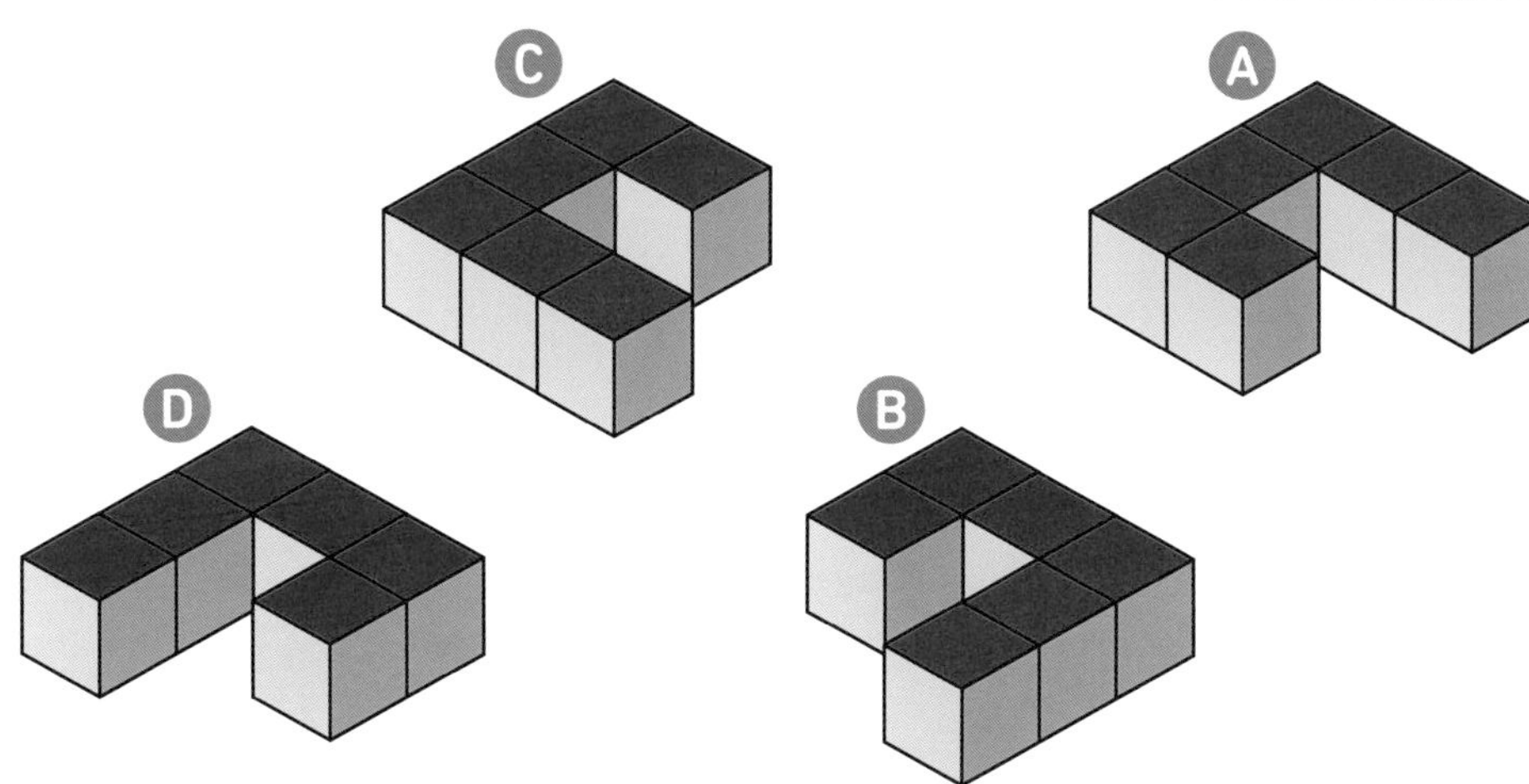

4本のマッチで図のようなイスを作ったよ。マッチを1本動かして背もたれのあるイスに作りかえてね。

もんだい1 こたえ F

もんだい2 こたえ D → A → C → B

もんだい3 こたえ B

もんだい4 こたえ E

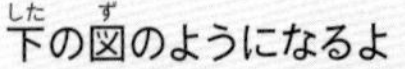
下の図のようになるよ

もんだい5 こたえ D

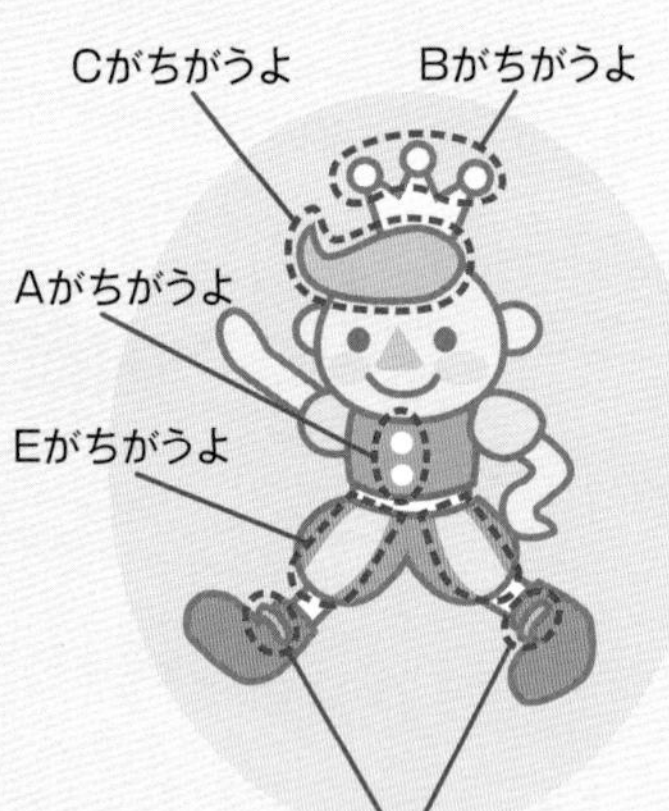

もんだい6 こたえ 図を見てね

もんだい7 こたえ A

もんだい8 こたえ C

もんだい9 こたえ B

もんだい10 こたえ 図を見てね

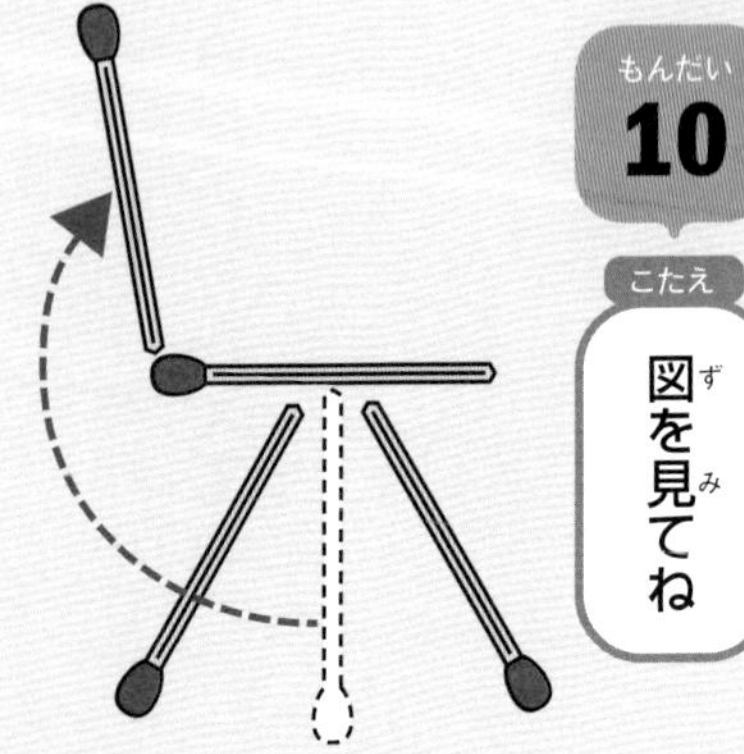

もんだい 1

いちばん数が多い動物はどれかな？

F E D C B A

こたえ

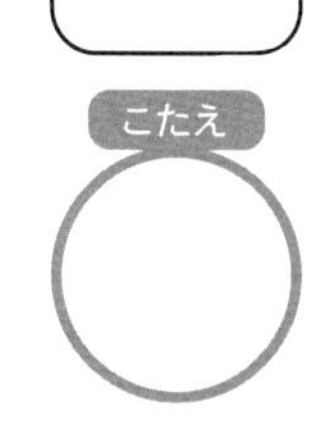

もんだい 2

上の絵と同じものはどれかな？

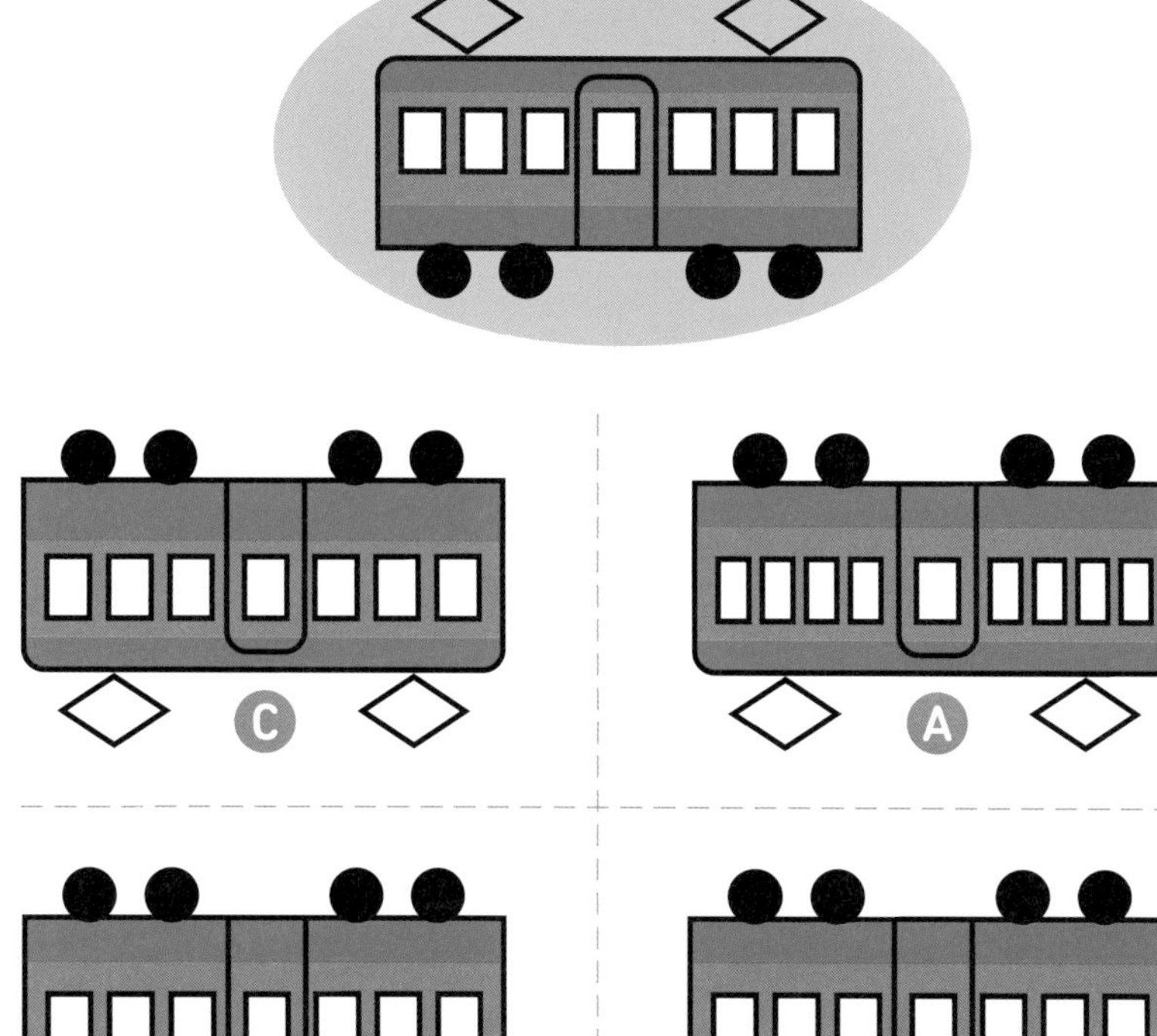

こたえ

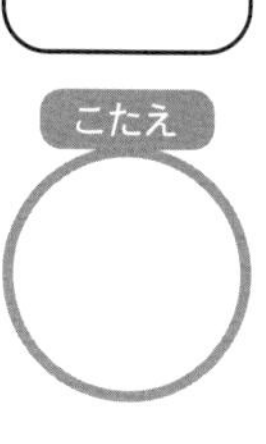

もんだい 3

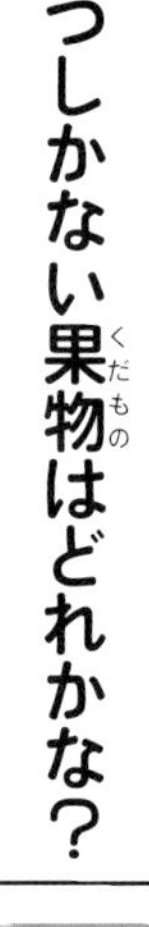

1つしかない果物はどれかな?

もんだい 4

上の絵と下の枠を正しく線で結んでね。

初級問題

レベル1
レベル2
レベル3
レベル4
レベル5

矢印のようにナナメ上から見た形はどれかな？

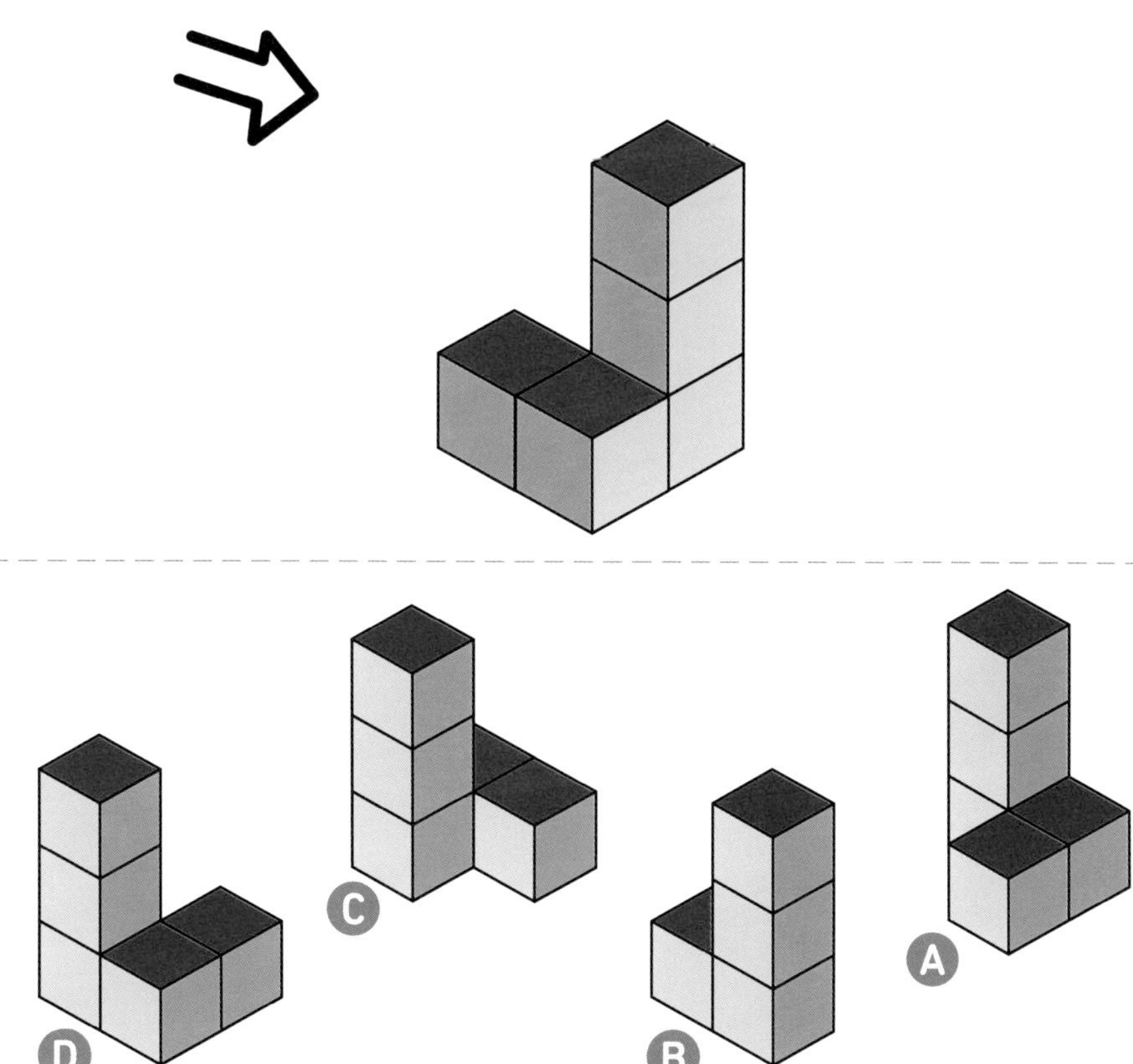

1つだけほかとちがうものをさがしてね。

もんだい 7

いちばん数が多い
お寿司はどれかな？

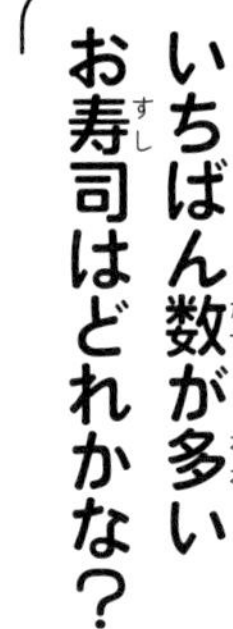

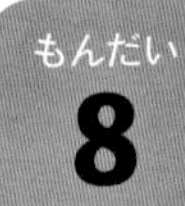

A　B　C　D　E

こたえ

もんだい 8

2本のマッチを図のように並べたよ。
かがみを使うとマッチを足さずに
正方形を作ることができるんだ。
かがみはどこにおけばいいかな？

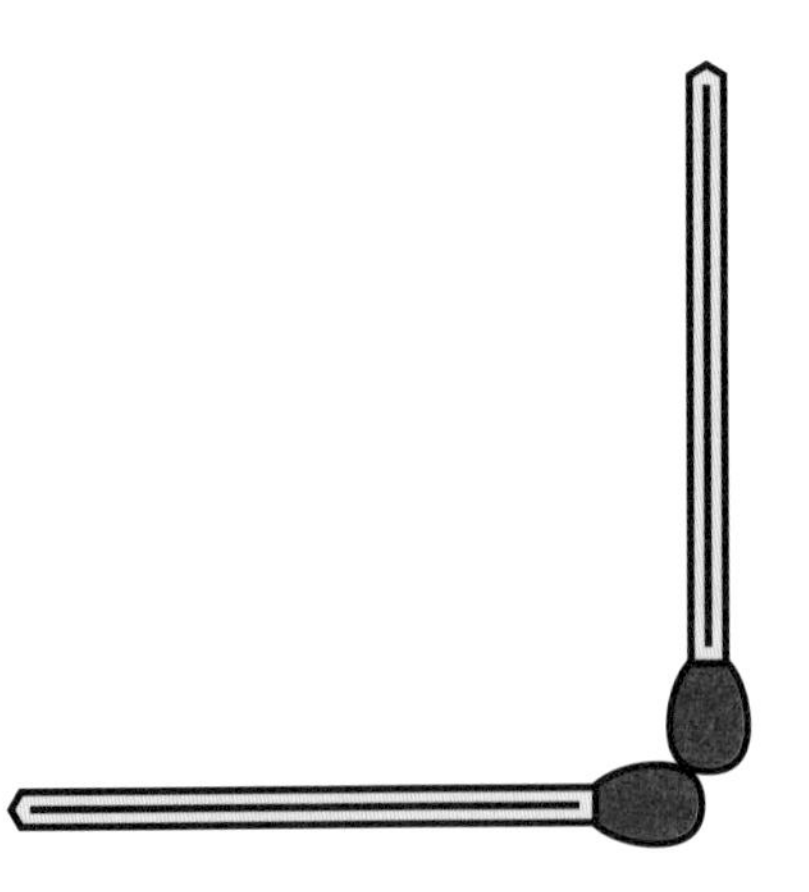

もんだい 9

右上の絵のつづきになるように
A～Eの絵を順番に並べかえてね。

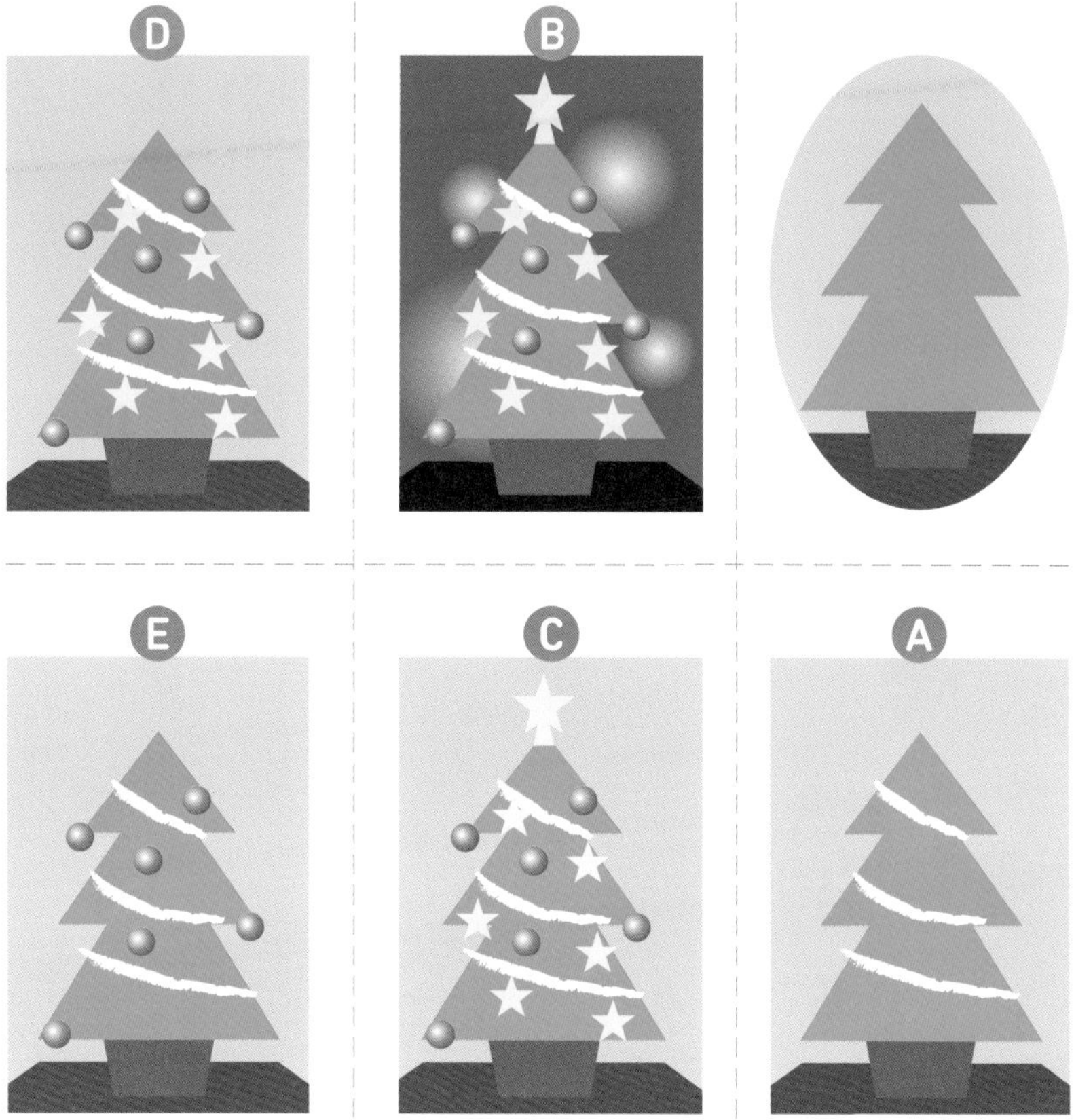

D　B
E　C　A

こたえ

もんだい 10

同じ絵を
2つさがしてね。

E　C　A
F　D　B

こたえ
と

解答(かいとう) 初級問題(しょきゅうもんだい)・レベル4

もんだい 1 こたえ B

もんだい 2 こたえ D

もんだい 3 こたえ C

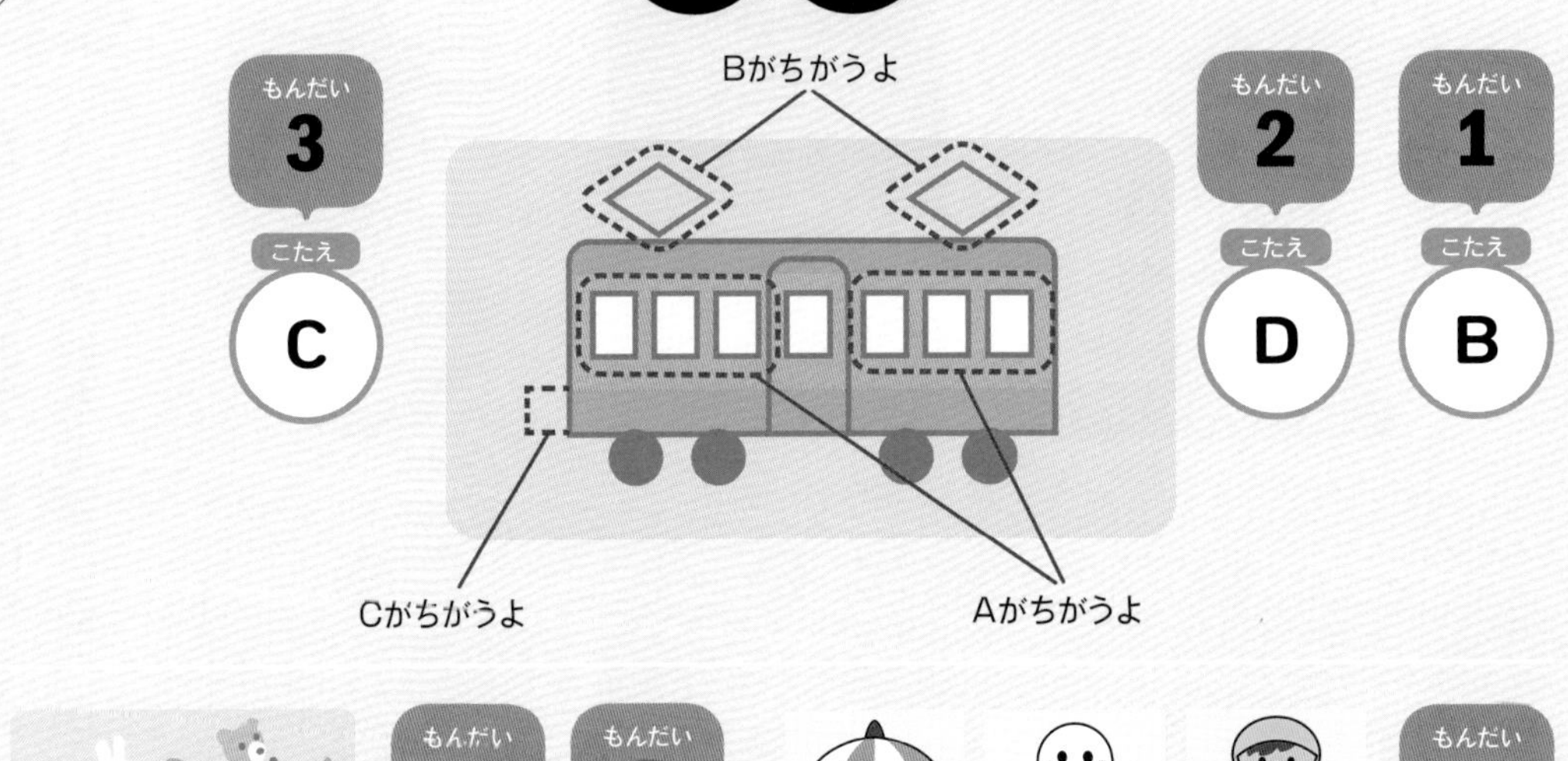

もんだい 4 こたえ 図(ず)を見(み)てね

もんだい 5 こたえ A

もんだい 6 こたえ C

Cだけここがちがうよ

もんだい 7 こたえ C

もんだい 8 こたえ 図(ず)を見(み)てね

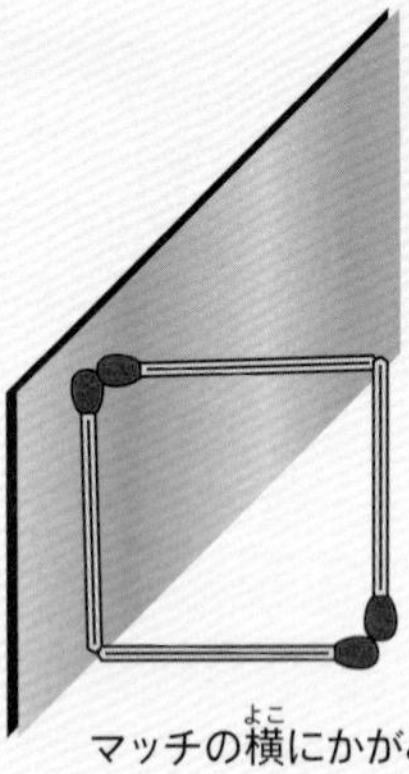

マッチの横(よこ)にかがみをたてて、ナナメから見(み)ると正方形(せいほうけい)になるよ

もんだい 9 こたえ A → E → D → C → B

もんだい 10 こたえ B と D

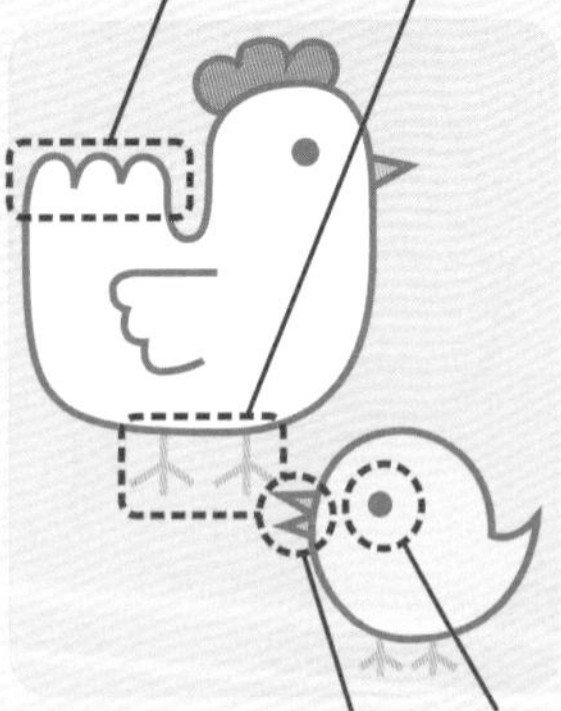

Cがちがうよ
Eがちがうよ
Fがちがうよ
Aがちがうよ

初級問題（しょきゅうもんだい）
レベル1
レベル2
レベル3
レベル4
レベル5

もんだい1

1つだけほかとちがうものをさがしてね。

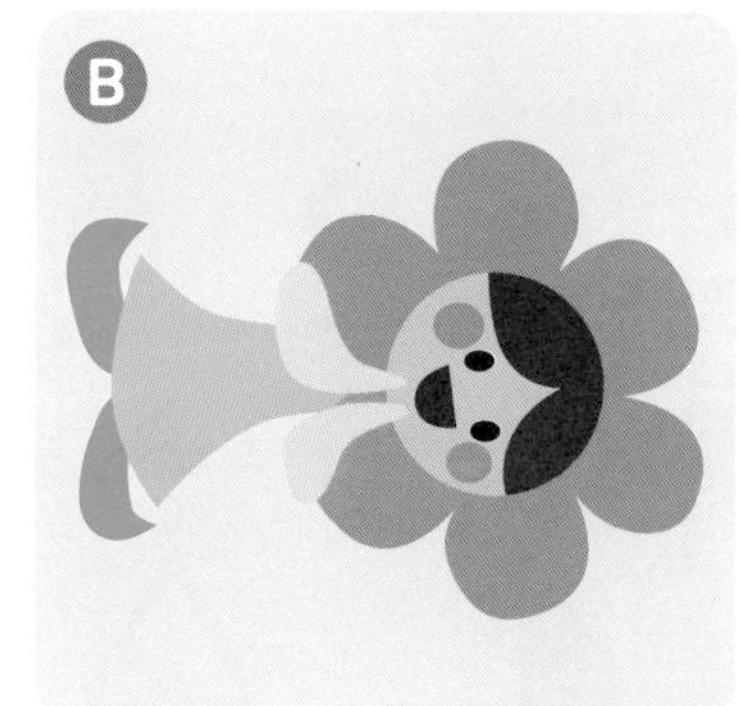
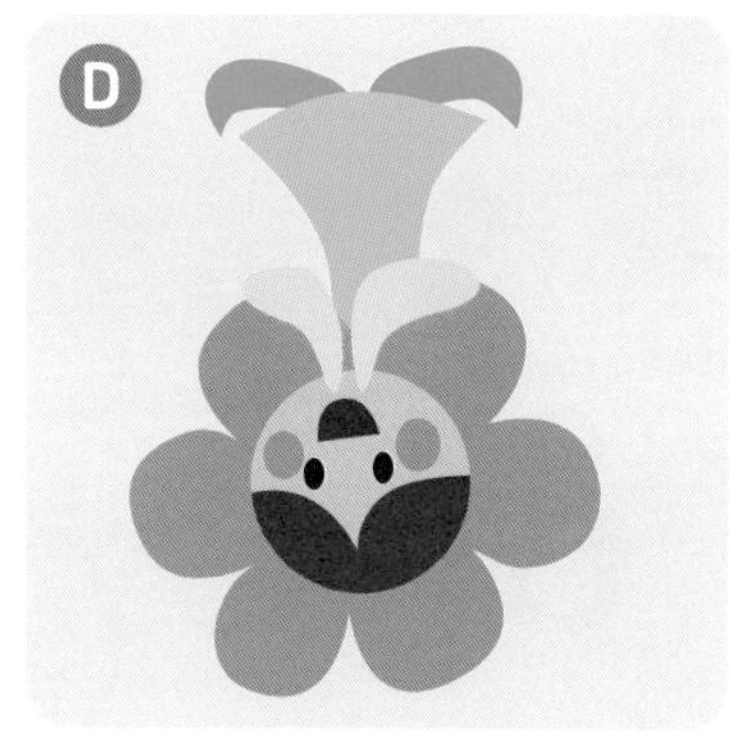

こたえ

もんだい2

上の絵と同じものはどれかな？

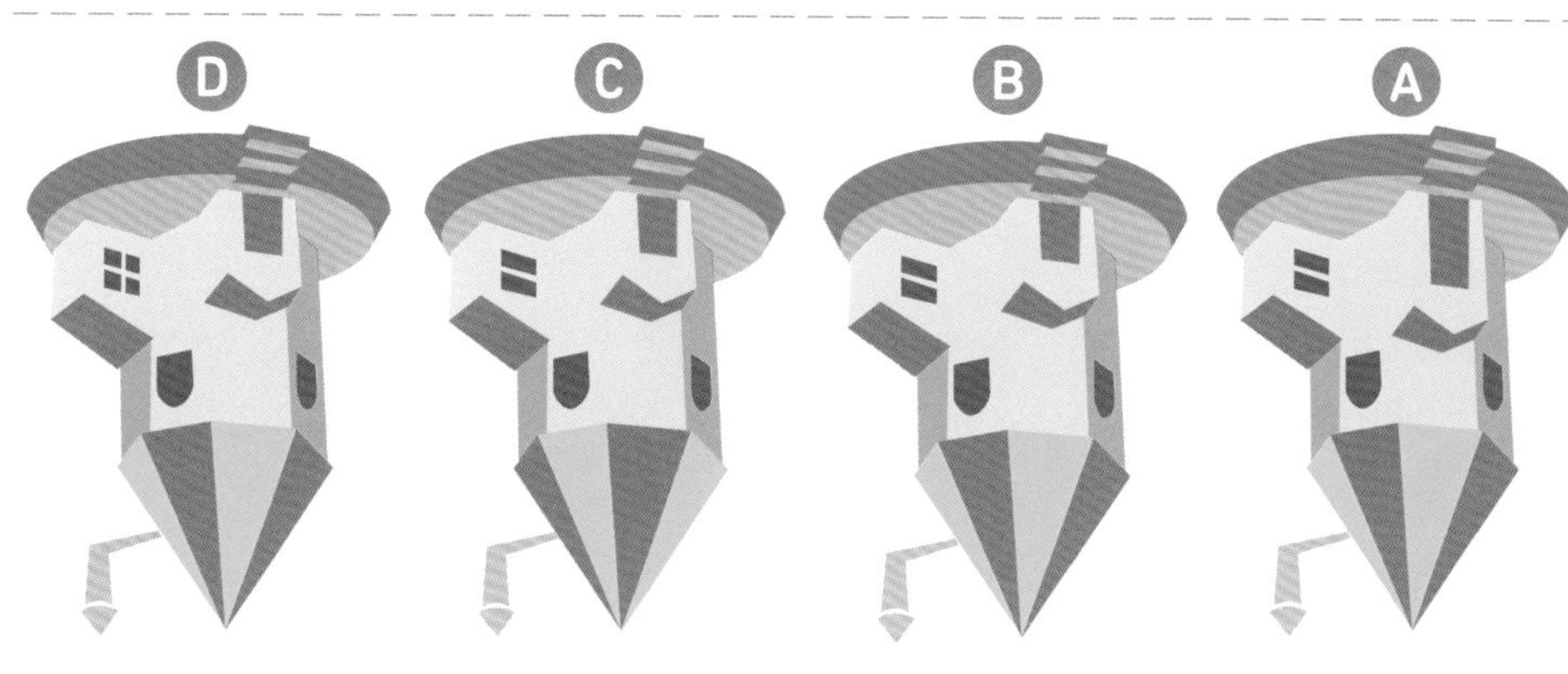

こたえ

もんだい 3

いちばん数が多い楽器はどれかな？

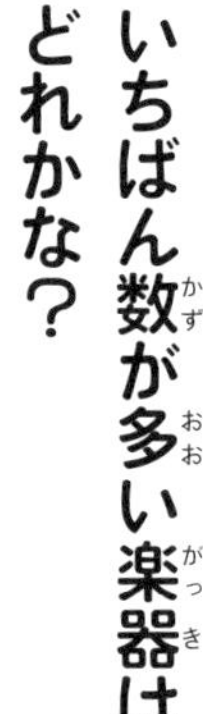
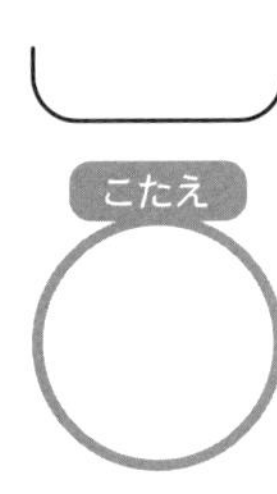
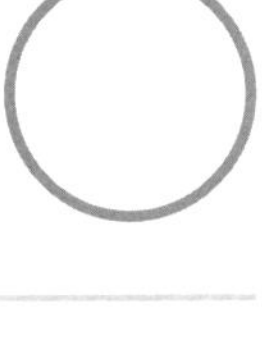

A B C D E F G H

こたえ

もんだい 4

4枚の10円玉を図のように並べたよ。すべての10円玉がほかの3枚と接するように並べかえてね。

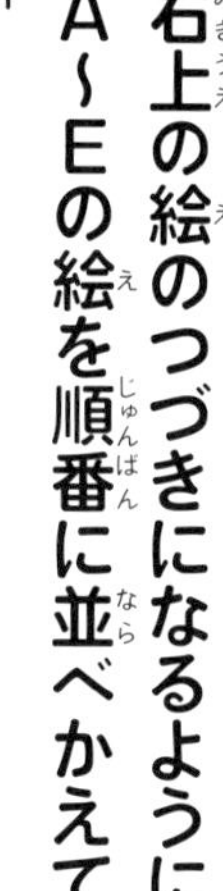

もんだい 5

右上の絵のつづきになるように
A～Eの絵を順番に並べかえてね。

こたえ

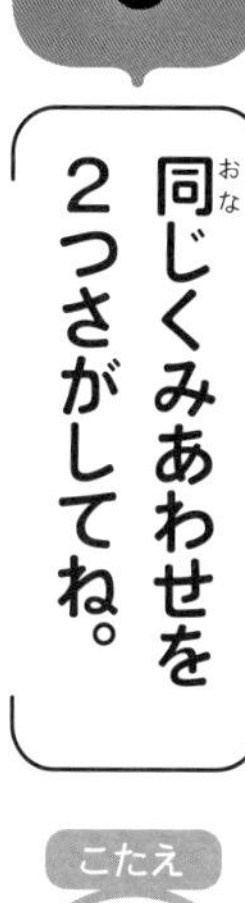

もんだい 6

同じくみあわせを
2つさがしてね。

A

C

E

B

D

F

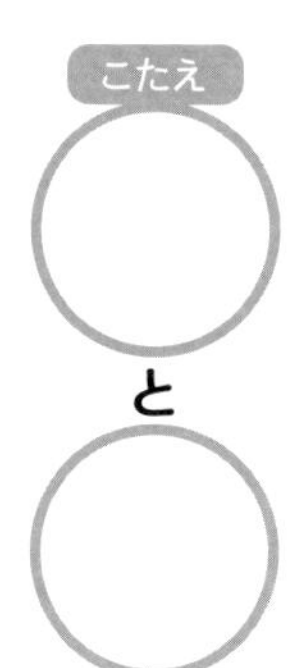

こたえ

と

もんだい 7

いちばん数が多い色鉛筆はどれかな？

こたえ

もんだい 8

同じ絵を2つさがしてね。

こたえ

と

初級問題

レベル1
レベル2
レベル3
レベル4
レベル5

真ん中の絵と同じものはどれかな？

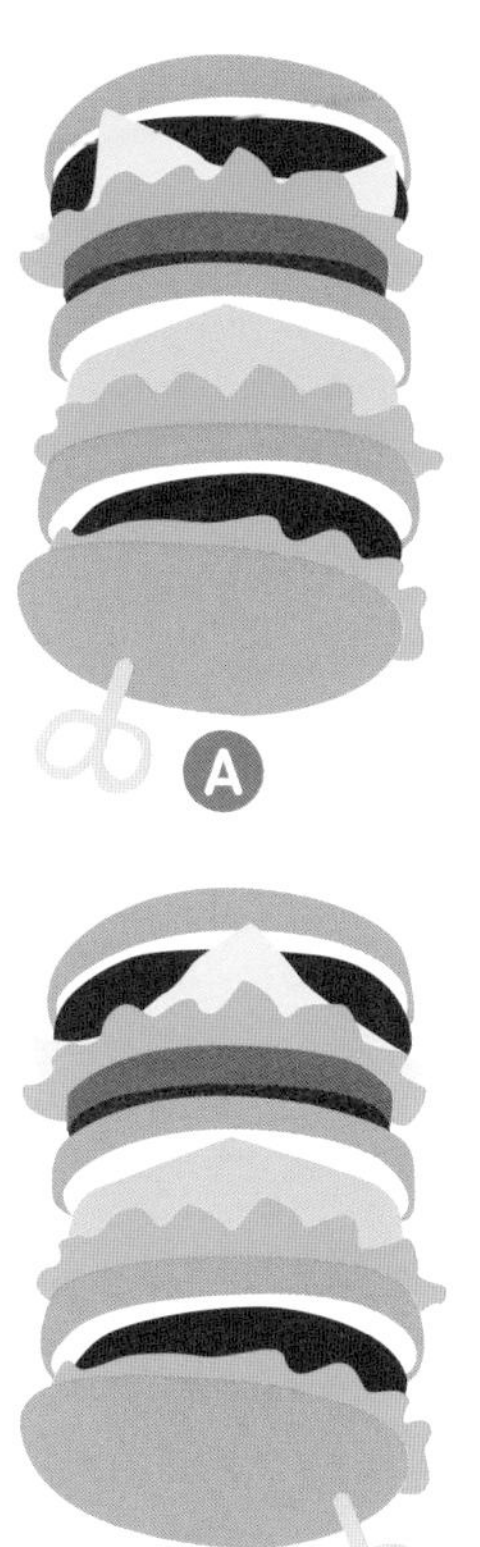

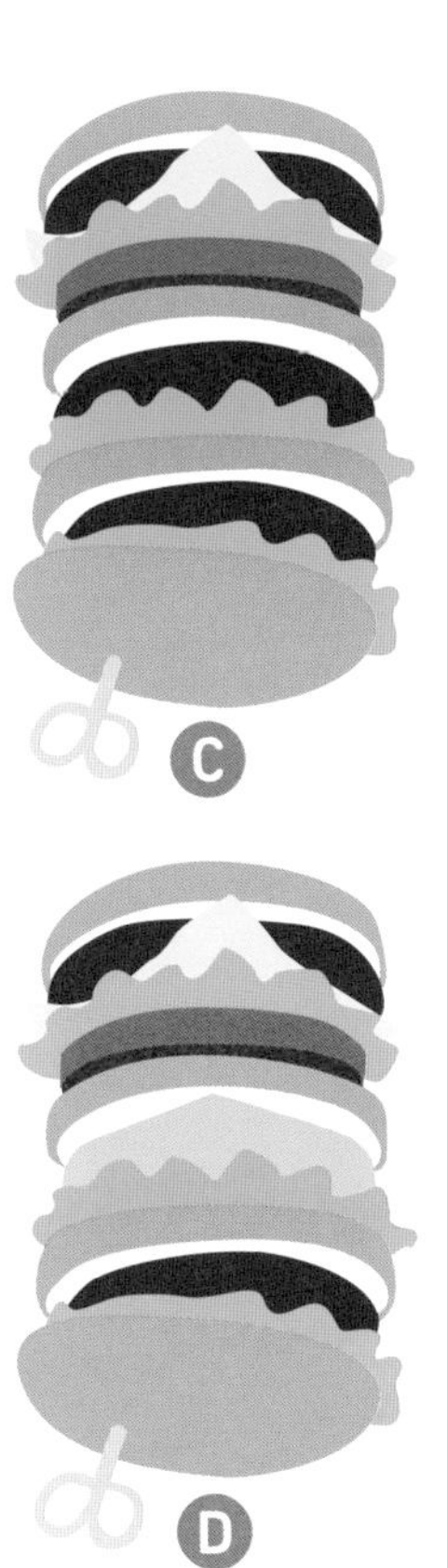

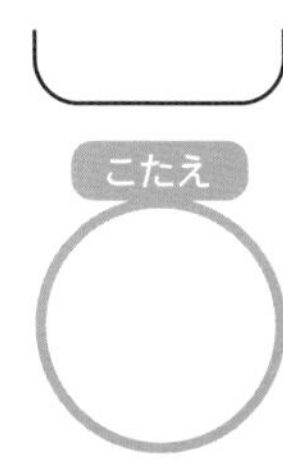

どれをくみたてると上の形になるかな？

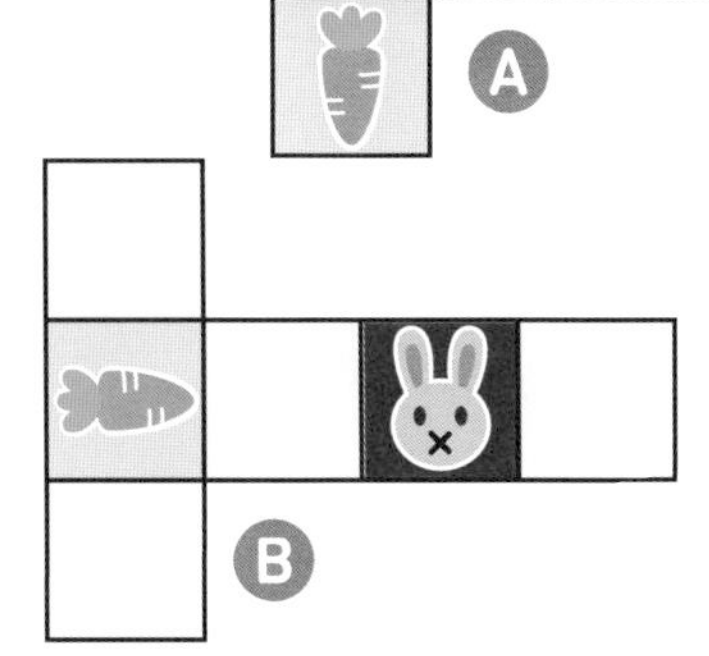

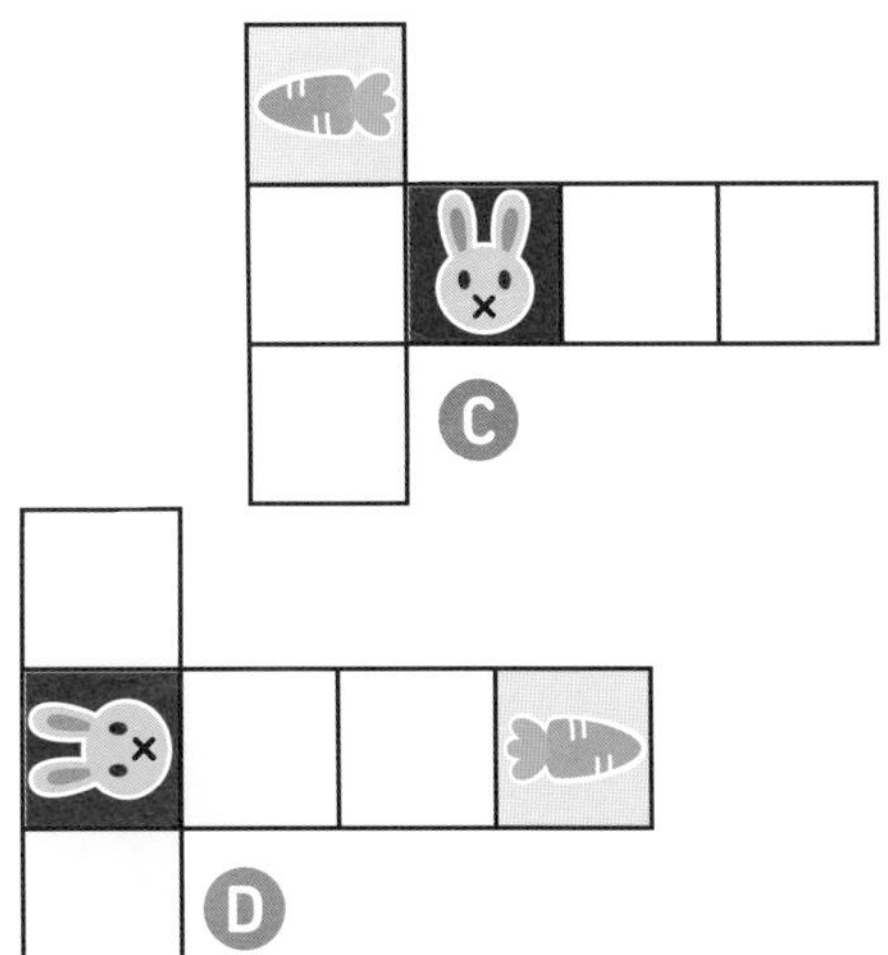

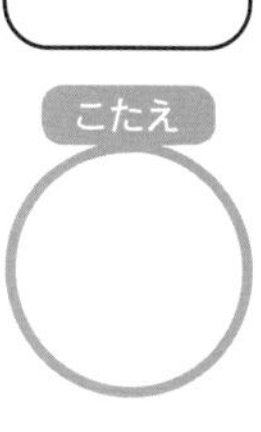

解答 初級問題・レベル5

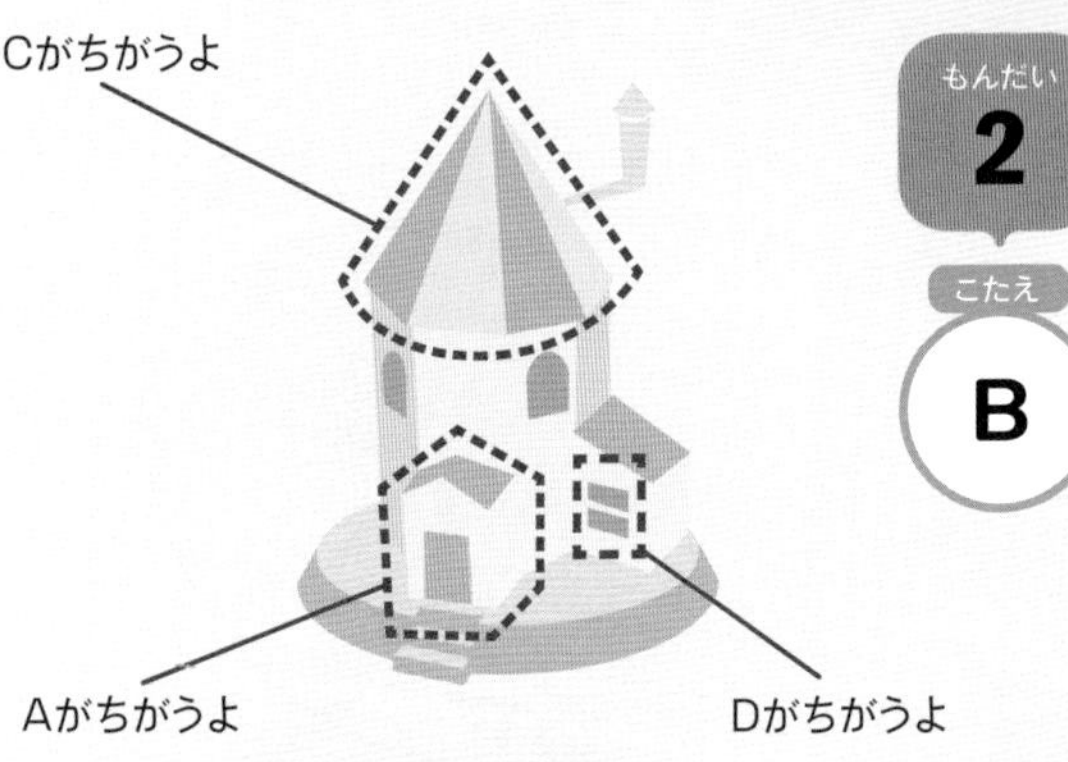

もんだい 2
こたえ B

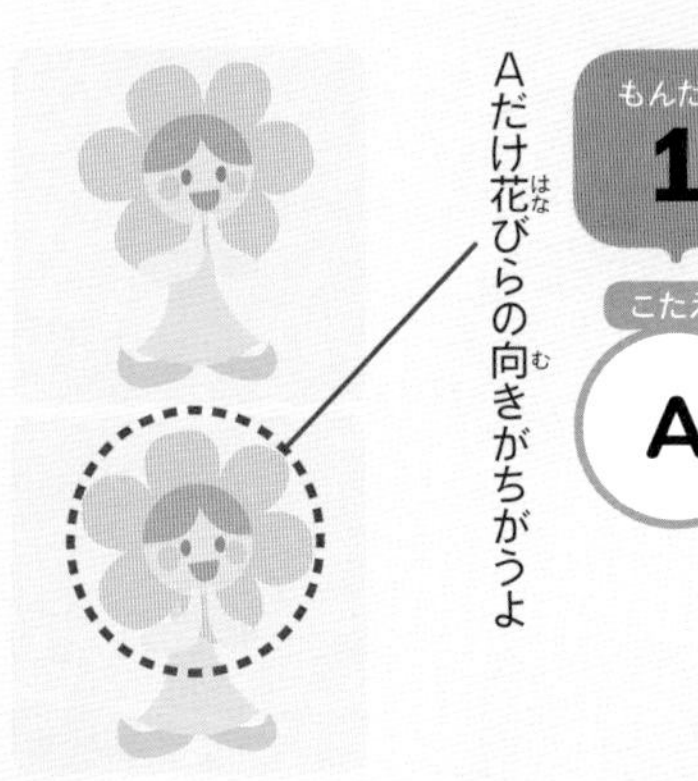

もんだい 1
こたえ A

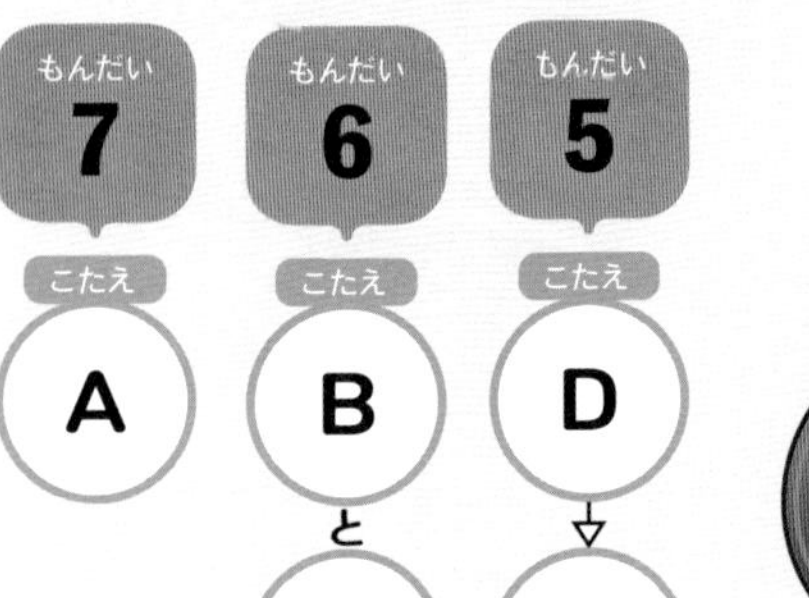

もんだい 7
こたえ A

もんだい 6
こたえ B と E

もんだい 5
こたえ D → A → E → C → B

もんだい 4
こたえ 図を見てね

もんだい 3
こたえ C

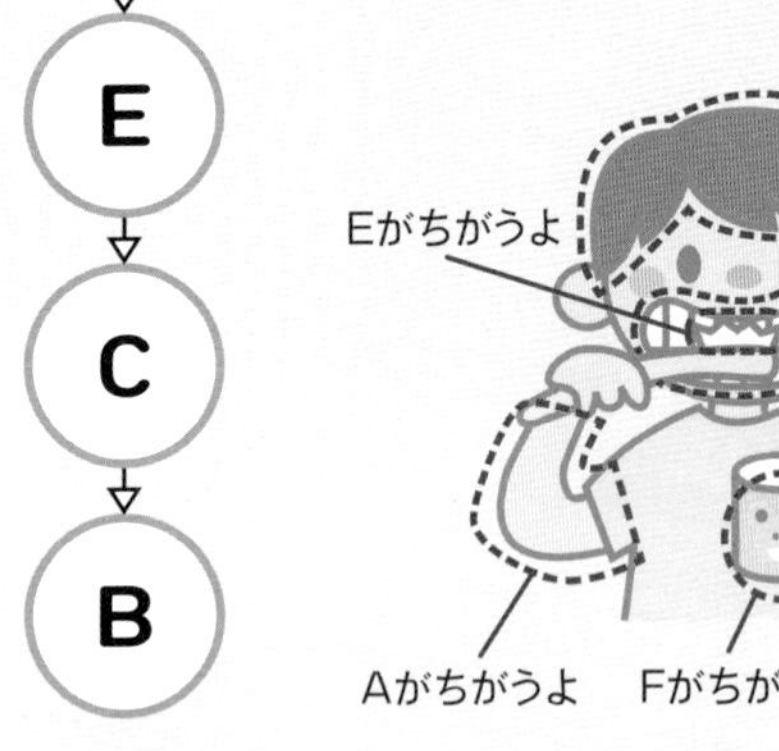

もんだい 8
こたえ B と H

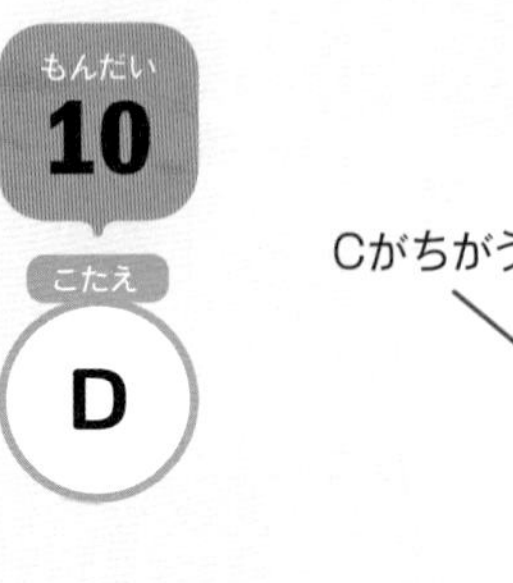

もんだい 10
こたえ D

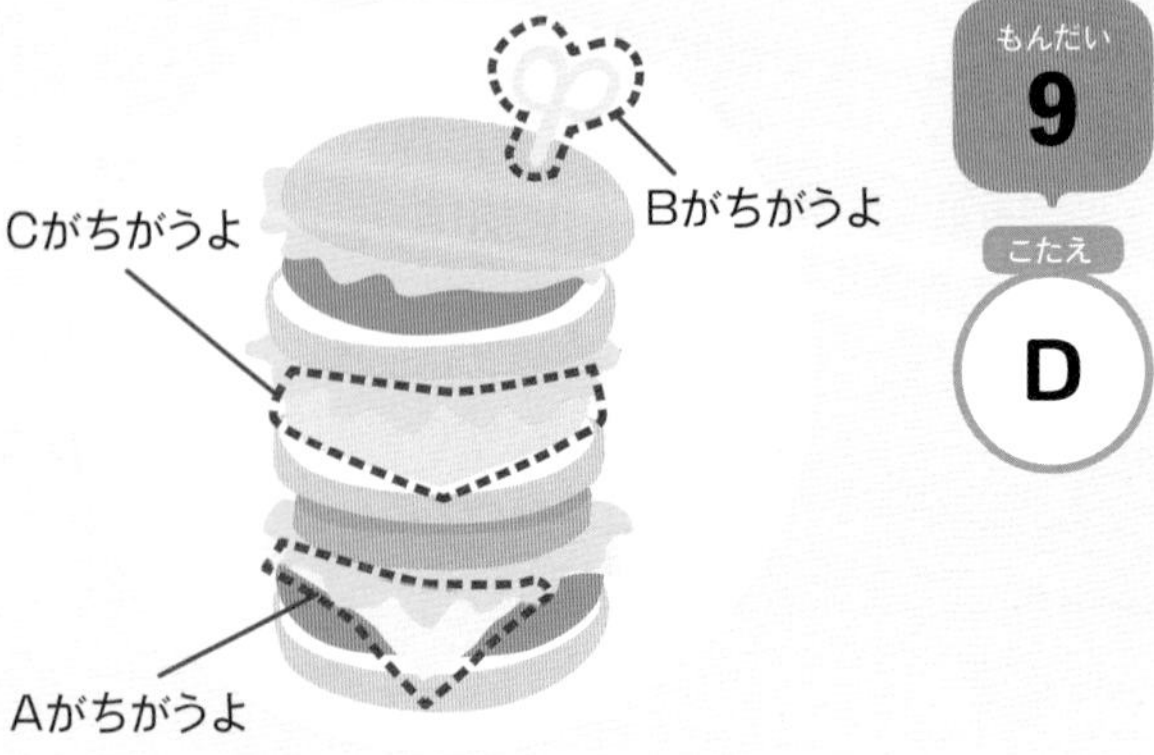

もんだい 9
こたえ D

中級問題

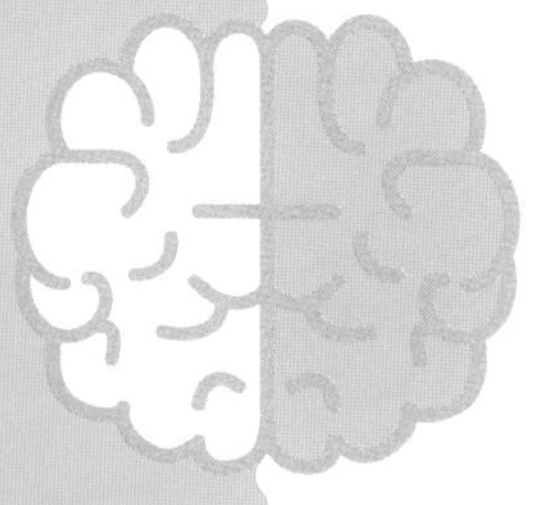

中級問題所要時間

各レベルごとに5分（計25分）

1回目

	正解数
レベル1	
レベル2	
レベル3	
レベル4	
レベル5	
合計	

2回目

	正解数
レベル1	
レベル2	
レベル3	
レベル4	
レベル5	
合計	

3回目

	正解数
レベル1	
レベル2	
レベル3	
レベル4	
レベル5	
合計	

右脳IQ数値表

正解数	右脳IQ値
46 〜 50	160
41 〜 45	152
36 〜 40	144
31 〜 35	136
26 〜 30	128
21 〜 25	120
16 〜 20	112
11 〜 15	104
06 〜 10	96
01 〜 05	88

レベル

きみの右脳は最高レベルだよ
152 〜 160

きみの右脳はとても優秀だよ
136 〜 144

きみの右脳は平均レベルだよ
120 〜 128

もう少しがんばろうね
104 〜 112

毎日このドリルを解いてね
96 以下

中級問題

レベル1 レベル2 レベル3 レベル4 レベル5

もんだい

1

上の絵と同じものはどれかな？

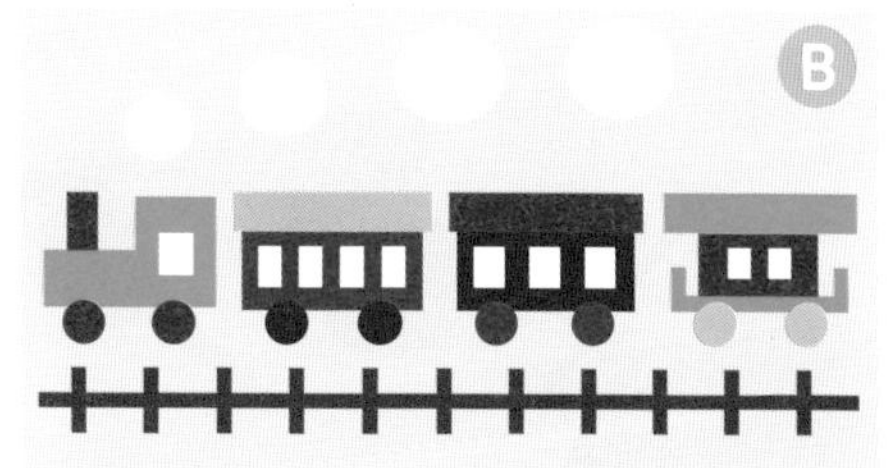

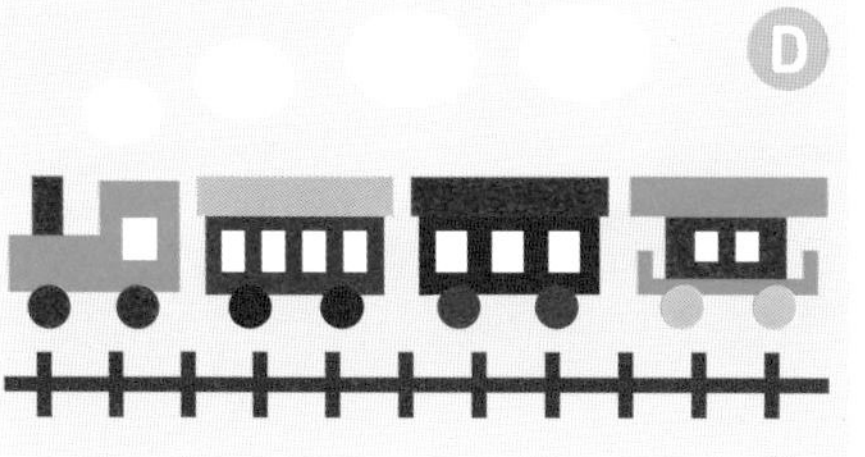

こたえ

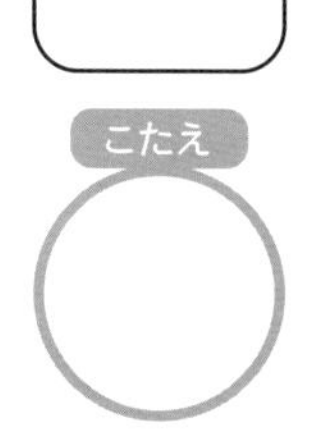

もんだい

2

1つしかないお菓子はどれかな？

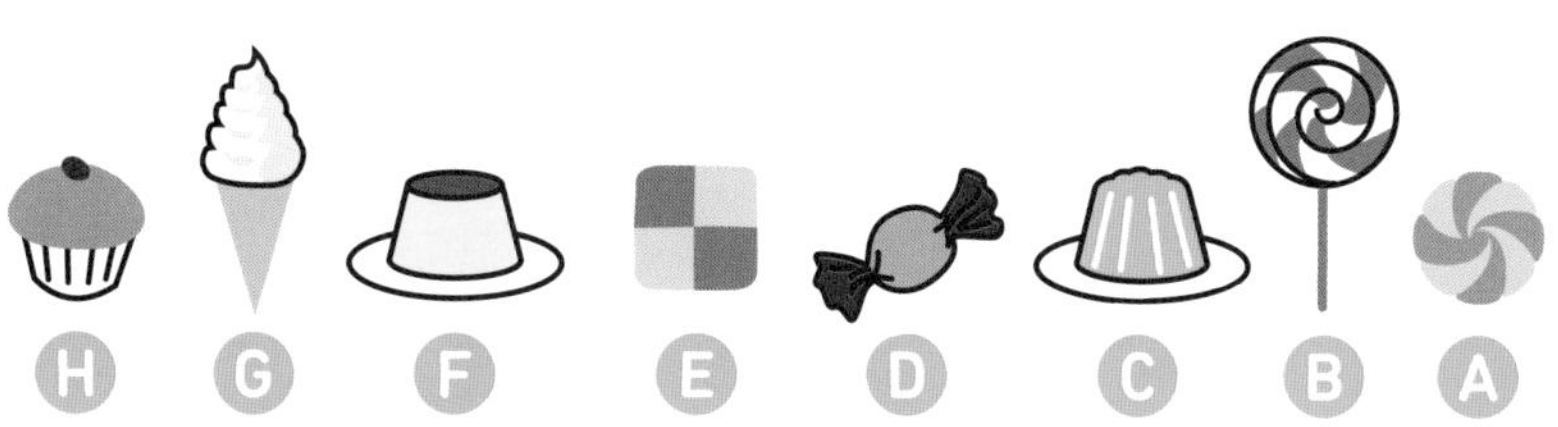

こたえ

もんだい 3

いちばん数が多い道具はどれかな？

A　B　C　D　E　F

こたえ

中級問題　レベル1　レベル2　レベル3　レベル4　レベル5

もんだい 4

どのピースを入れればパズルが完成するかな？

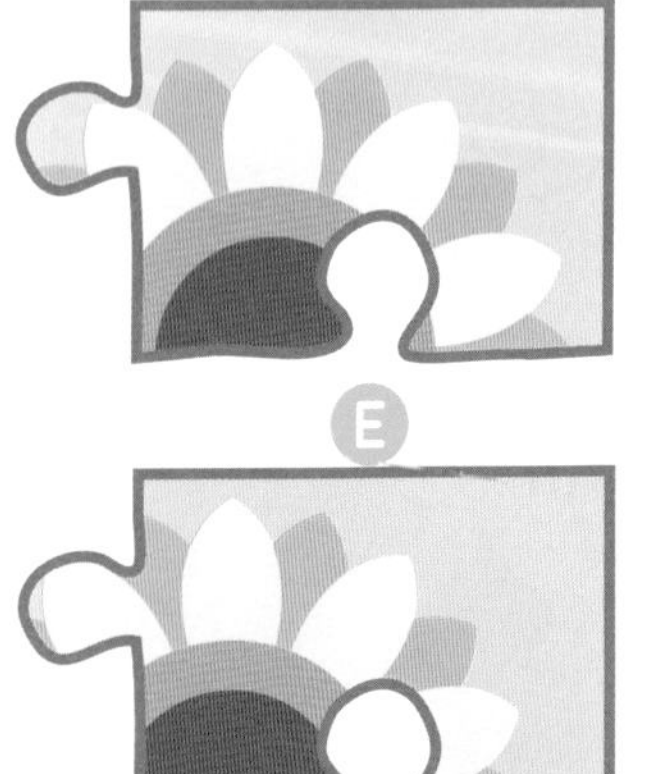

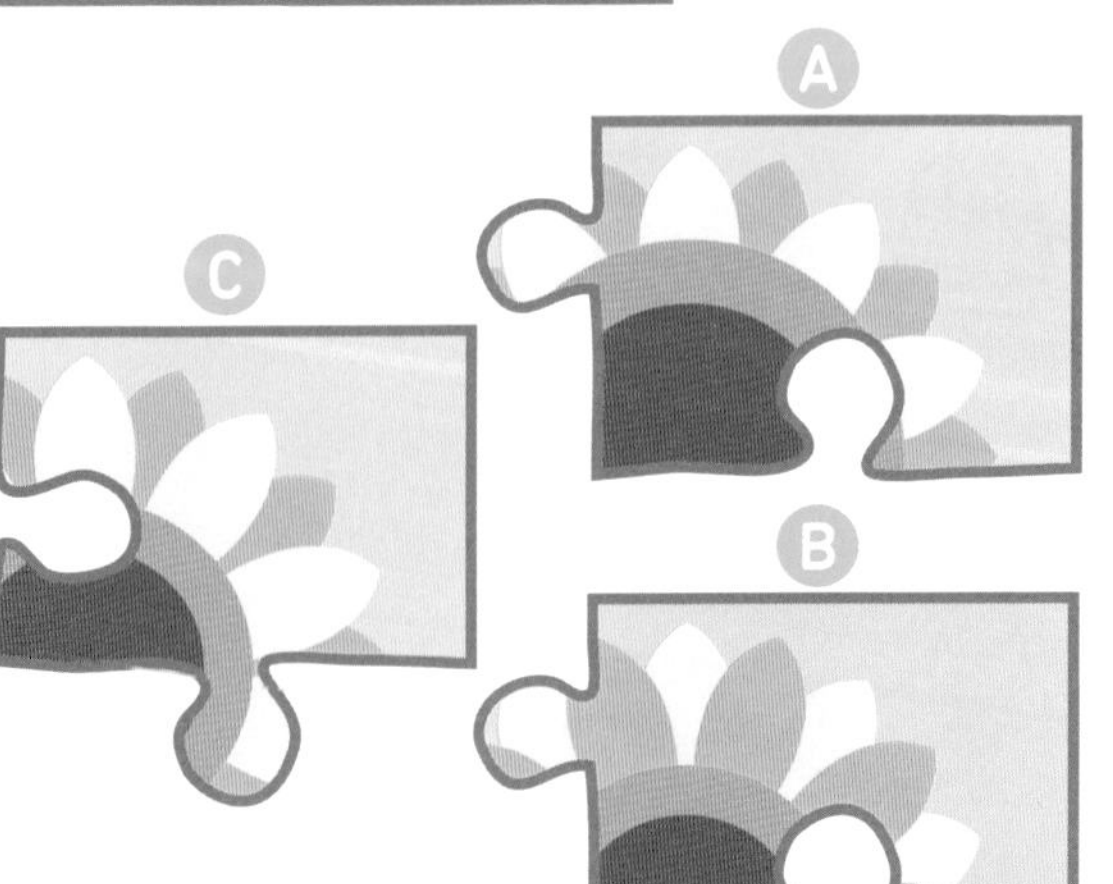

こたえ

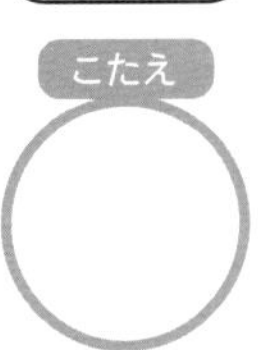

もんだい 5

このピラミッドを上下さかさまにするには最低何枚のコインを動かせばいいかな？

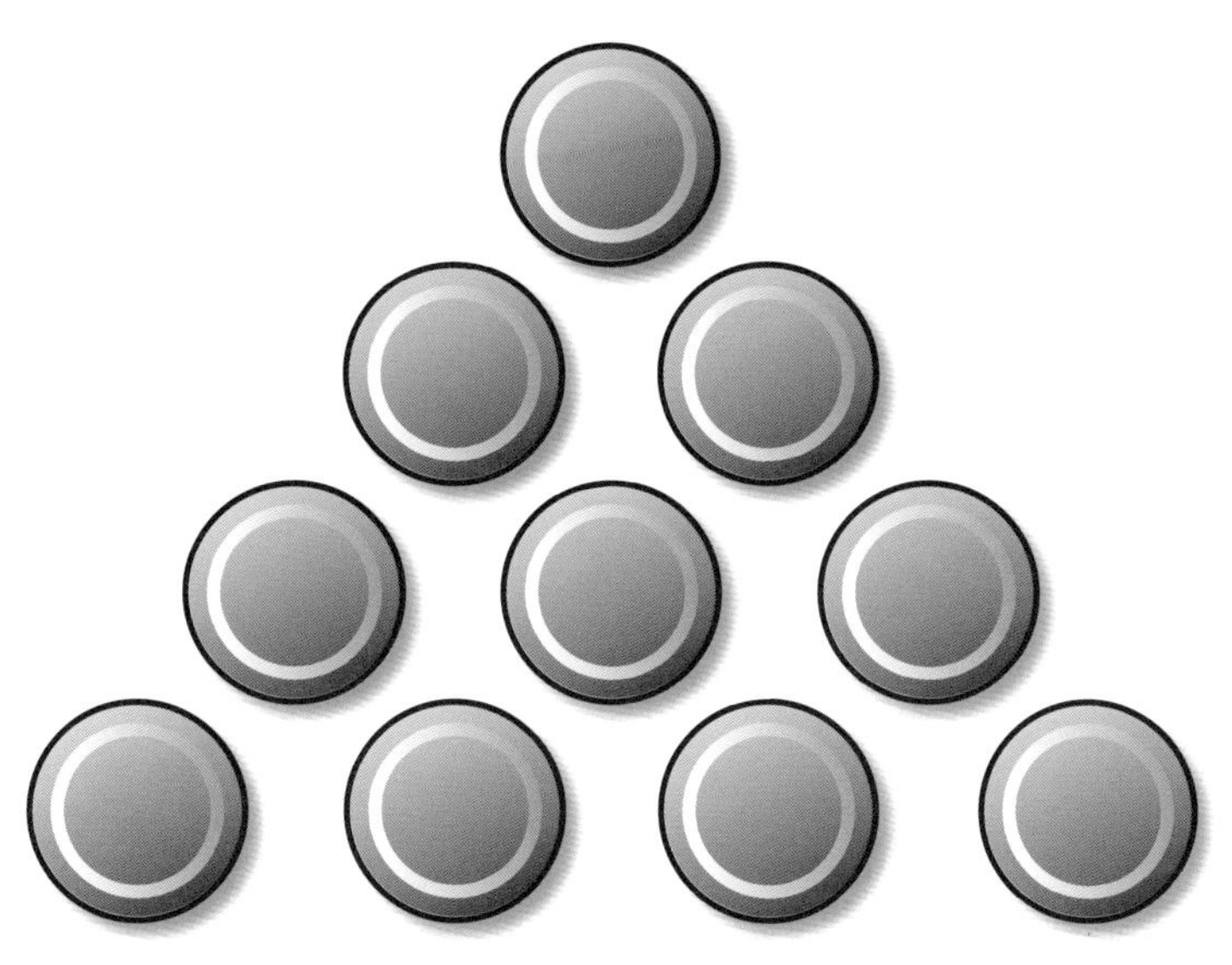

Ⓐ 1枚　Ⓑ 2枚　Ⓒ 3枚　Ⓓ 4枚　Ⓔ 5枚

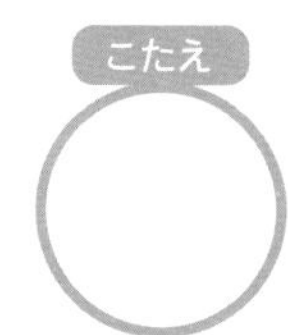

こたえ

もんだい 6

上の絵と同じものはどれかな？

Ⓐ

Ⓑ

Ⓒ

Ⓓ

Ⓔ

Ⓕ

こたえ

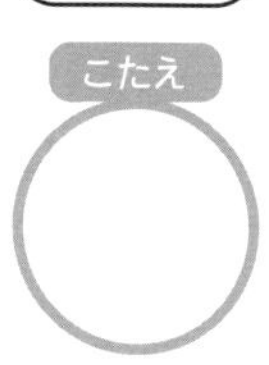

中級問題
レベル1
レベル2
レベル3
レベル4
レベル5

もんだい
7

1つだけほかとちがうものをさがしてね。

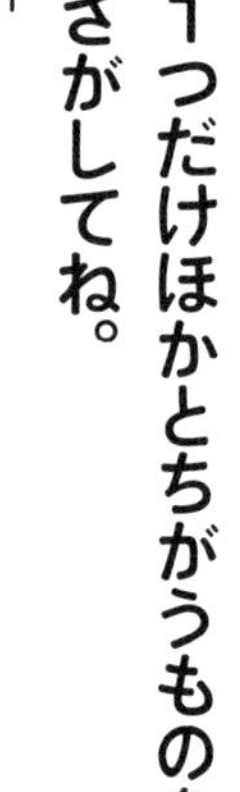

こたえ

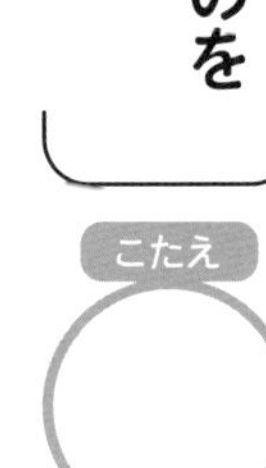

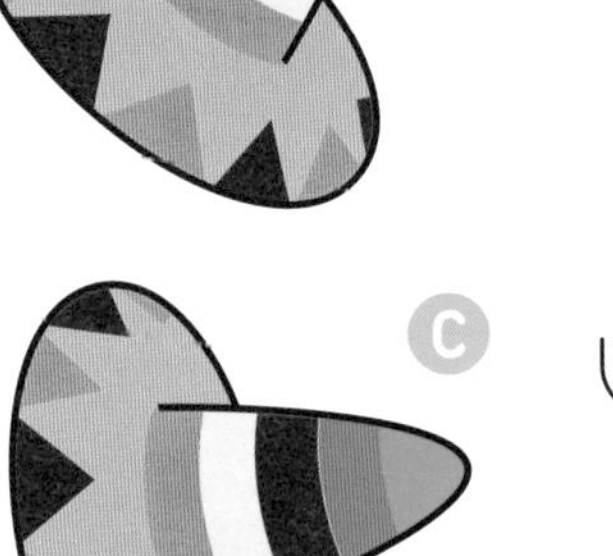

もんだい
8

くみたてても右のブロックと同じ形にならないものはどれかな？

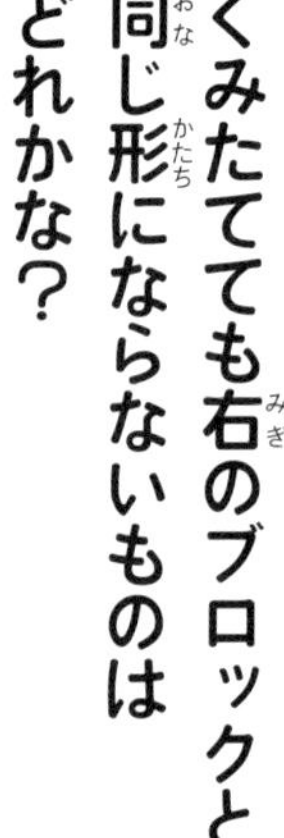

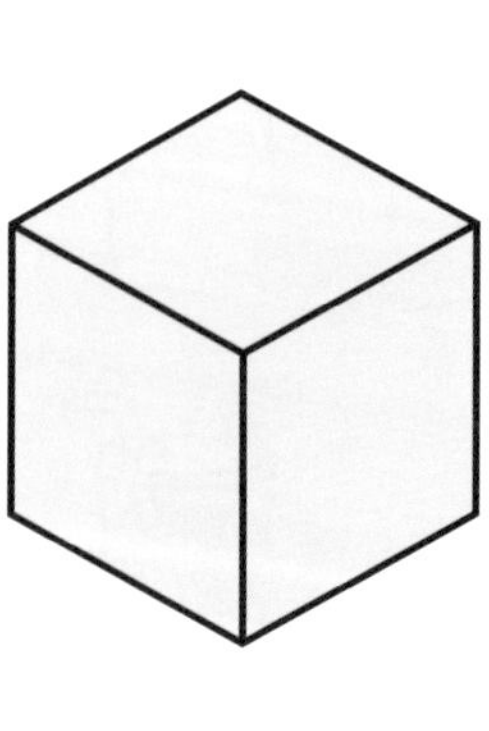

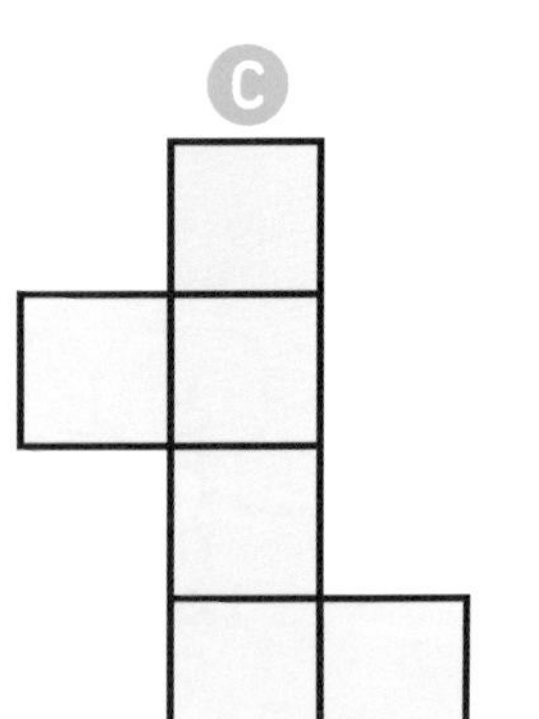

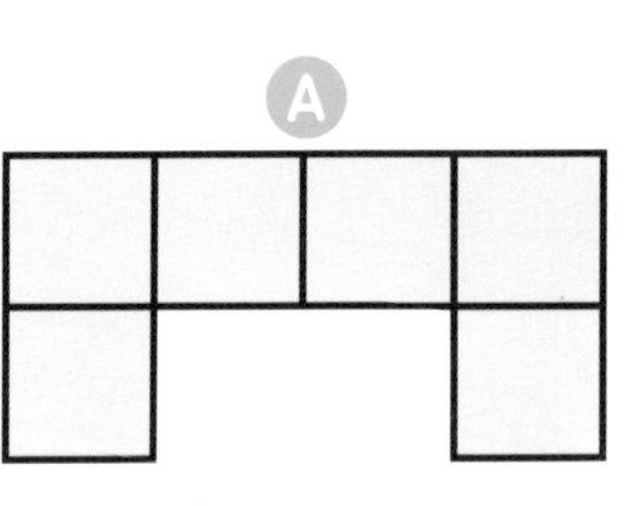

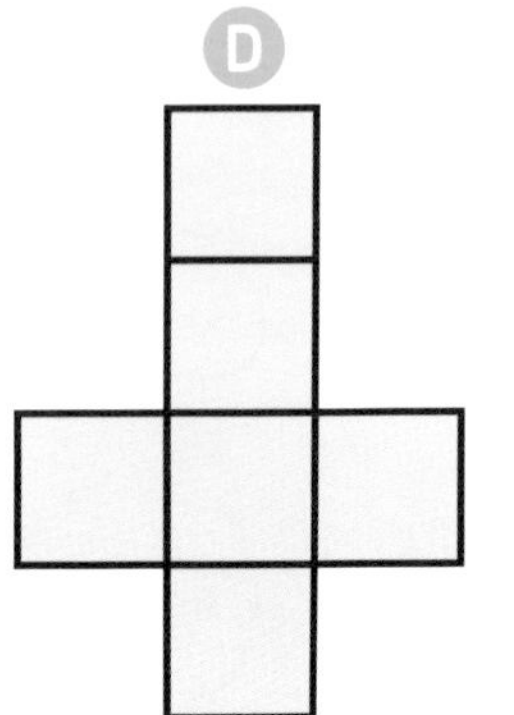

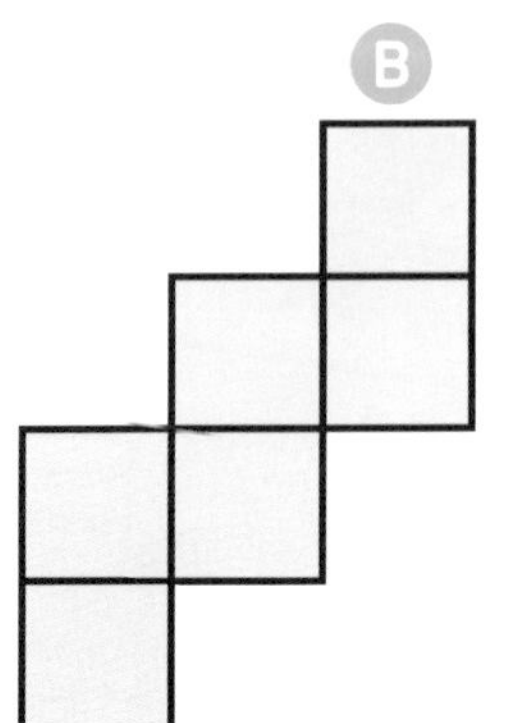

こたえ

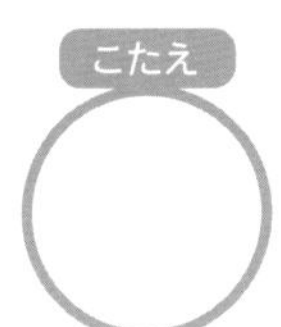

もんだい 9

右の絵と同じものはどれかな？

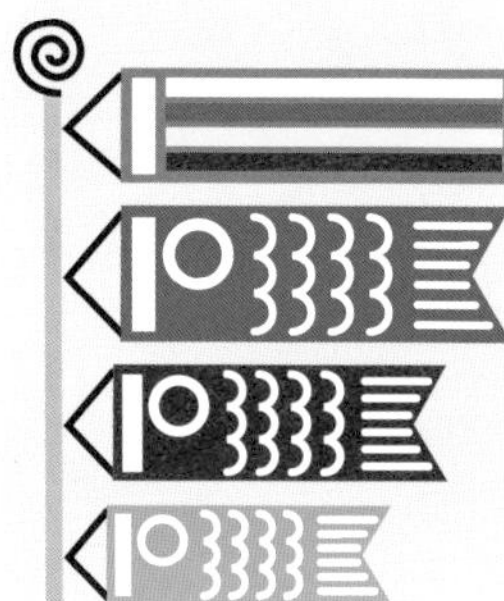
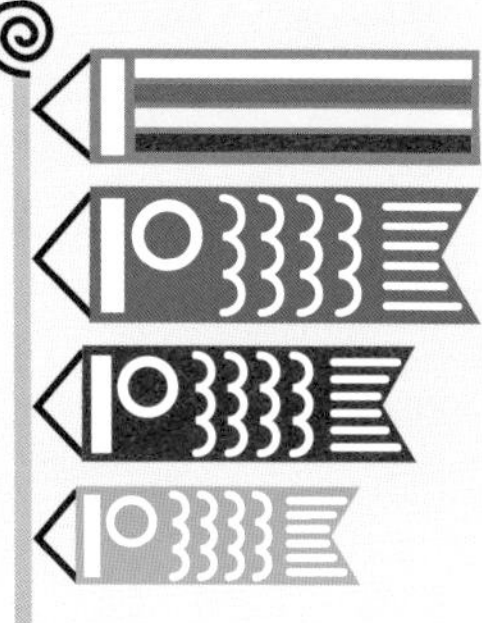

A

C

B

D

こたえ

もんだい 10

6枚の10円玉で1辺が30円の三角形を作ったよ。10円玉を3枚足して1辺が50円の三角形を作ってね。

解答 中級問題・レベル1

もんだい 1
こたえ B

もんだい 2
こたえ E

もんだい 3
こたえ B

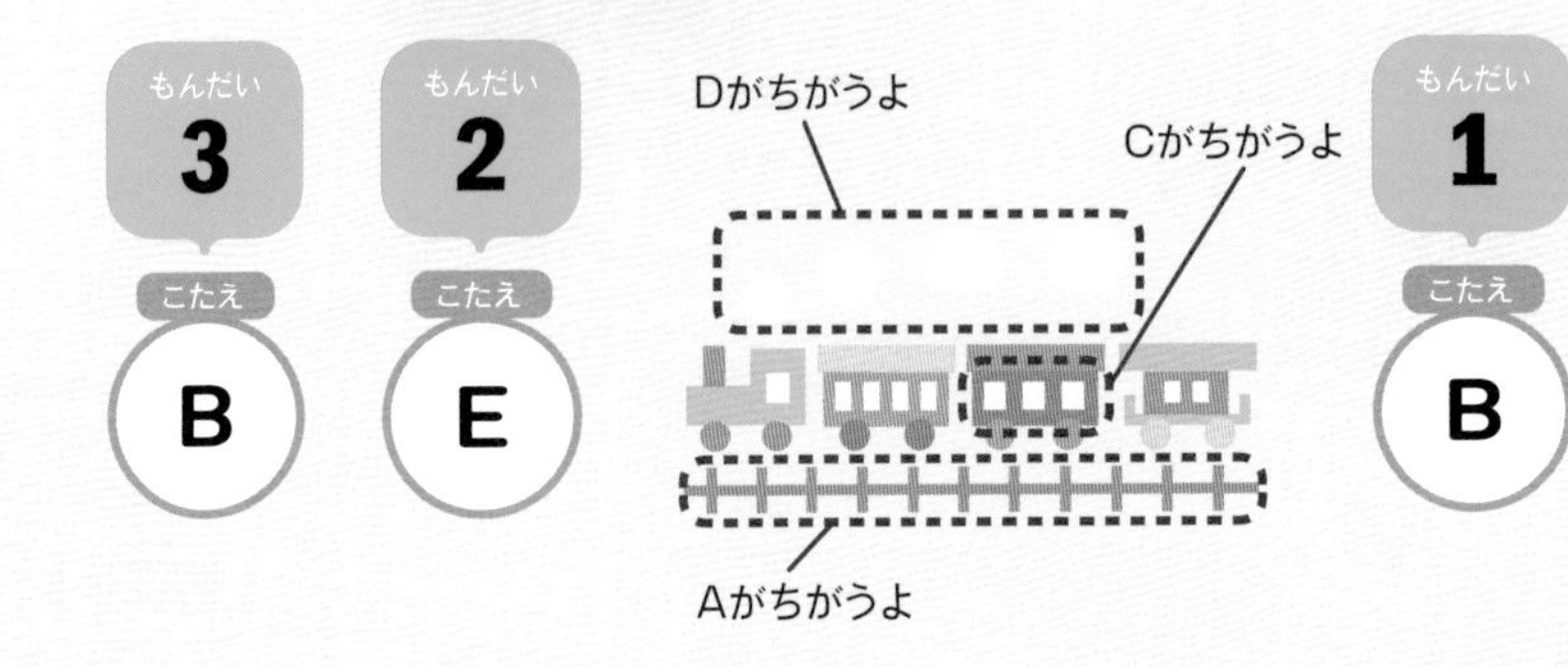

もんだい 4
こたえ E

上の図のようになるよ

もんだい 5
こたえ C

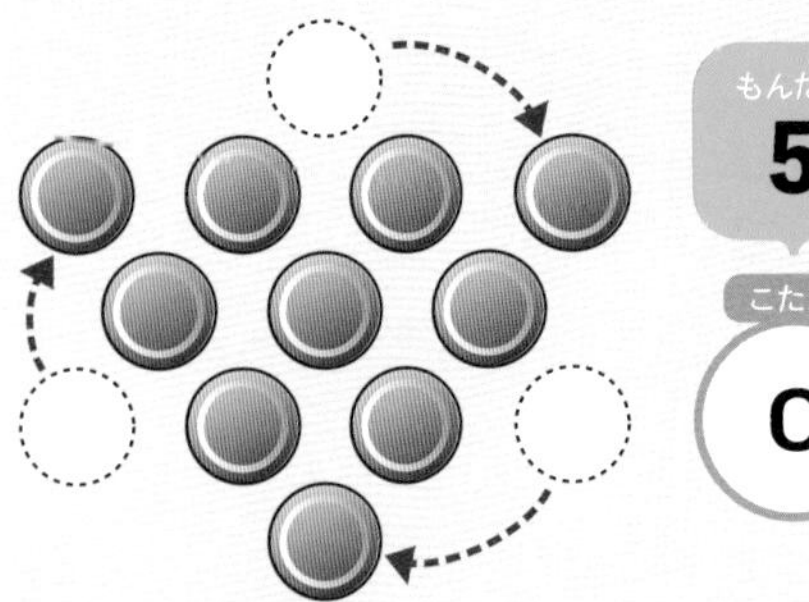

上の図のように動かせば３回ですむよ
（動かす方向が左右反対でも正解だよ）

もんだい 6
こたえ F

もんだい 7
こたえ F

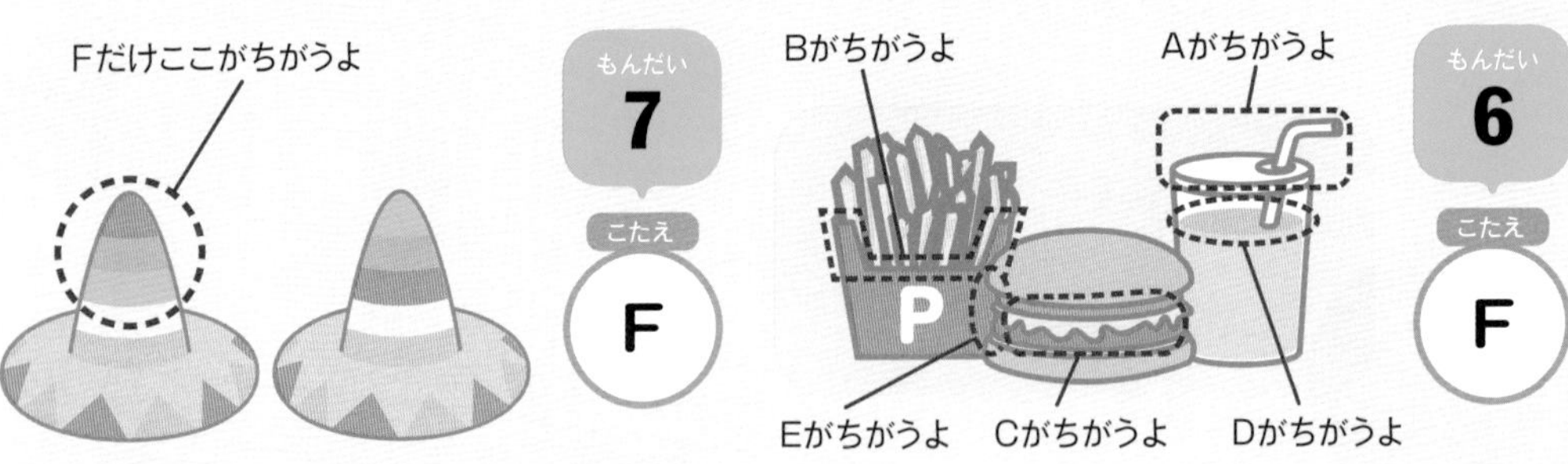

もんだい 8
こたえ A

もんだい 9
こたえ C

もんだい 10
こたえ 図を見てね

３枚の10円玉を、角の３枚の10円玉に重ねてね

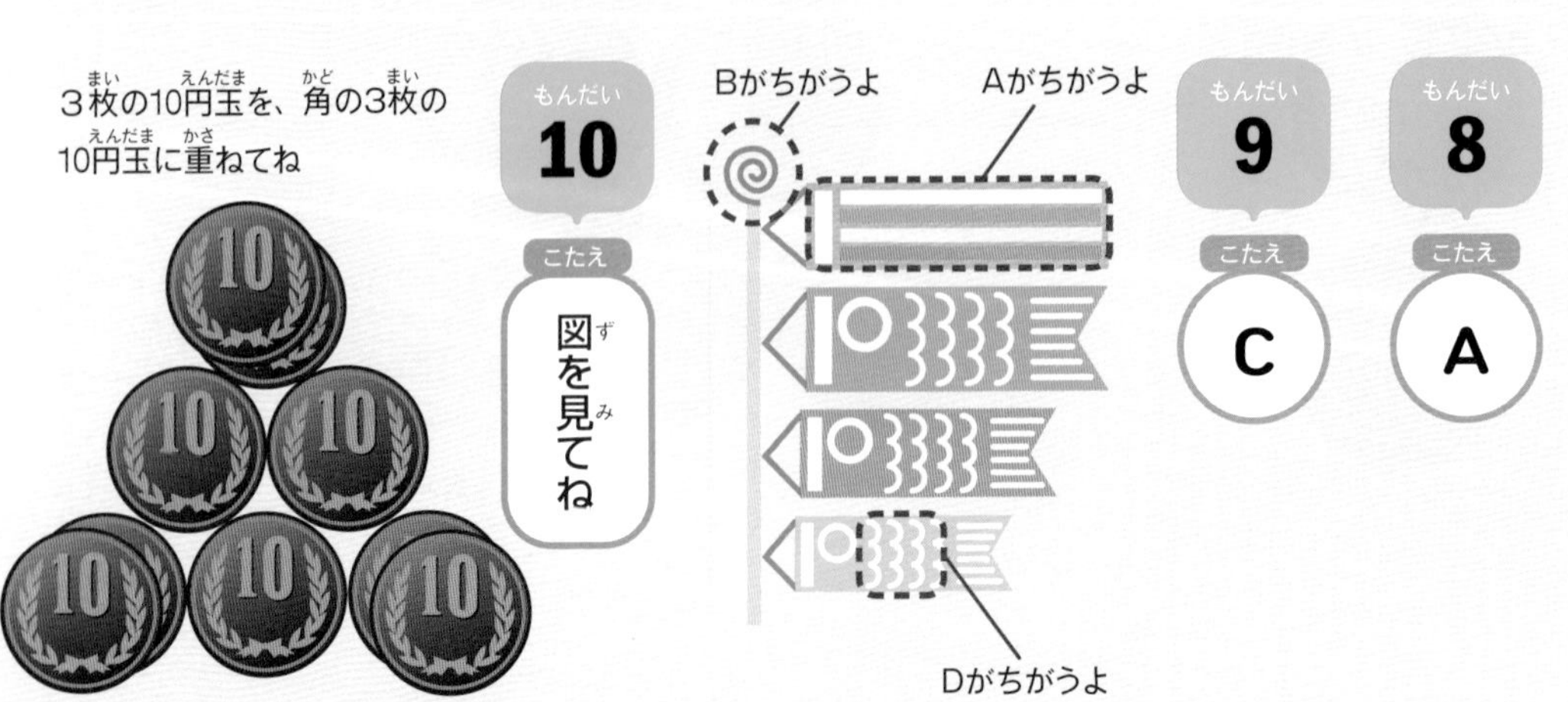

もんだい
1

あまるピースはどれかな？

こたえ

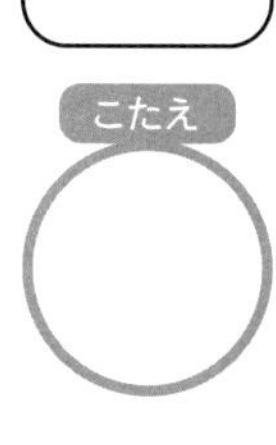

もんだい
2

同じくみあわせを２つさがしてね。

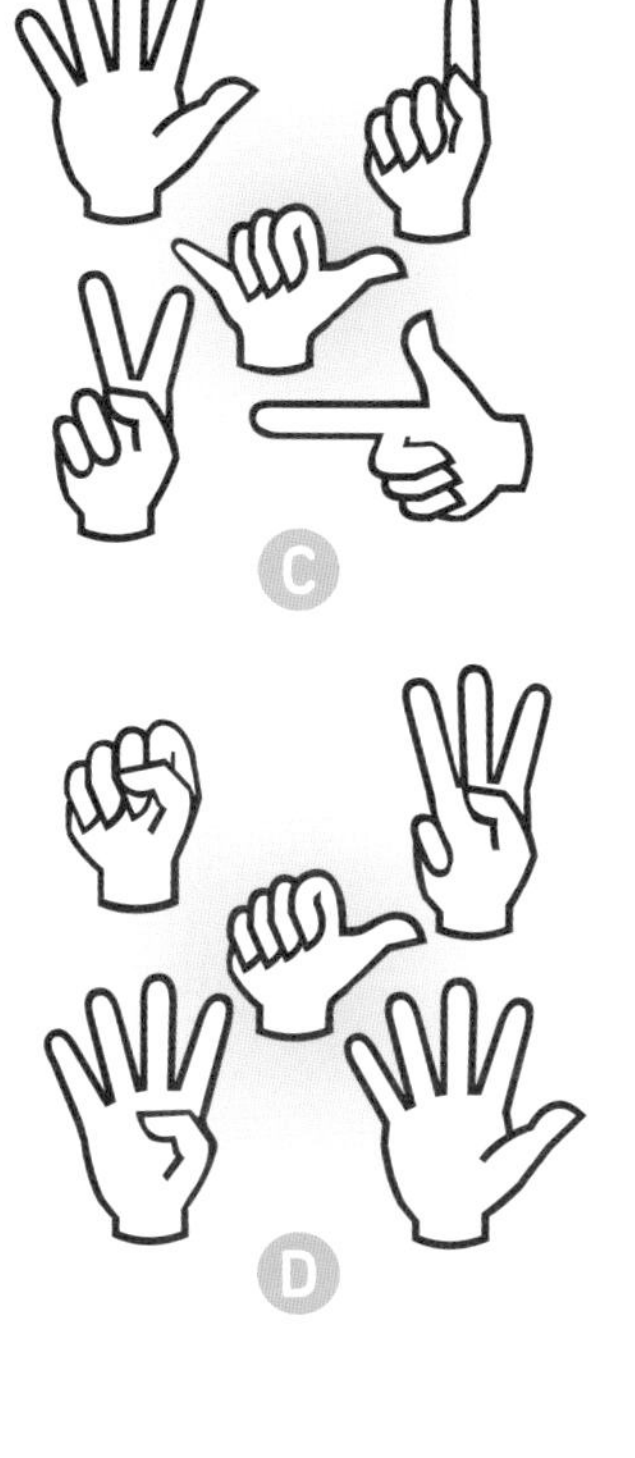

こたえ

と

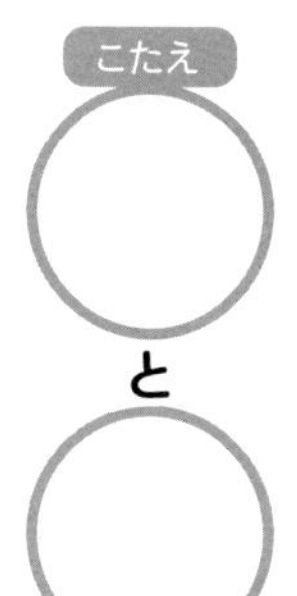

中級問題
レベル1
レベル2
レベル3
レベル4
レベル5

中級問題

レベル1　レベル2　レベル3　レベル4　レベル5

もんだい 3

1つだけほかとちがうものをさがしてね。

A B C D E F

こたえ

もんだい 4

5本のマッチでできたチリトリのなかに1円玉が入っているよ。チリトリからとりだすには、1円玉にさわらずに最低何本のマッチを動かせばいいかな？　ただし、1円玉をとりだしたあともチリトリは残しておいてね。

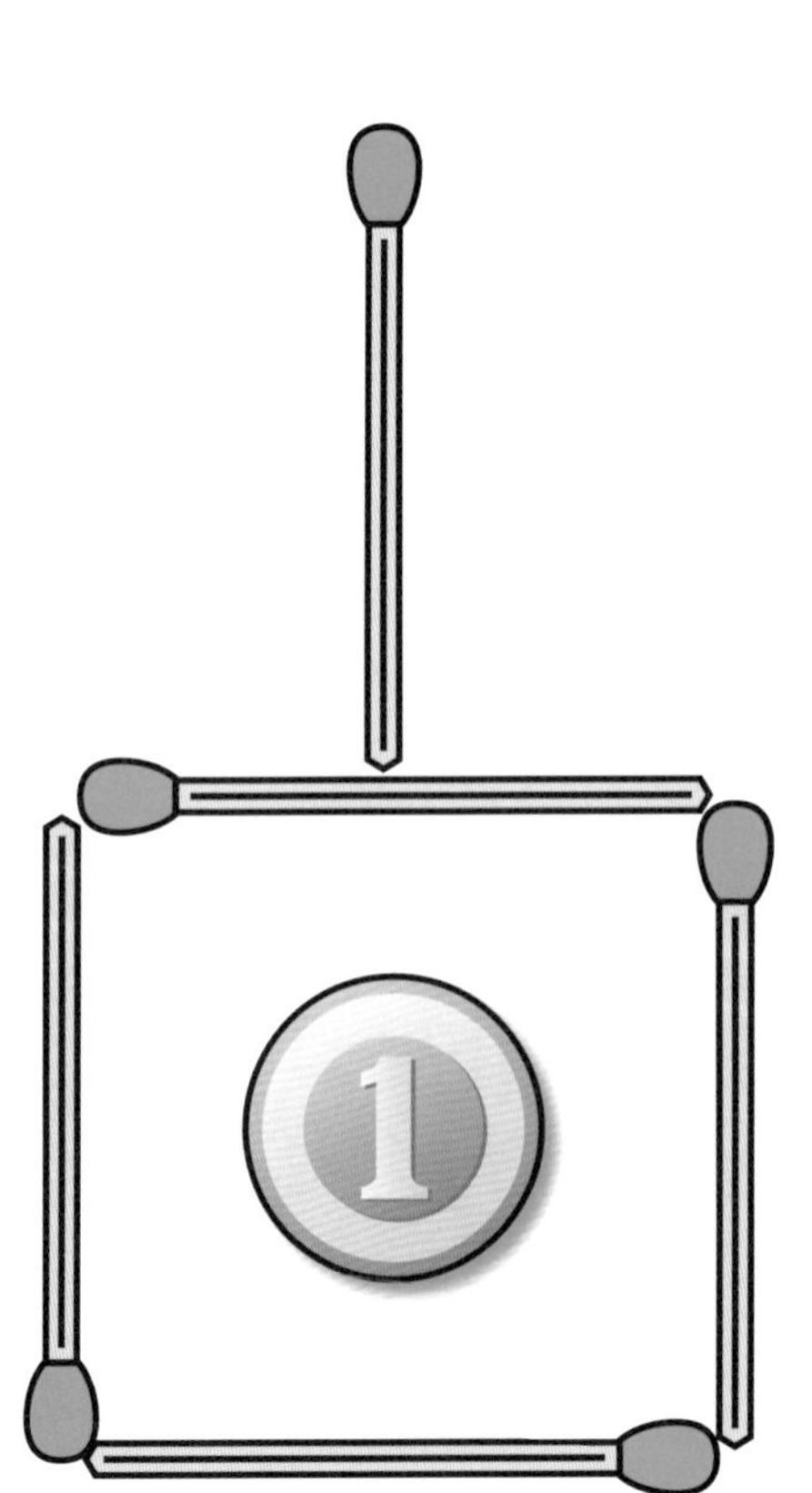

A 1本

B 2本

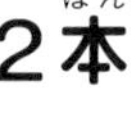
C 3本

D 4本

こたえ

中級問題

レベル1 レベル2 レベル3 レベル4 レベル5

もんだい 5

1つだけほかとちがうものをさがしてね。

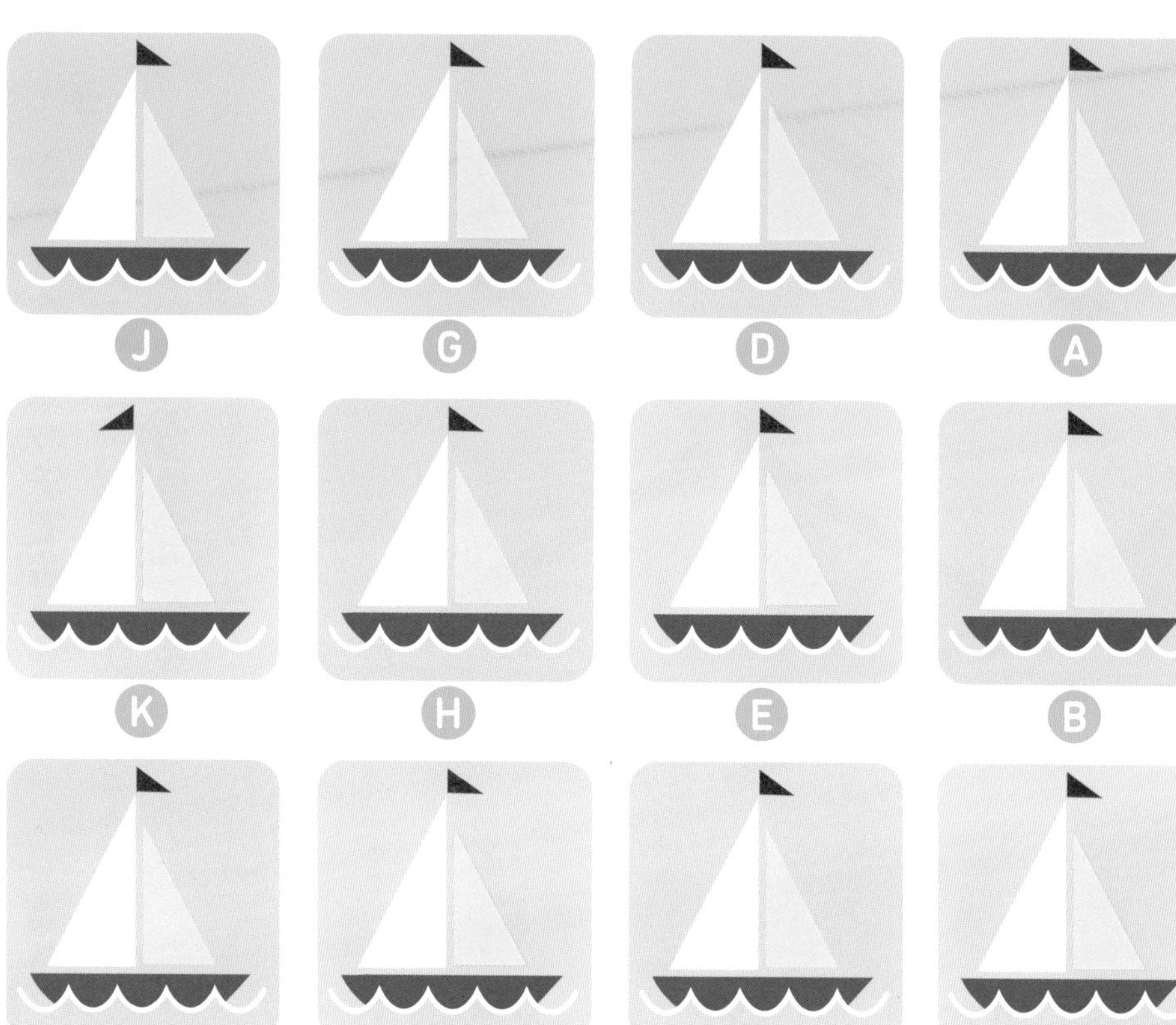

こたえ

もんだい 6

右の絵と同じものはどれかな？

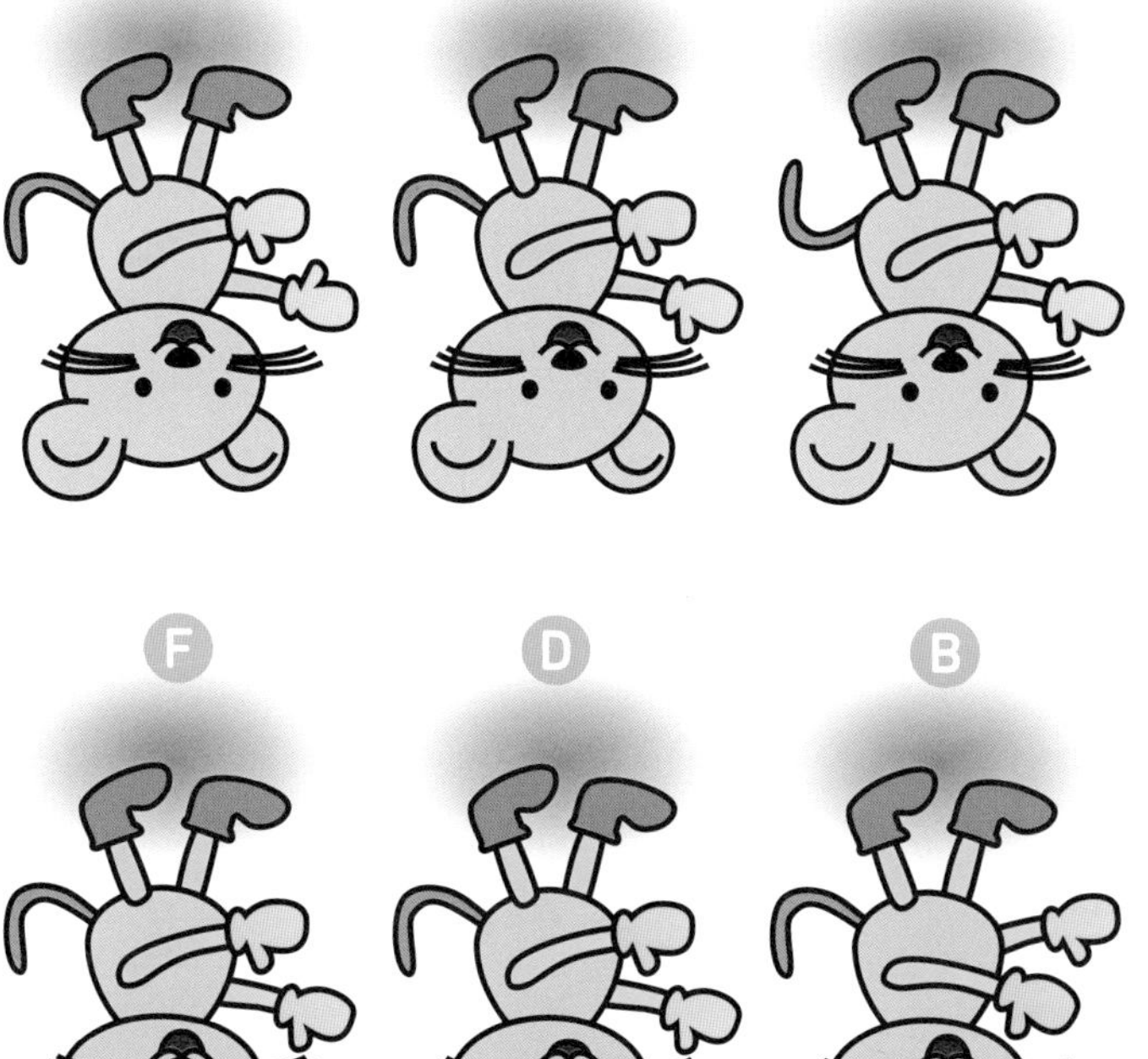

こたえ

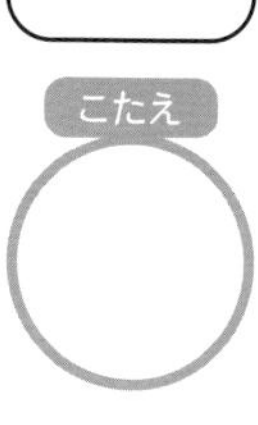

もんだい

7

8本のマッチで金魚を作ったよ。最低何本のマッチを動かせば金魚の向きを反対にできるかな？

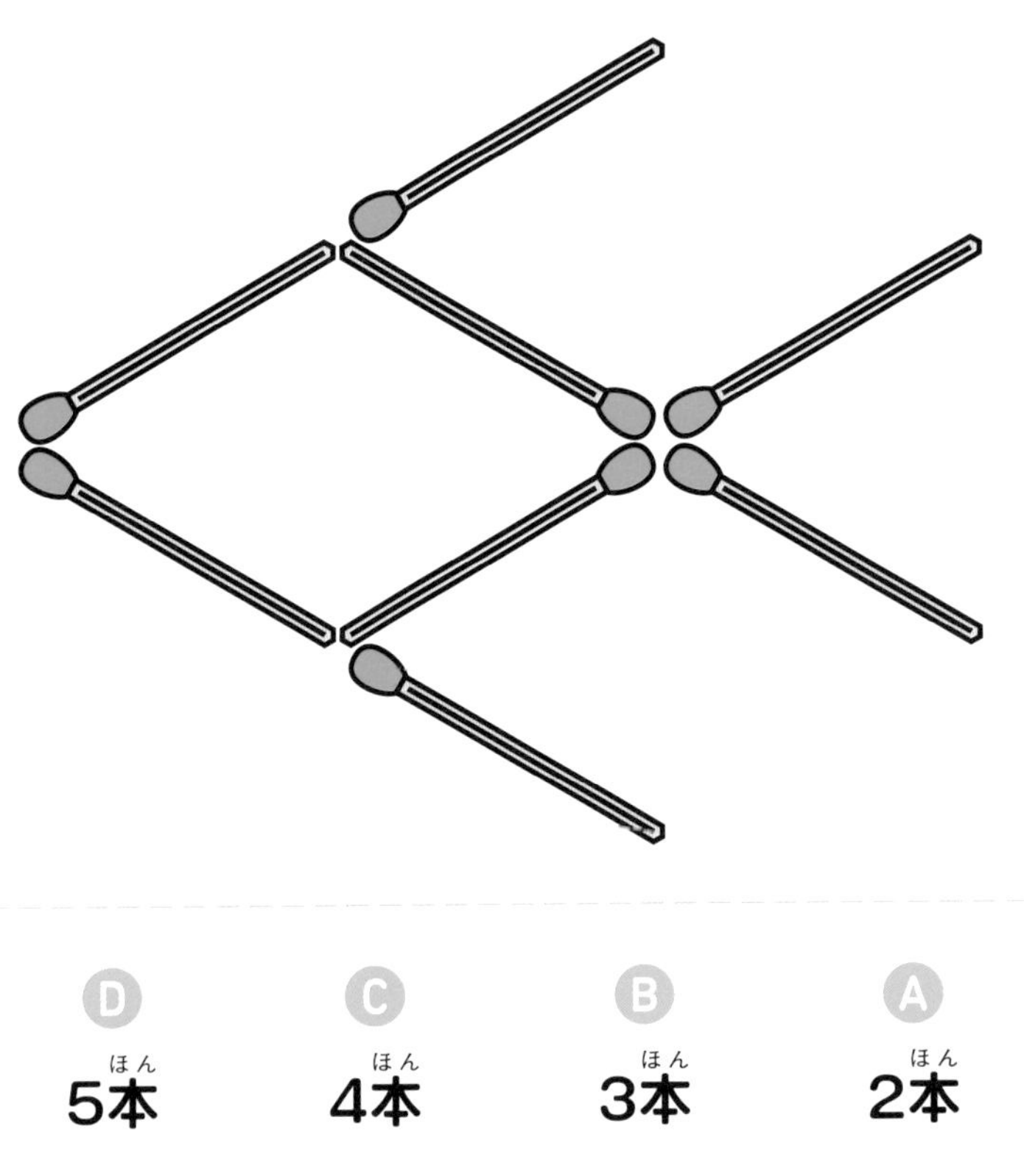

こたえ

Ⓐ 2本　Ⓑ 3本　Ⓒ 4本　Ⓓ 5本

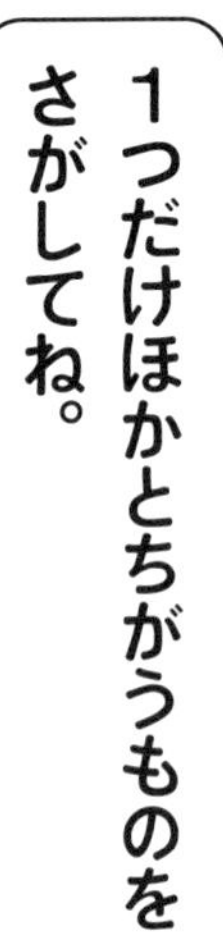

もんだい

8

1つだけほかとちがうものをさがしてね。

こたえ

もんだい 9

どれをくみたてると上の形になるかな？

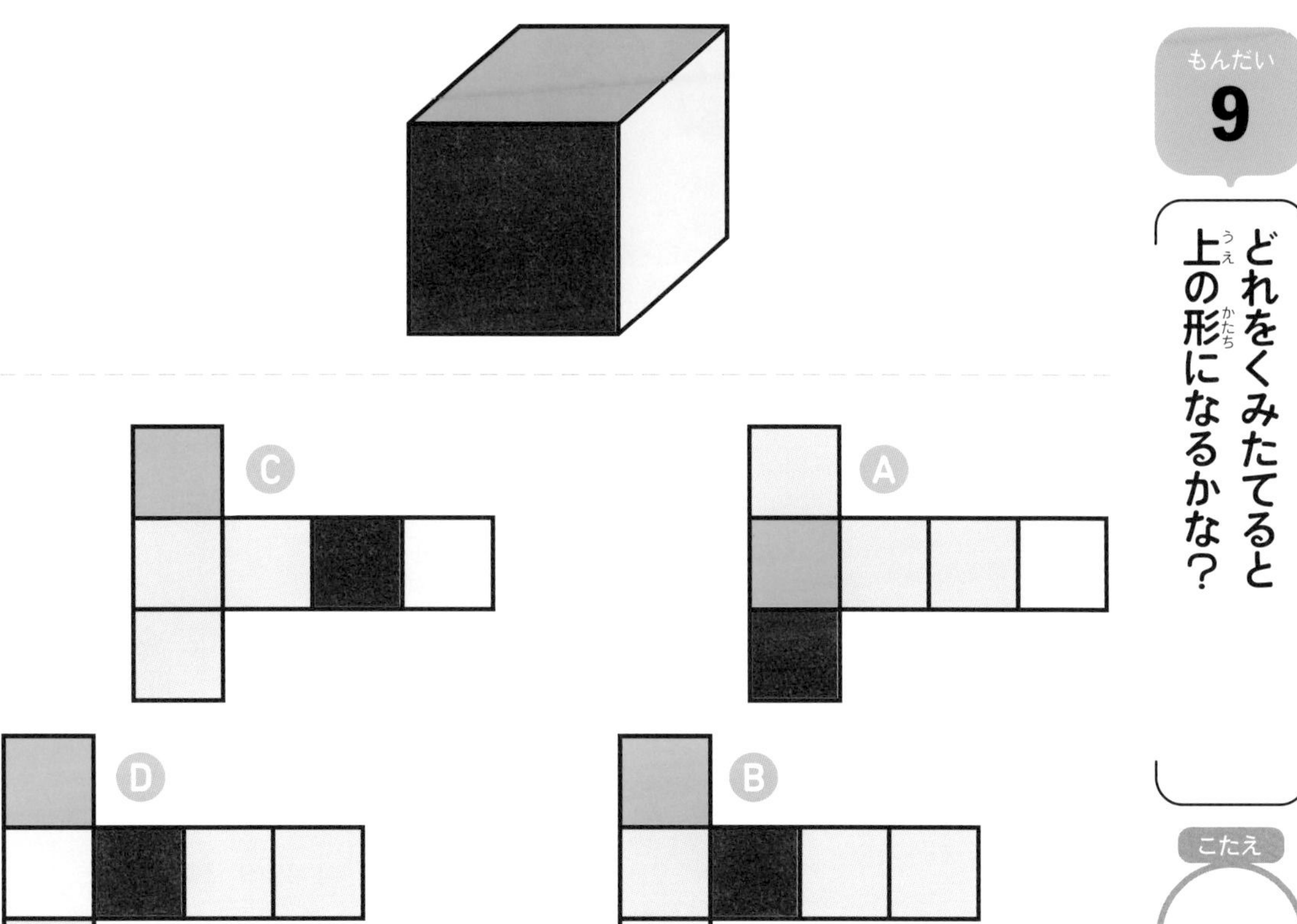

こたえ

もんだい 10

9本のマッチで正三角形を3つ作ったよ。マッチを2本動かして正三角形を4つにしてね。

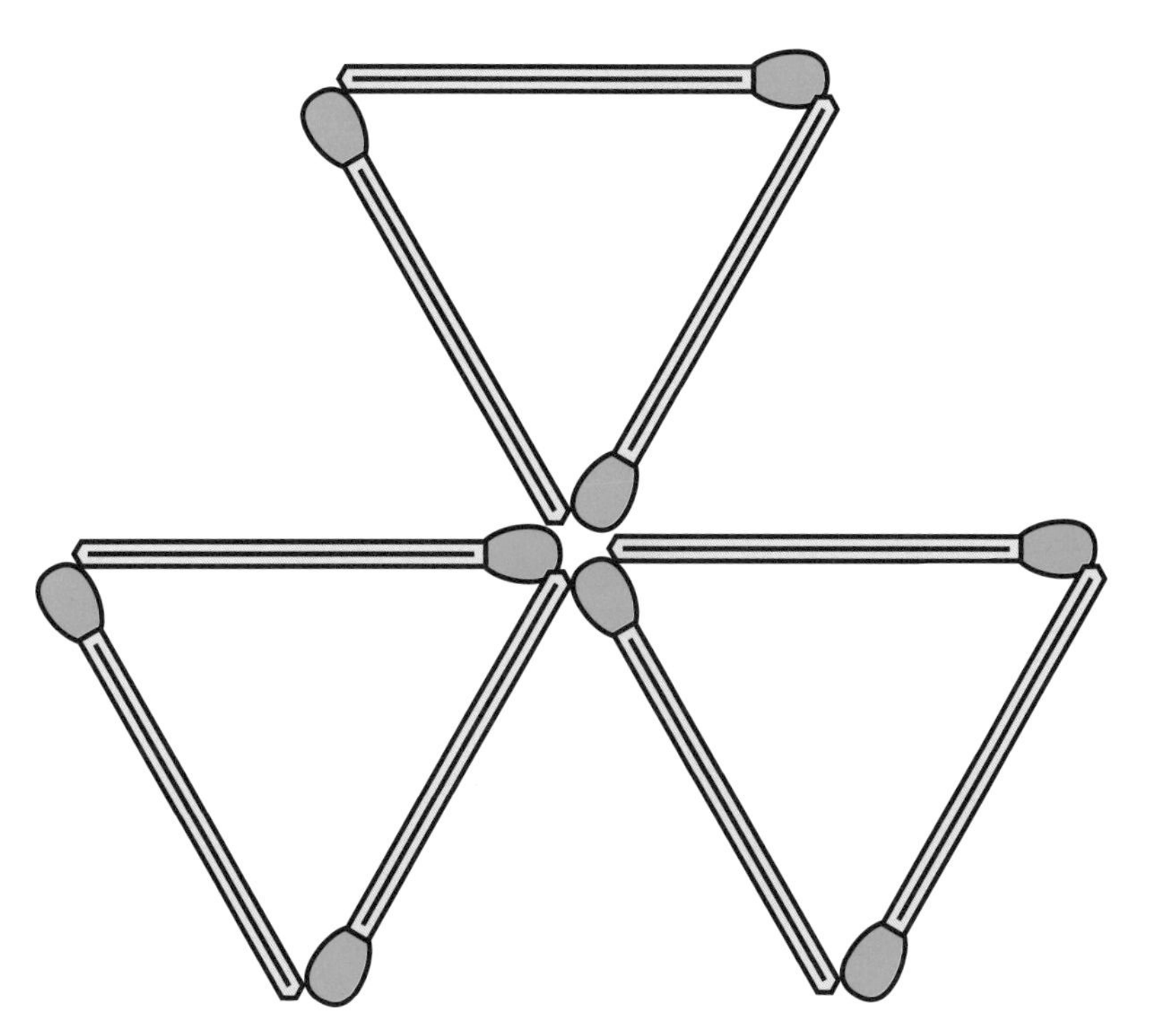

解答 中級問題・レベル2

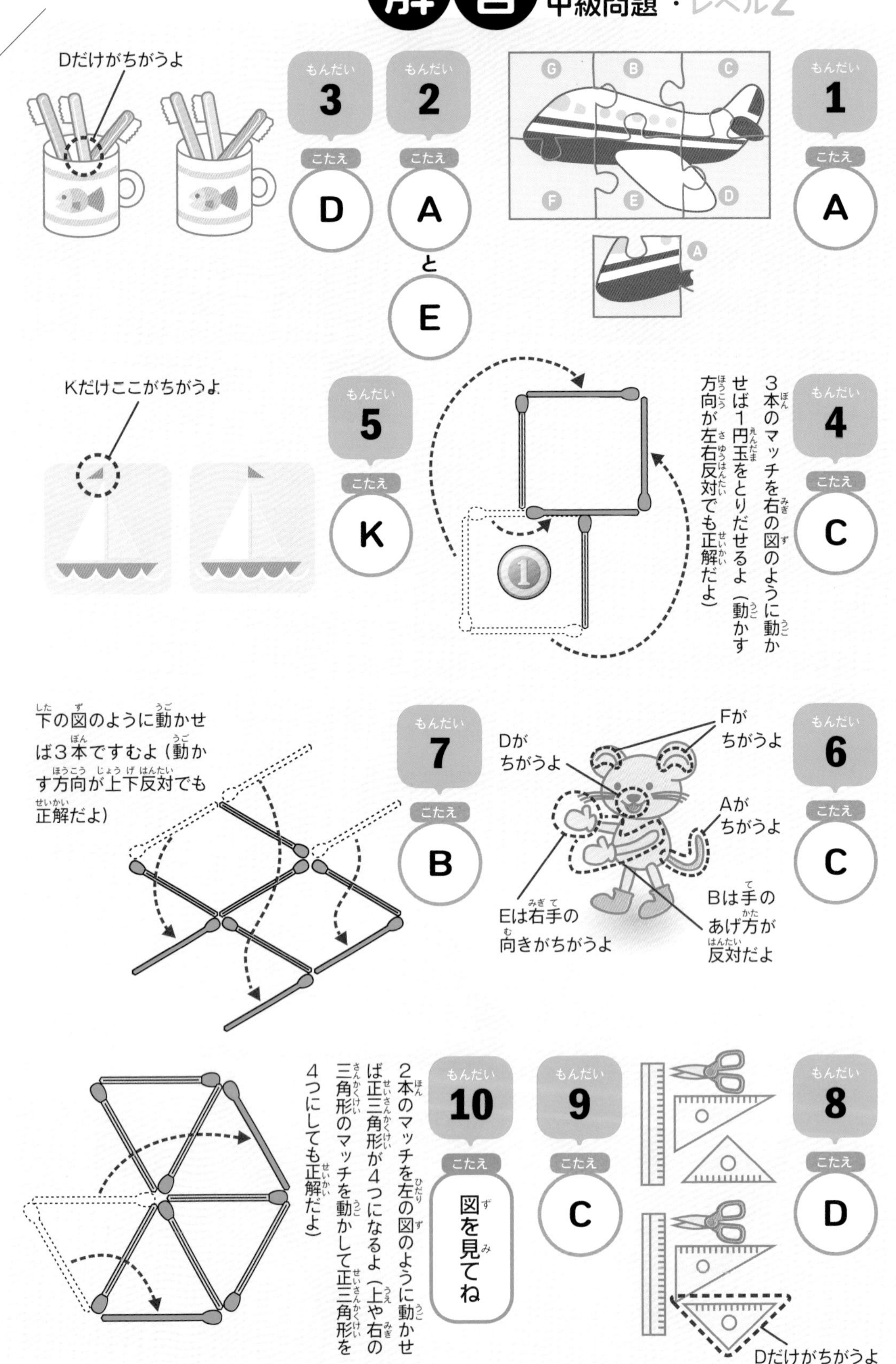

もんだい 1
こたえ A
もんだい 2
こたえ A と E
もんだい 3
こたえ D
Dだけがちがうよ
もんだい 4
こたえ C
3本のマッチを右の図のように動かせば1円玉をとりだせるよ（動かす方向が左右反対でも正解だよ）
もんだい 5
こたえ K
Kだけここがちがうよ
もんだい 6
こたえ C
Fがちがうよ
Dがちがうよ
Aがちがうよ
Bは手のあげ方が反対だよ
Eは右手の向きがちがうよ
もんだい 7
こたえ B
下の図のように動かせば3本ですむよ（動かす方向が上下反対でも正解だよ）
もんだい 8
こたえ D
Dだけがちがうよ
もんだい 9
こたえ C
もんだい 10
こたえ 図を見てね
2本のマッチを左の図のように動かせば正三角形が4つになるよ（上や右の三角形のマッチを動かして正三角形を4つにしても正解だよ）

中級問題

レベル1
レベル2
レベル3
レベル4
レベル5

もんだい
1

4本のマッチで正方形を作ったよ。マッチを4本足して正方形を3つにしてね。

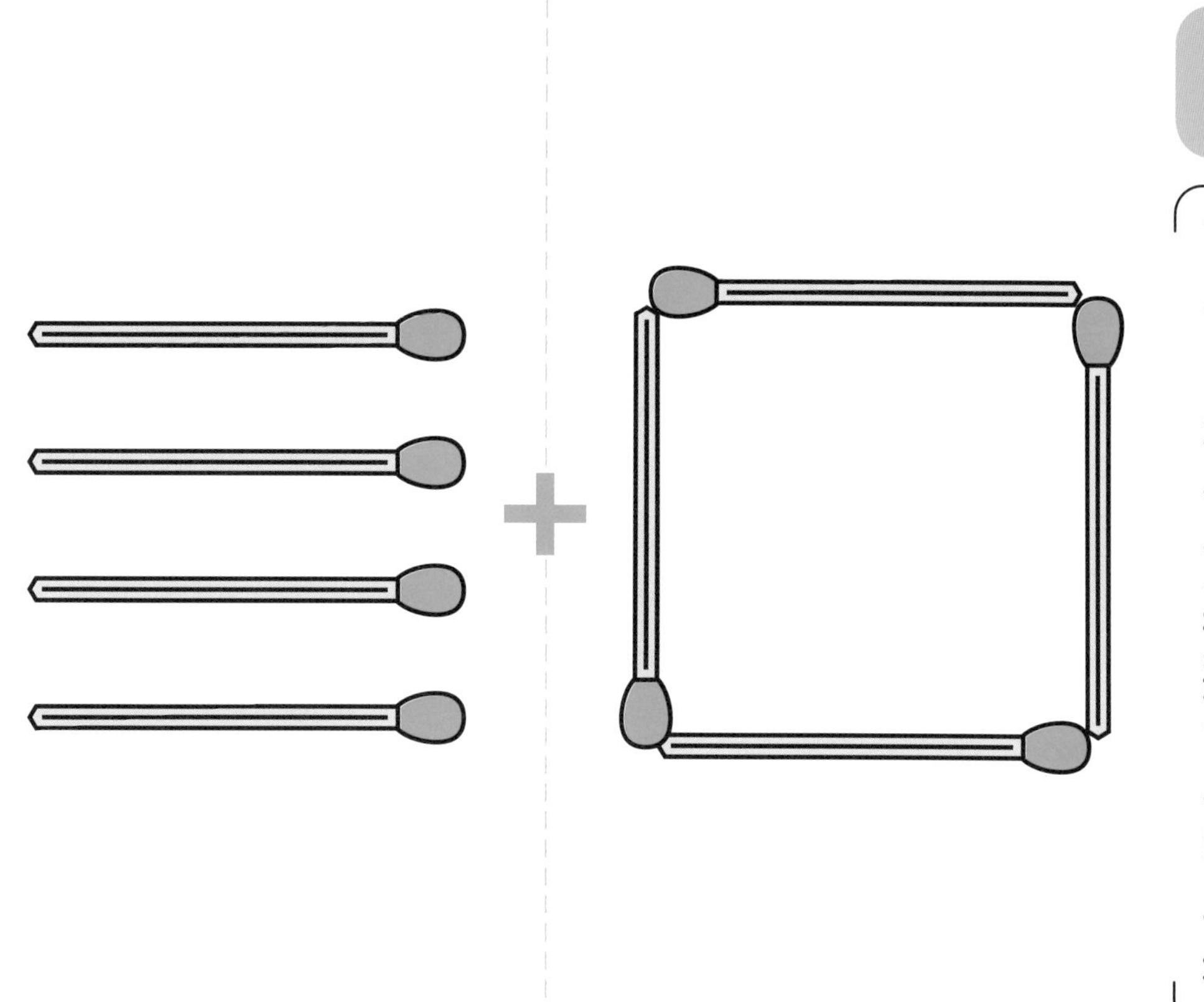

もんだい
2

あまるピースはどれかな？

G E C A

F D B

こたえ

もんだい 3

1つだけほかとちがうものをさがしてね。

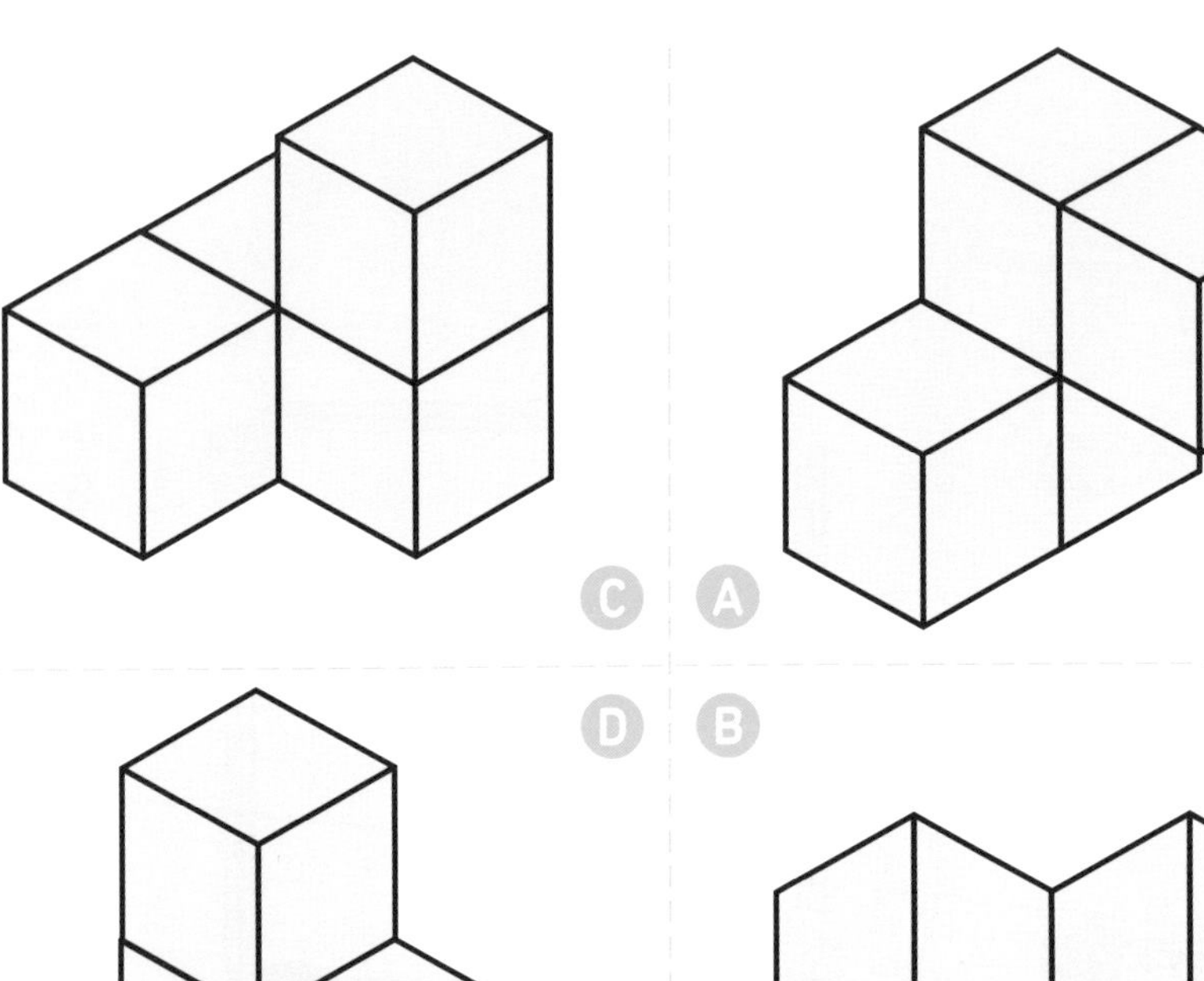
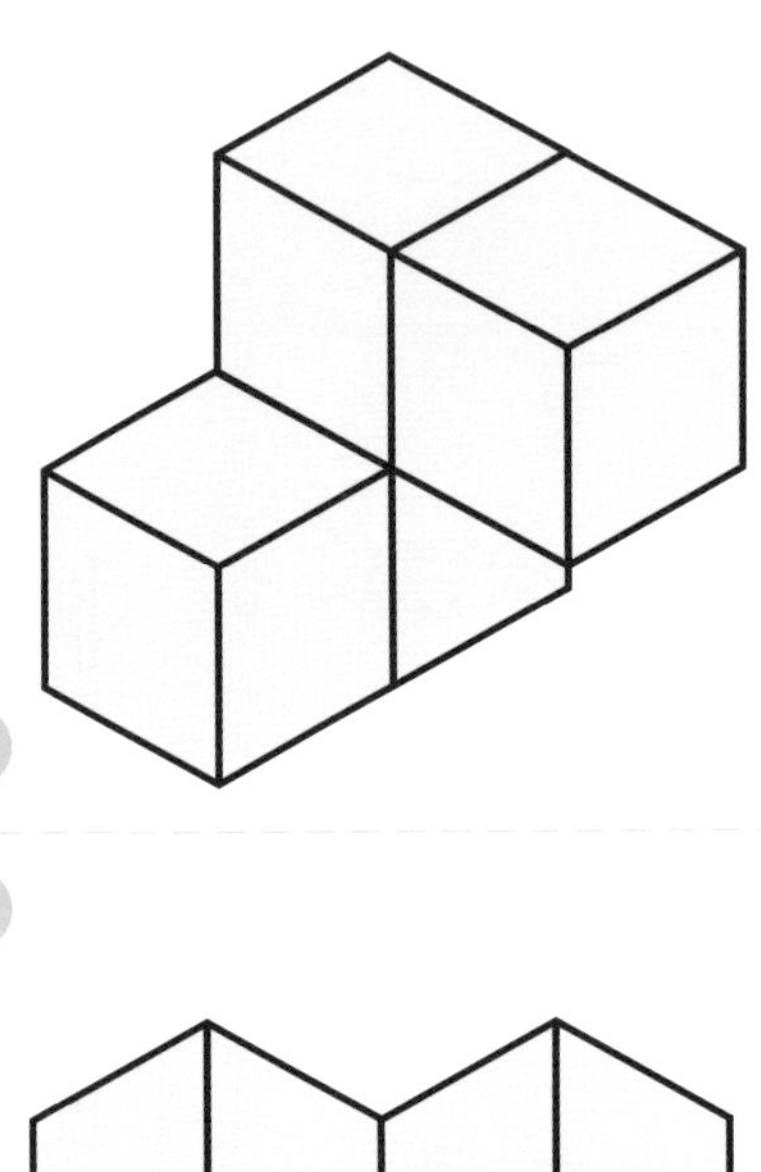
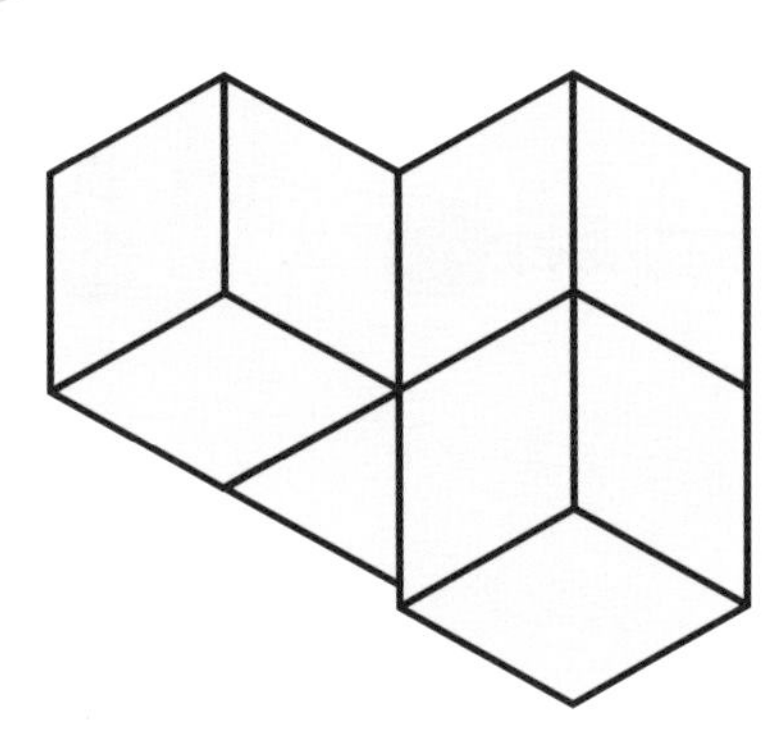

こたえ

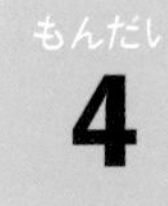

中級問題

レベル1 レベル2 レベル3 レベル4 レベル5

もんだい 4

8枚の10円玉で1辺が30円の正方形を作ったよ。この8枚の10円玉で1辺が40円の正方形を作ってね。

もんだい
5

同(おな)じくみあわせを2つさがしてね。

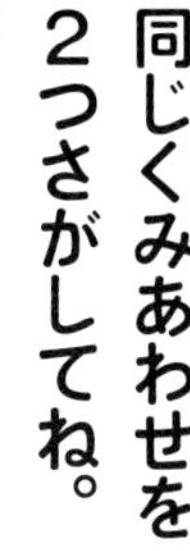

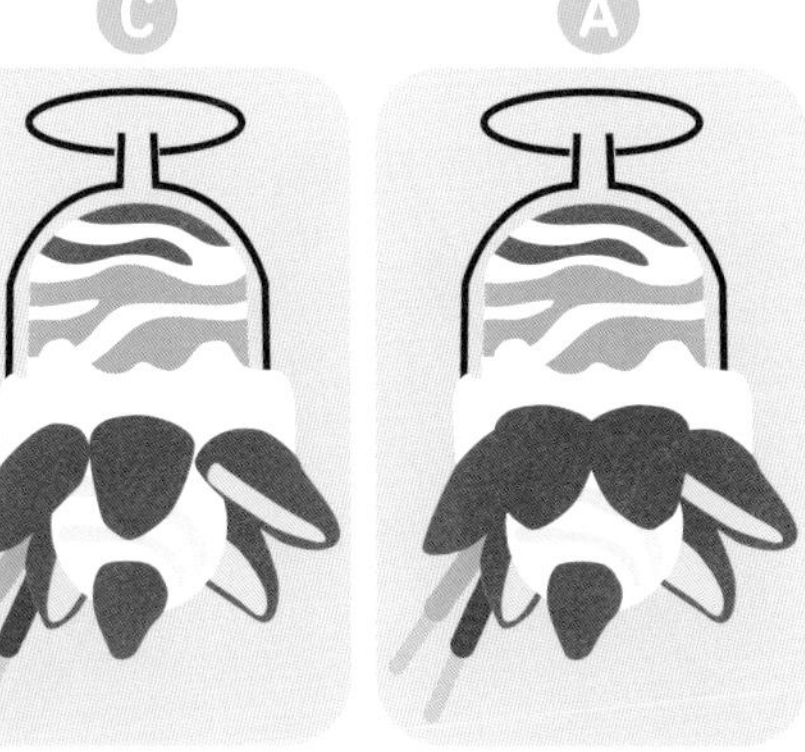

こたえ

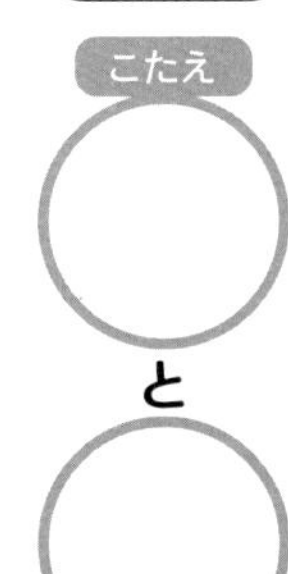
と
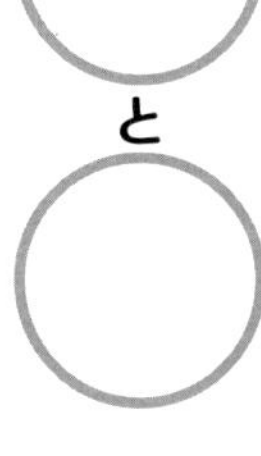

中級問題(ちゅうきゅうもんだい)
レベル1
レベル2
レベル3
レベル4
レベル5

もんだい
6

右(みぎ)の絵(え)と同(おな)じものはどれかな？

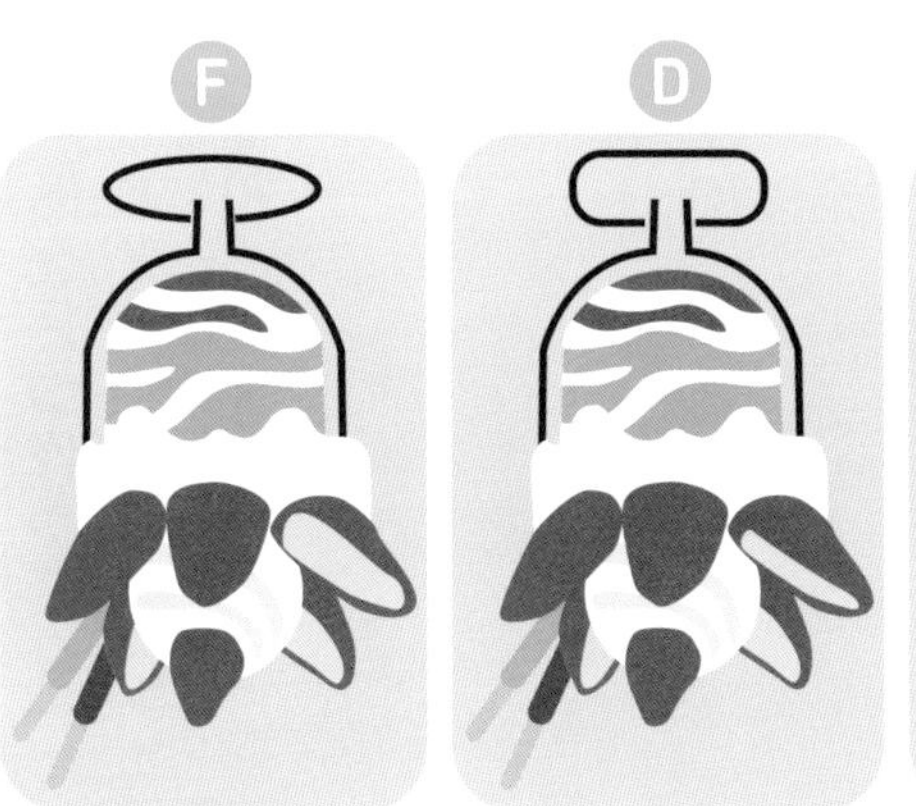

こたえ

もんだい
7

どれをくみたてると上の形になるかな？

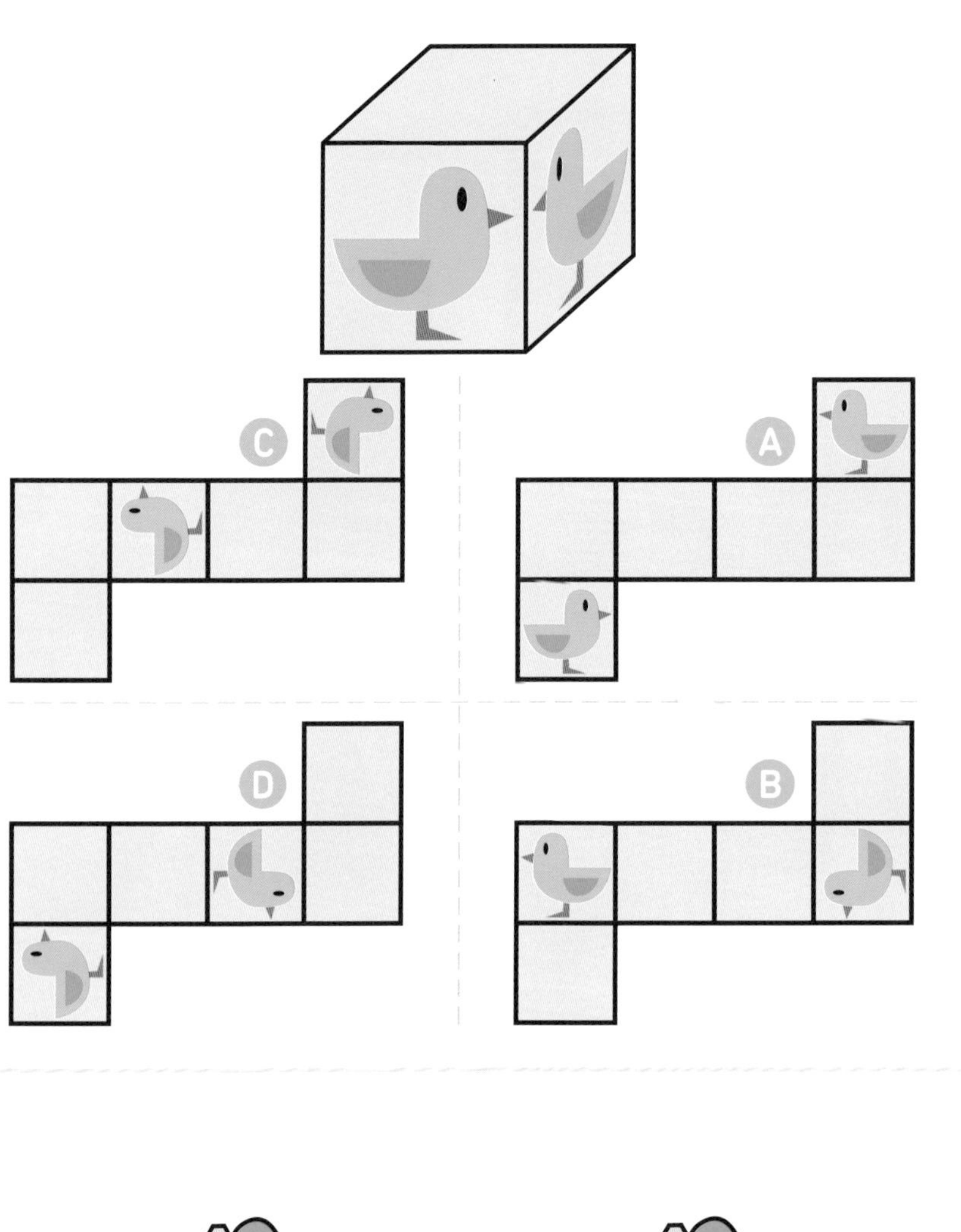

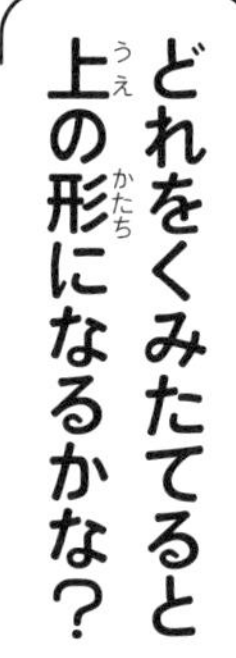

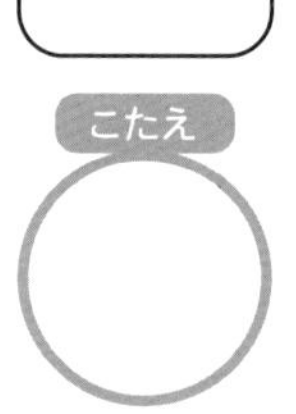

もんだい
8

6本のマッチで正三角形を2つ作って図のように並べたよ。マッチを2本足して正三角形を5つにしてね。

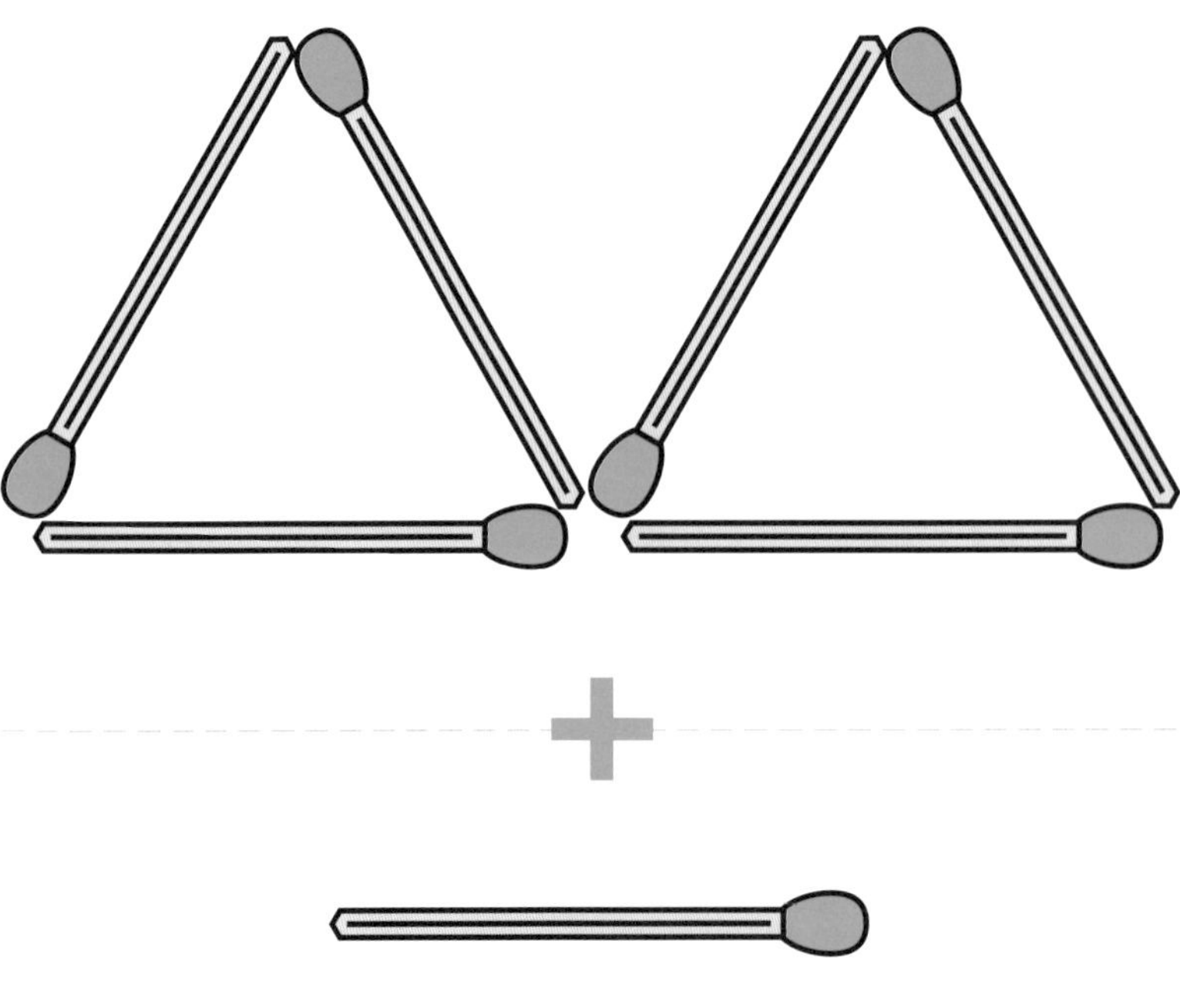

もんだい 9

絵のように赤のビーズをはさんで黄色のビーズが4つずつ糸に通っているよ。黄色のビーズをはずさないで赤のビーズを糸からとるにはどうしたらいいかな?

中級問題

レベル1
レベル2
レベル3
レベル4
レベル5

もんだい 10

この形の星のなかに三角形はいくつあるかな?

A 8個

B 9個

C 10個

D 11個

こたえ

解答 中級問題・レベル3

もんだい 1

こたえ 図を見てね

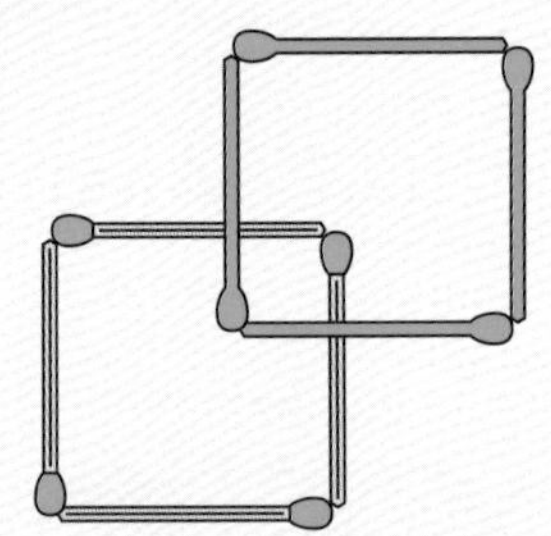
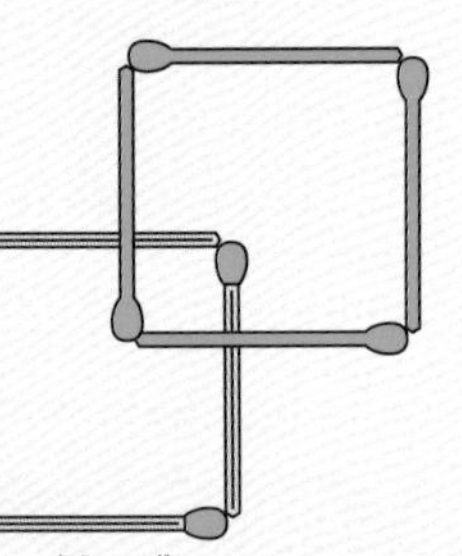

４本のマッチを上の図のようにおくよ（おく位置が右下、左上、左下でも正解だよ）

もんだい 2

こたえ

E

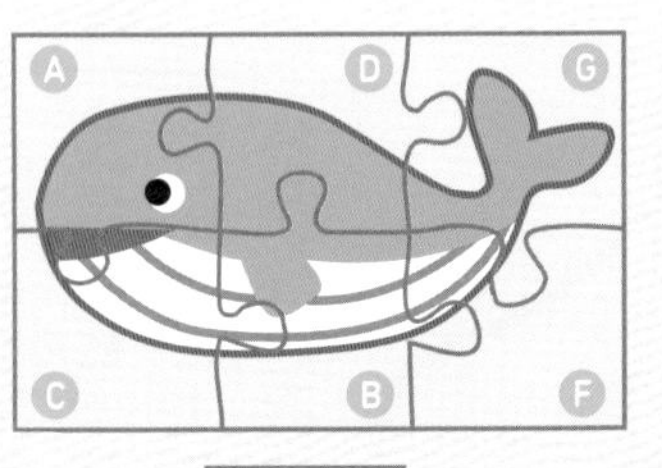

左上の図のようになるよ

もんだい 3

こたえ

C

もんだい 4

こたえ 図を見てね

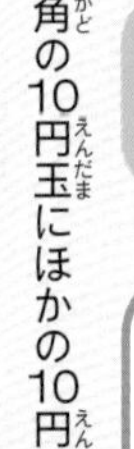

角の10円玉にほかの10円玉を重ねてね

もんだい 5

こたえ

A と F

もんだい 6

こたえ

C

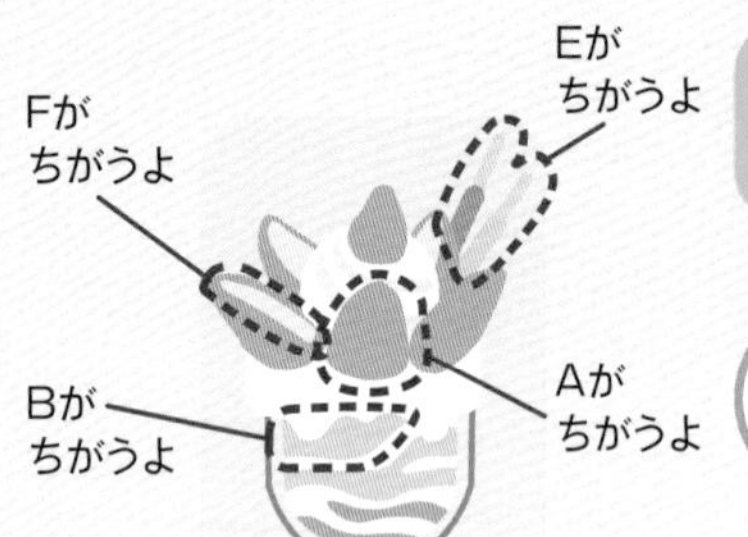

もんだい 7

こたえ

C

もんだい 8

こたえ

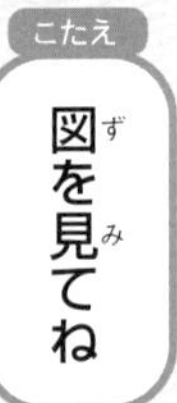

図を見てね

もんだい 9

こたえ

図を見てね

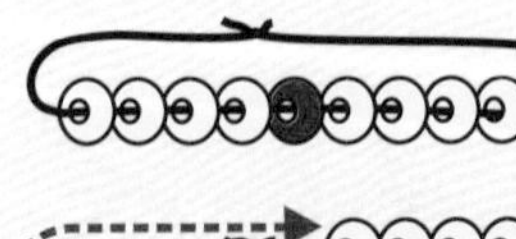

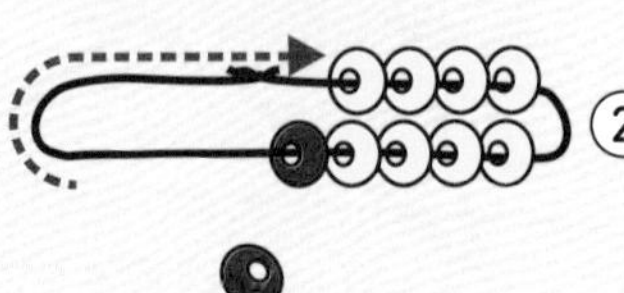

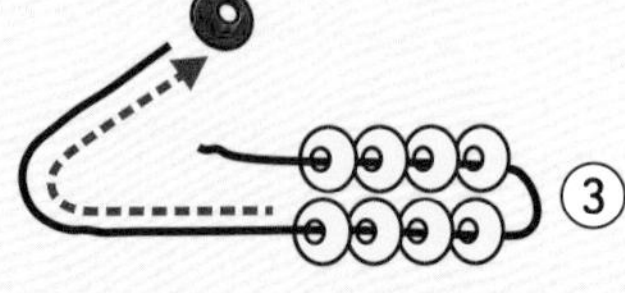

①ひもを結んで　②赤が端にくるように４つの黄色をくぐらして　③ひもをほどくと赤をとりだせるよ

もんだい 10

こたえ C

左の図のような２種類の三角形が５つずつあるよ

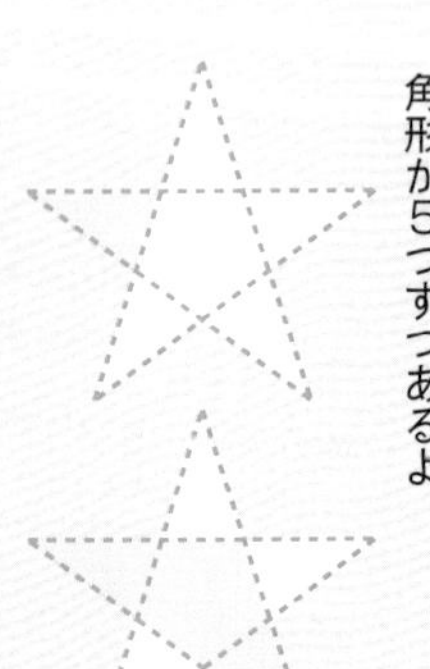

もんだい
1
1つだけほかとちがうものをさがしてね。

こたえ

もんだい
2
同じ絵を2つさがしてね。

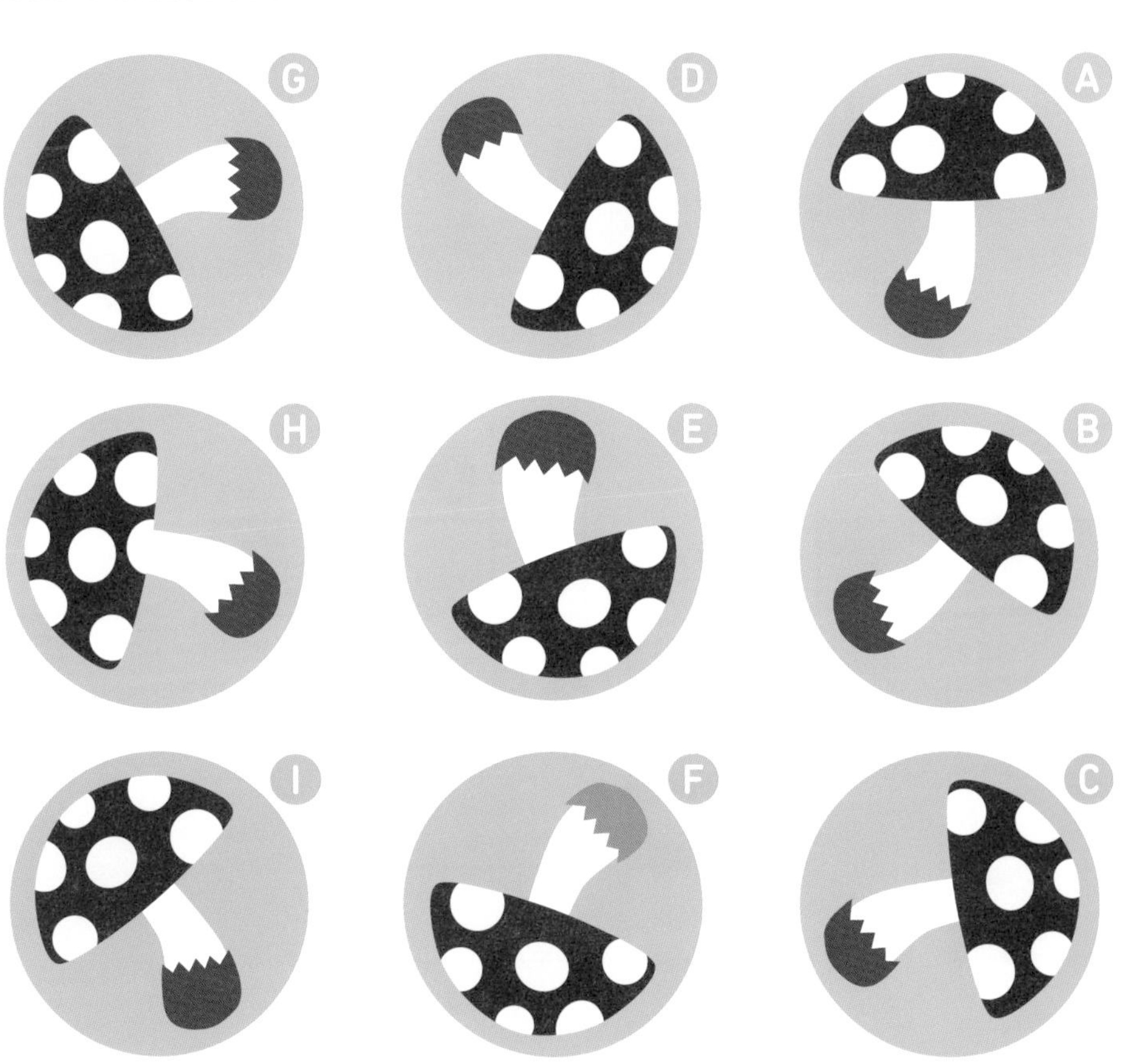

こたえ

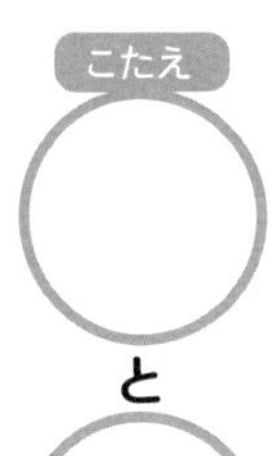

中級問題

レベル1
レベル2
レベル3
レベル4
レベル5

7枚の10円玉がタテ、ヨコに4枚ずつ並んでいるよ。このうち2枚を動かして、タテ、ヨコが5枚ずつになるように並べかえてね。

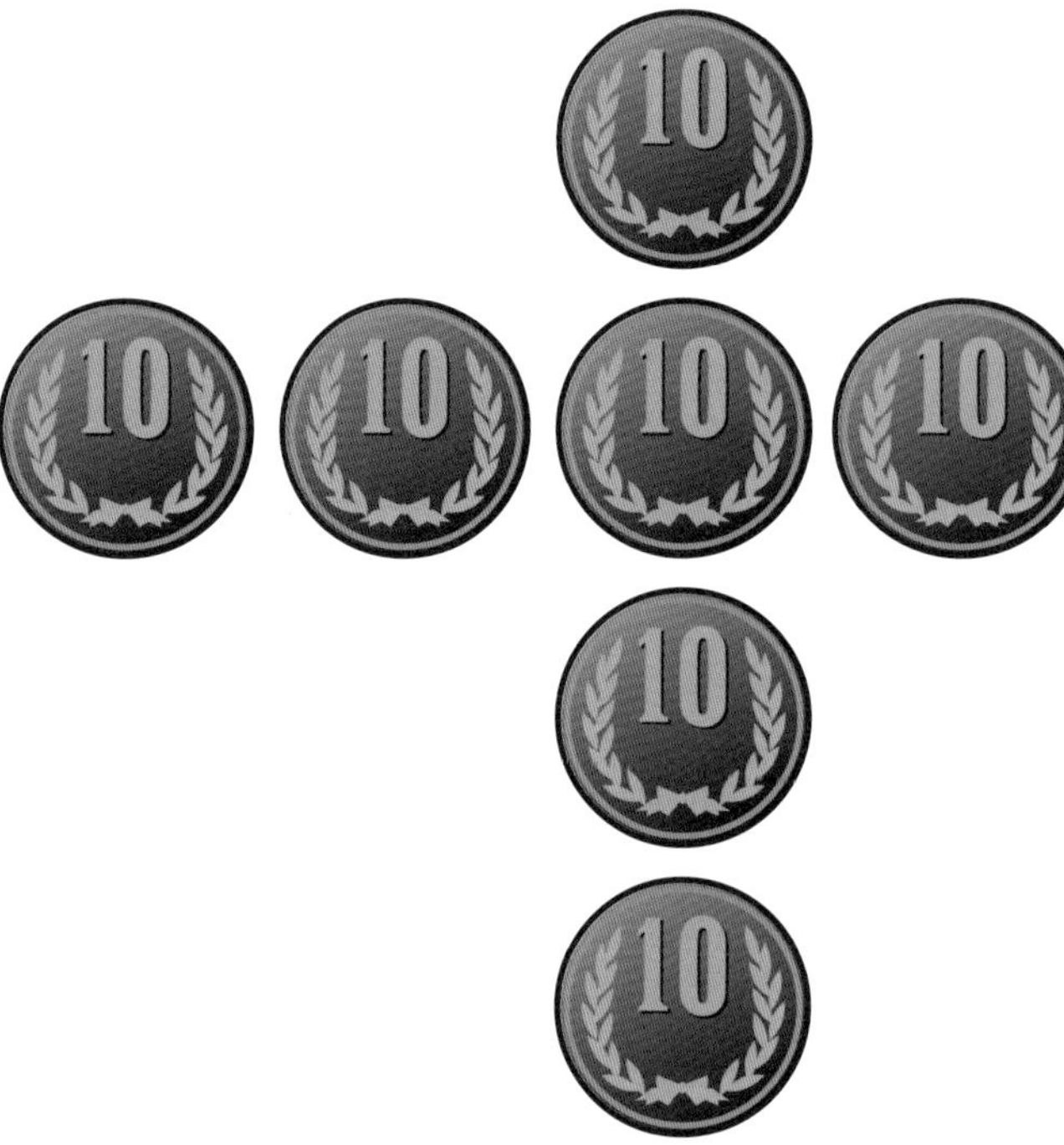

中級問題
レベル1
レベル2
レベル3
レベル4
レベル5

もんだい
4

どれをくみたてると上の形になるかな？

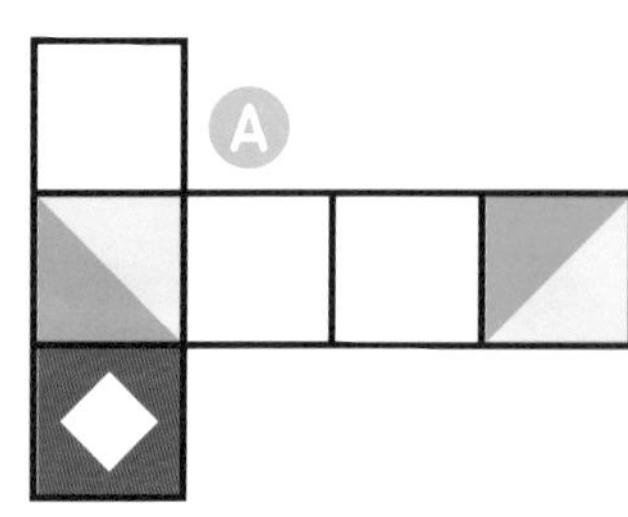

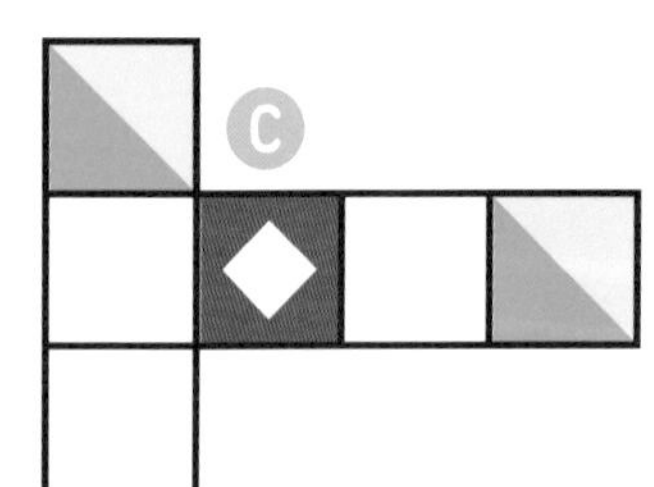

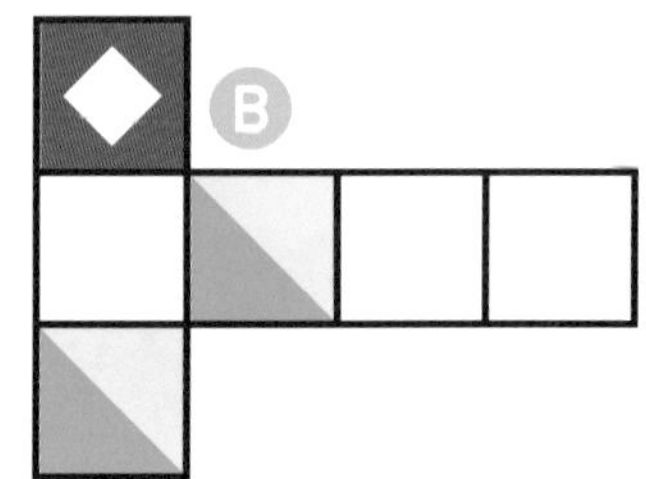

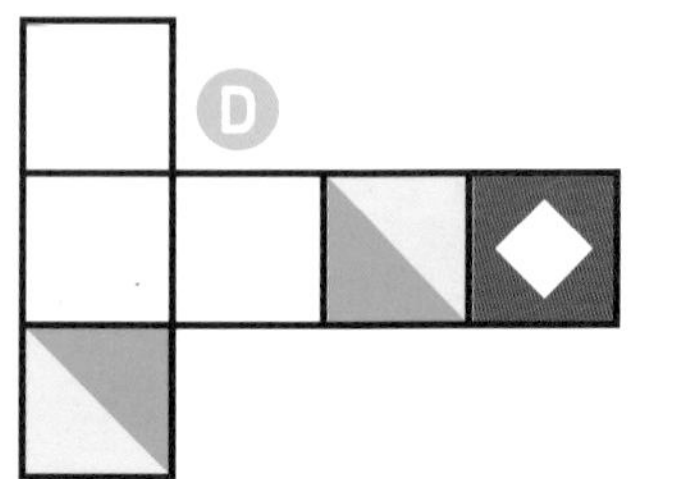

こたえ

もんだい 5

右の絵と同じものはどれかな？

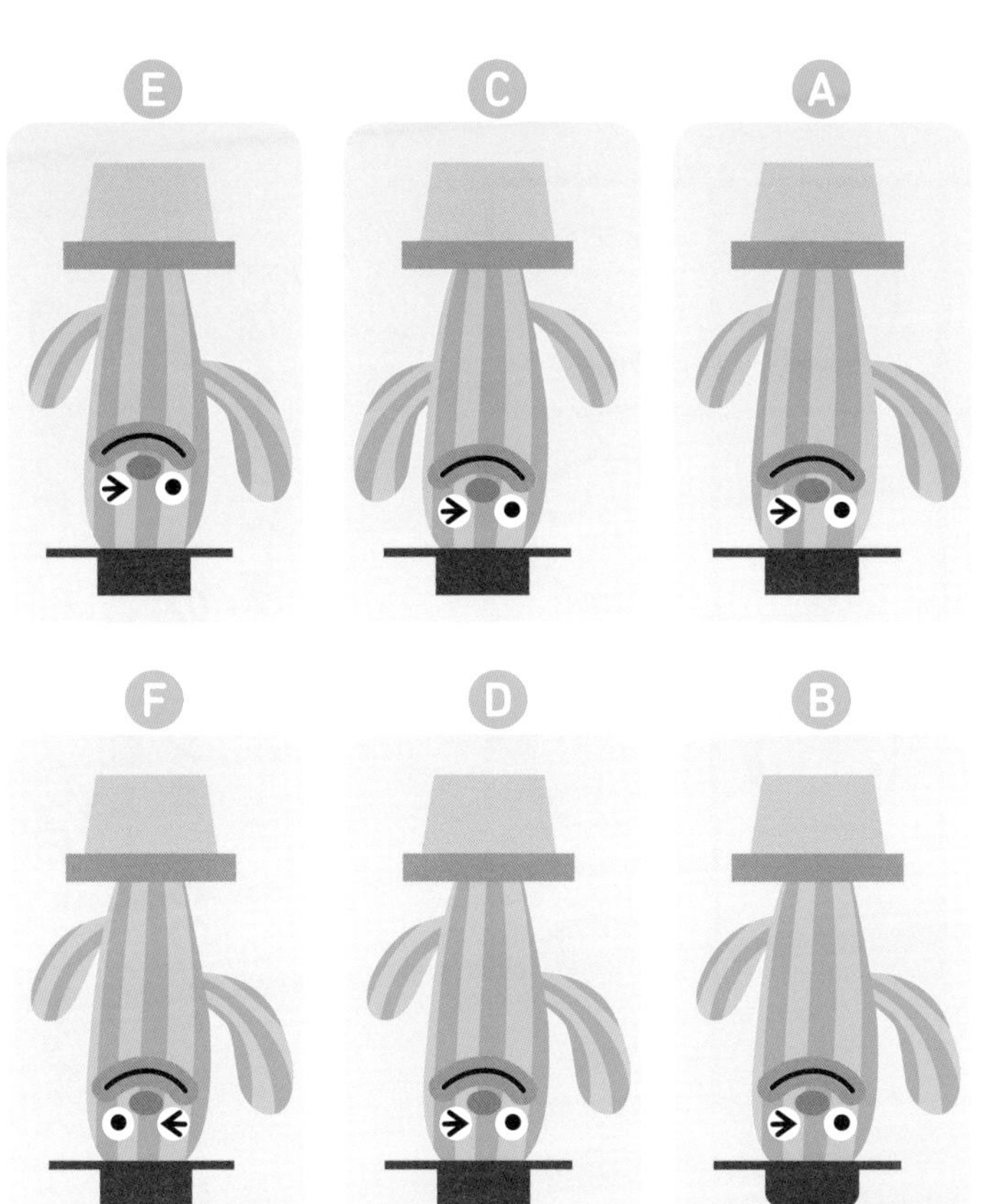

こたえ

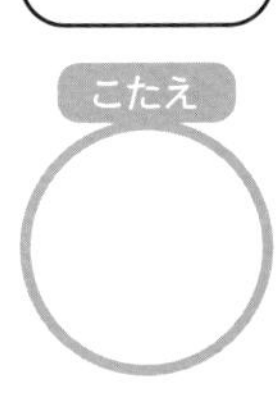

もんだい 6

あまるピースはどれかな？

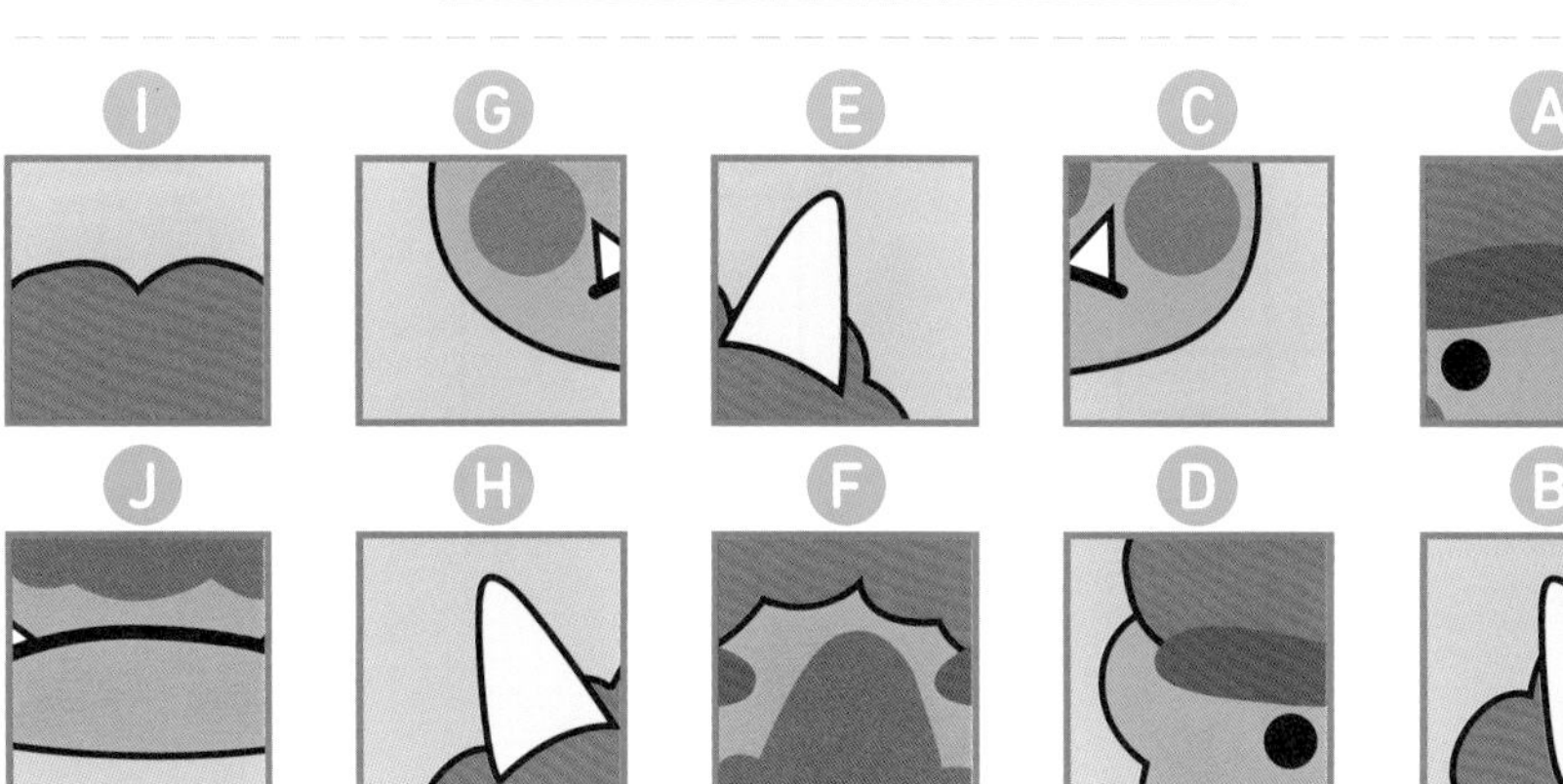

こたえ

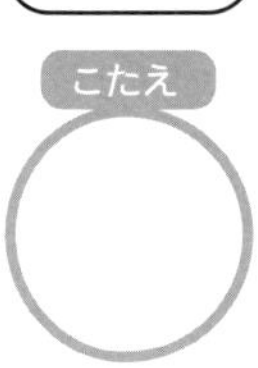

中級問題

レベル 1
レベル 2
レベル 3
レベル 4
レベル 5

もんだい 7

図のように16個のマスに白いご石を並べたよ。1つだけご石を動かして、タテ、ヨコ、ナナメすべてのラインのご石の数が偶数になるようにしてね。

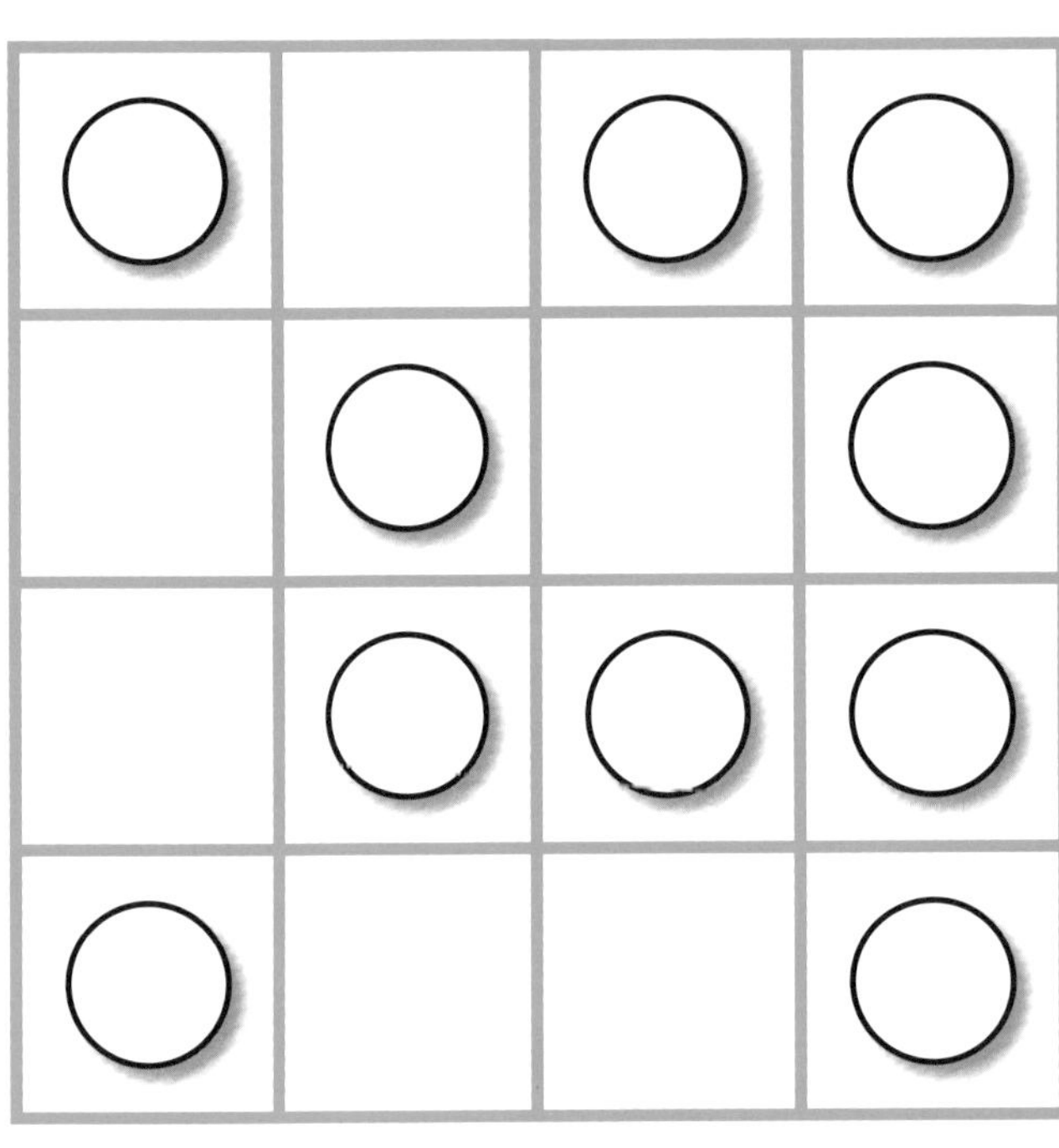

中級問題
レベル1
レベル2
レベル3
レベル4
レベル5

もんだい 8

右の図は同じサイコロを2つの方向から見たものだよ。くみたててもサイコロと同じ形にならないものはどれかな?

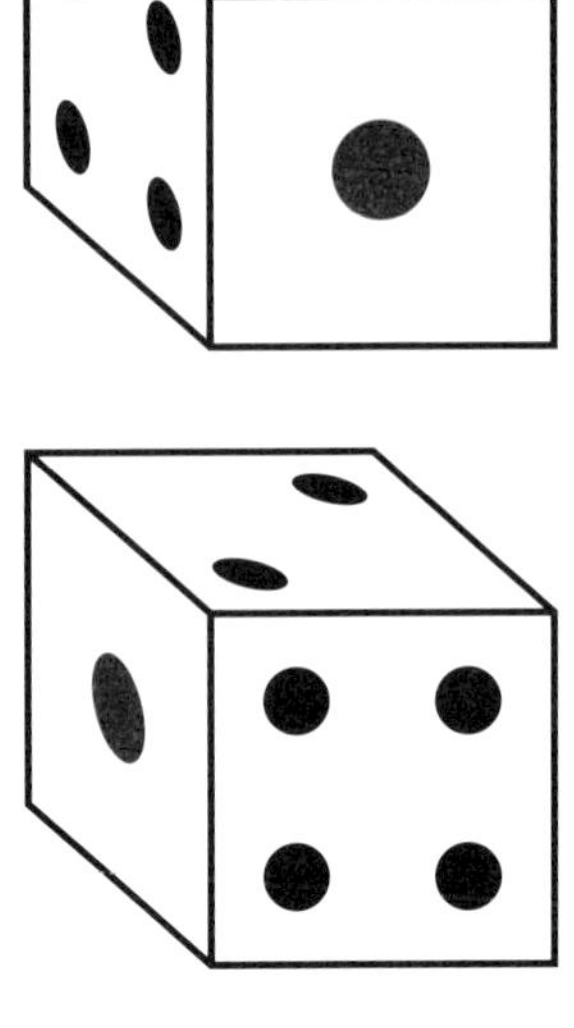

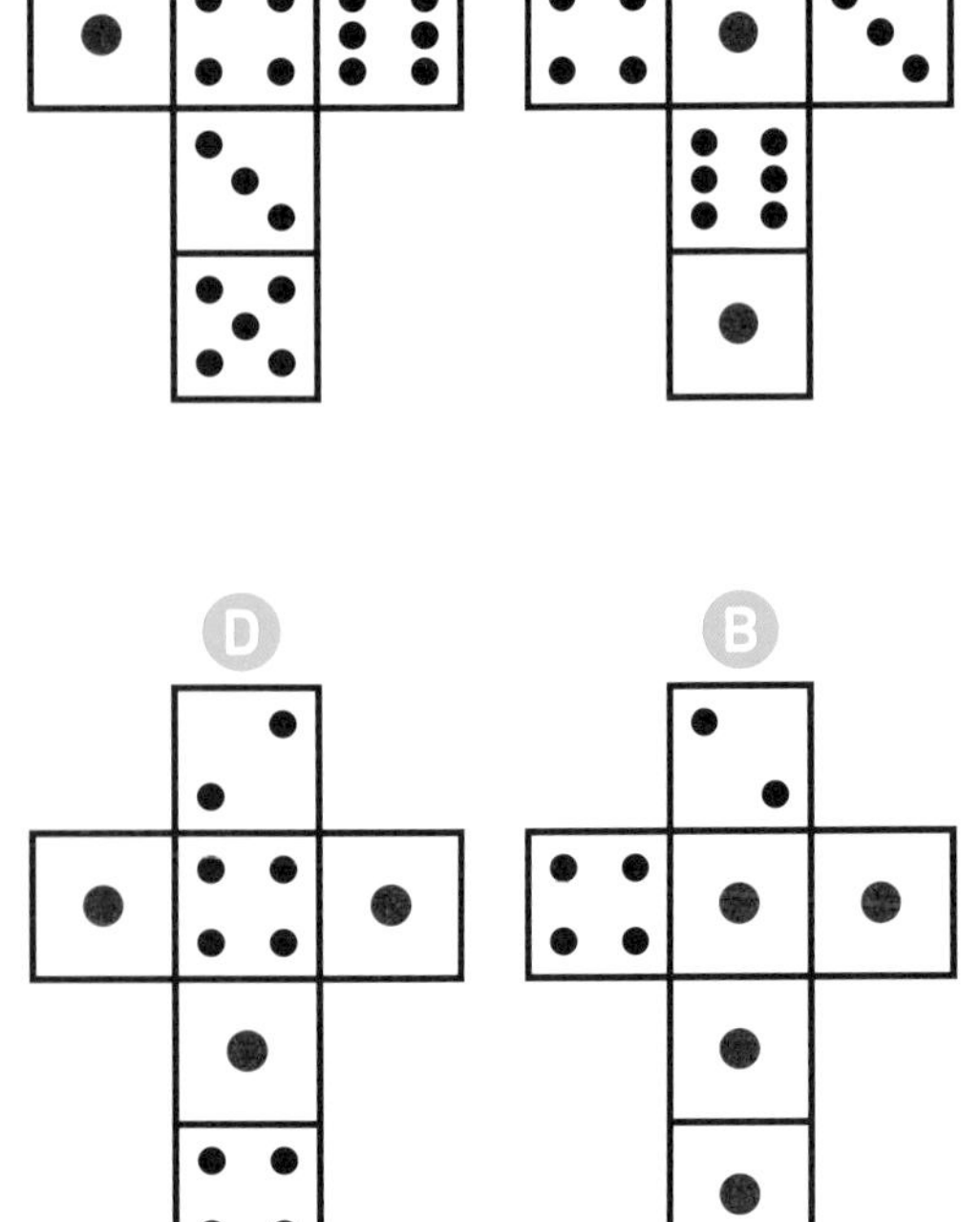

こたえ

中級問題
レベル1
レベル2
レベル3
レベル4
レベル5

もんだい
9

9本のマッチで三角形は何種類できるかな？ ただし、三角形は平面で、マッチを折ったり、余らせたりしてはいけないよ。また、回転させたり、裏返したりすると同じデザインになるものは1種類として考えるよ。

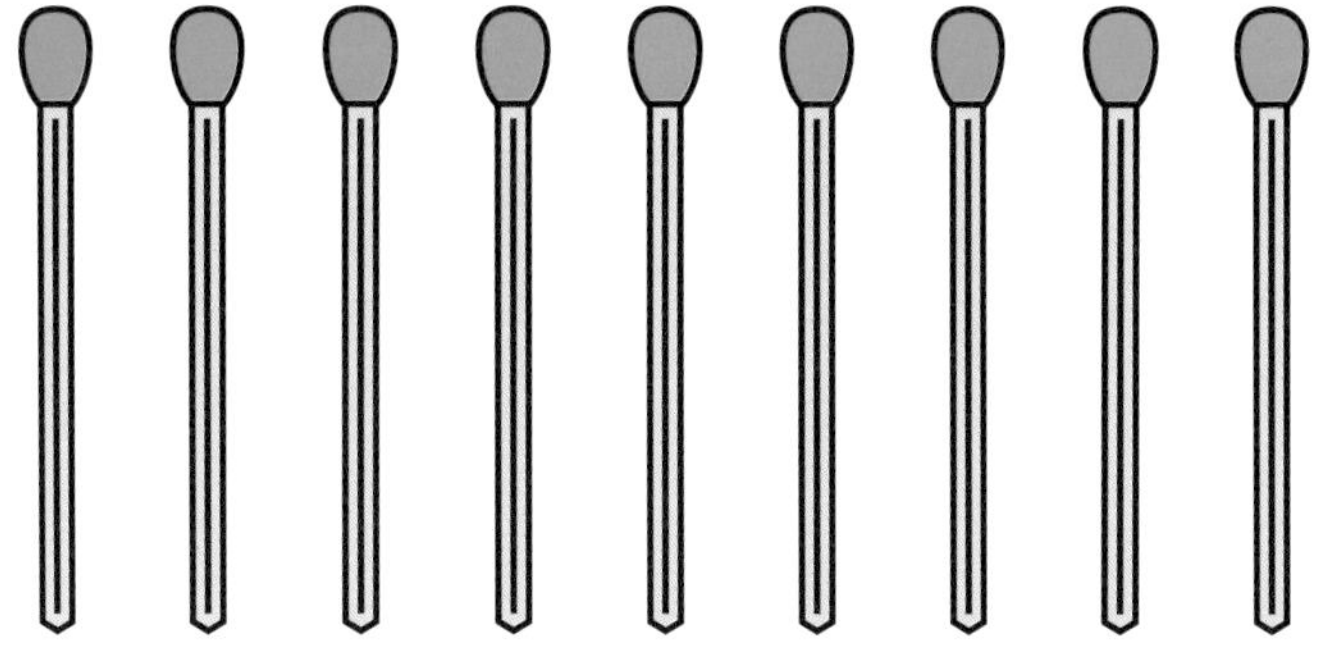

Ⓐ 1種類　Ⓑ 2種類　Ⓒ 3種類　Ⓓ 4種類

こたえ

もんだい
10

図のような9つの正方形のうち、1つだけぬりつぶしたときにできるデザインは何種類あるかな？ ただし、回転させたり、裏返したりすると同じデザインになるものは1種類として考えるよ。

Ⓐ 1種類　Ⓑ 2種類　Ⓒ 3種類　Ⓓ 4種類

こたえ

解答 中級問題・レベル4

もんだい1

こたえ F

Fだけ左右が反対になっているよ

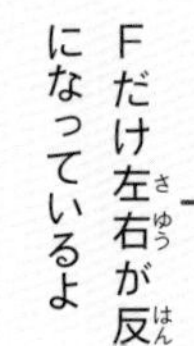

もんだい2

こたえ B と G

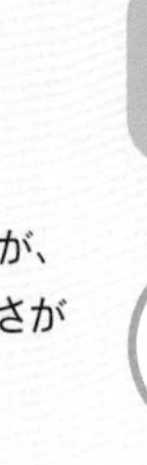

Aがちがうよ

Hがちがうよ

Cは向きが、Eは大きさがちがうよ

Dはギザギザの数が、Iは大きさが、Fは色がちがうよ

もんだい3

こたえ 図を見てね

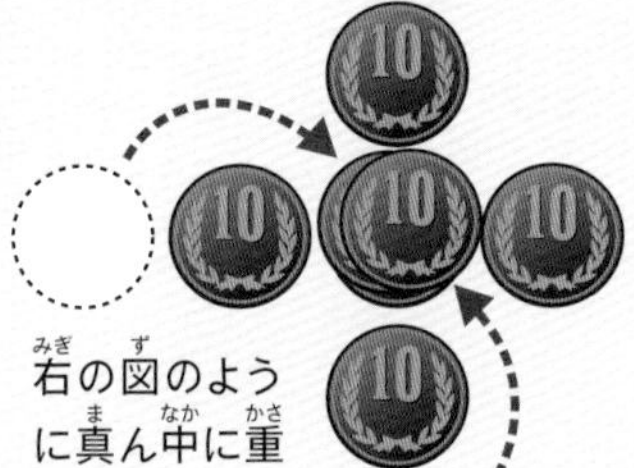

右の図のように真ん中に重ねてね

もんだい4

こたえ A

もんだい5

こたえ D

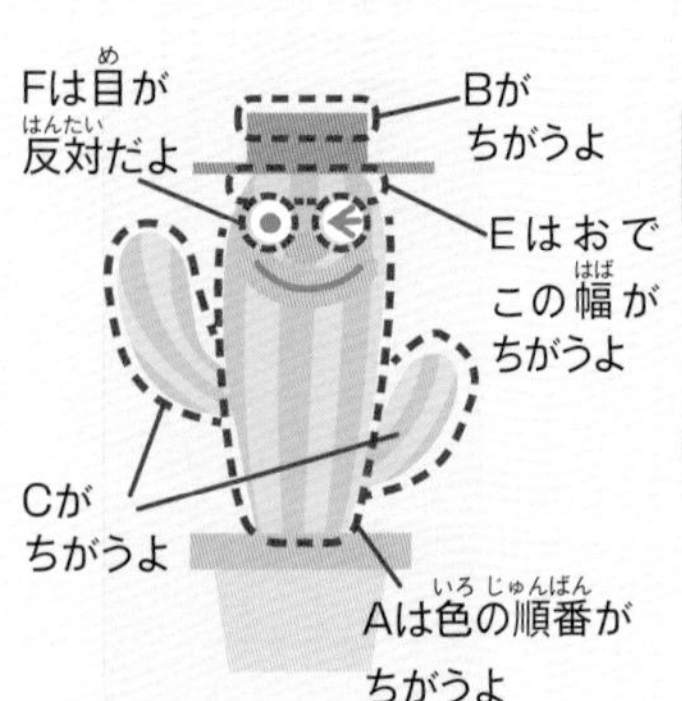

Fは目が反対だよ

Bがちがうよ

Eはおでこの幅がちがうよ

Cがちがうよ

Aは色の順番がちがうよ

もんだい6

こたえ B

左の図のようになるよ

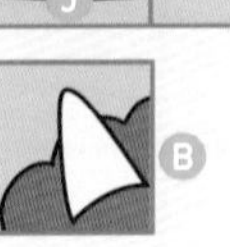

もんだい7

こたえ 図を見てね

もんだい8

こたえ C

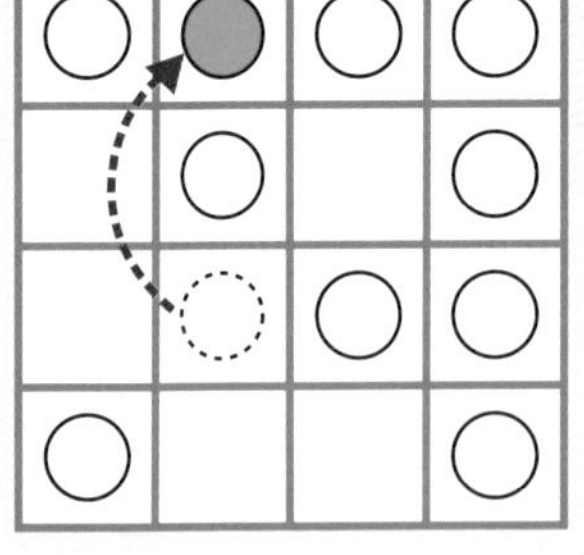

もんだい9

こたえ C

左の図のように3種類できるよ（上下、左右が反対でも正解だよ）

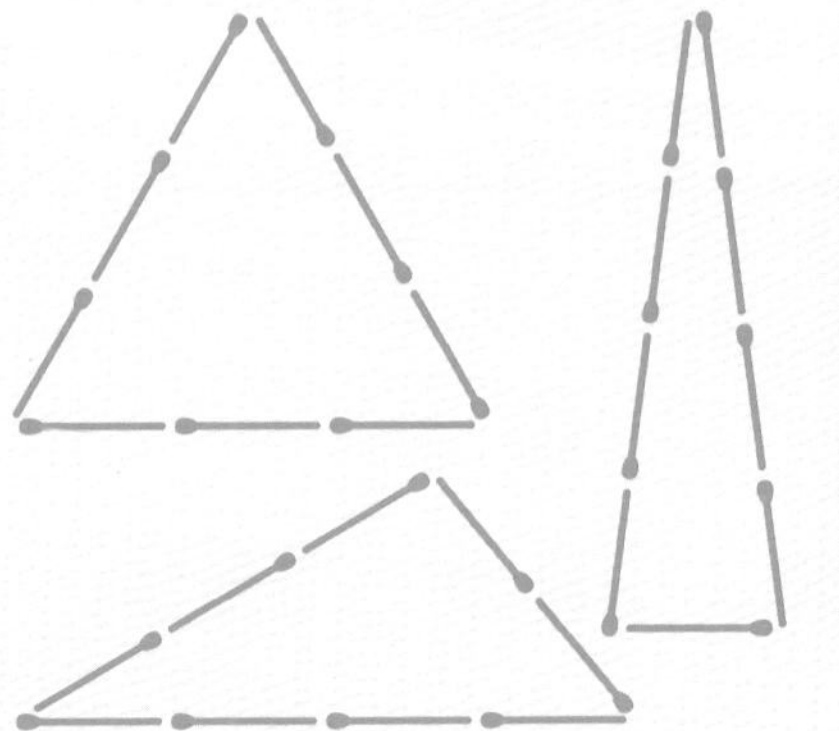

もんだい10

こたえ C

左の図のように3種類できるよ（上下、左右が反対でも正解だよ）

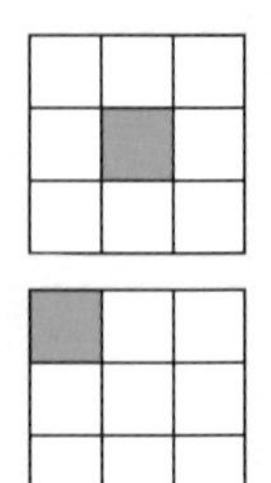

中級問題
レベル1
レベル2
レベル3
レベル4
レベル5

もんだい
1

右の絵と同じものはどれかな？

E　C　A
F　D　B

こたえ

もんだい
2

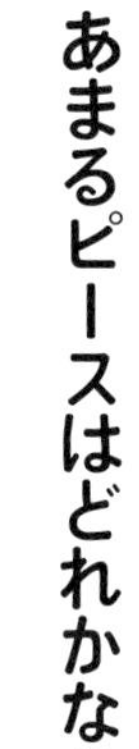
あまるピースはどれかな？

I 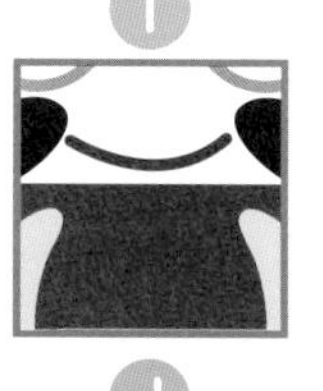
G 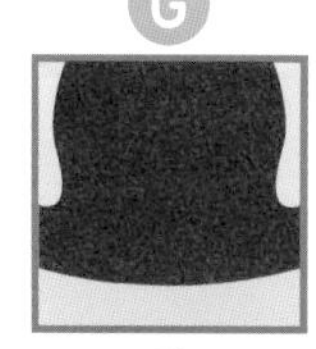
E 
C 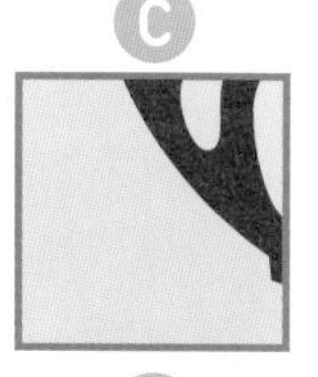
A 
J 
H 
F 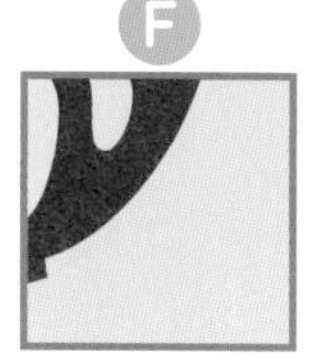
D 
B 

こたえ

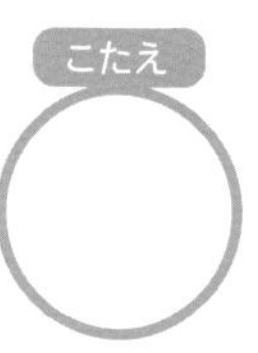

もんだい 3

16本のマッチで大小あわせて3つの正方形を作ったよ。マッチを4本動かして同じ大きさの正方形を5つ作ってね。

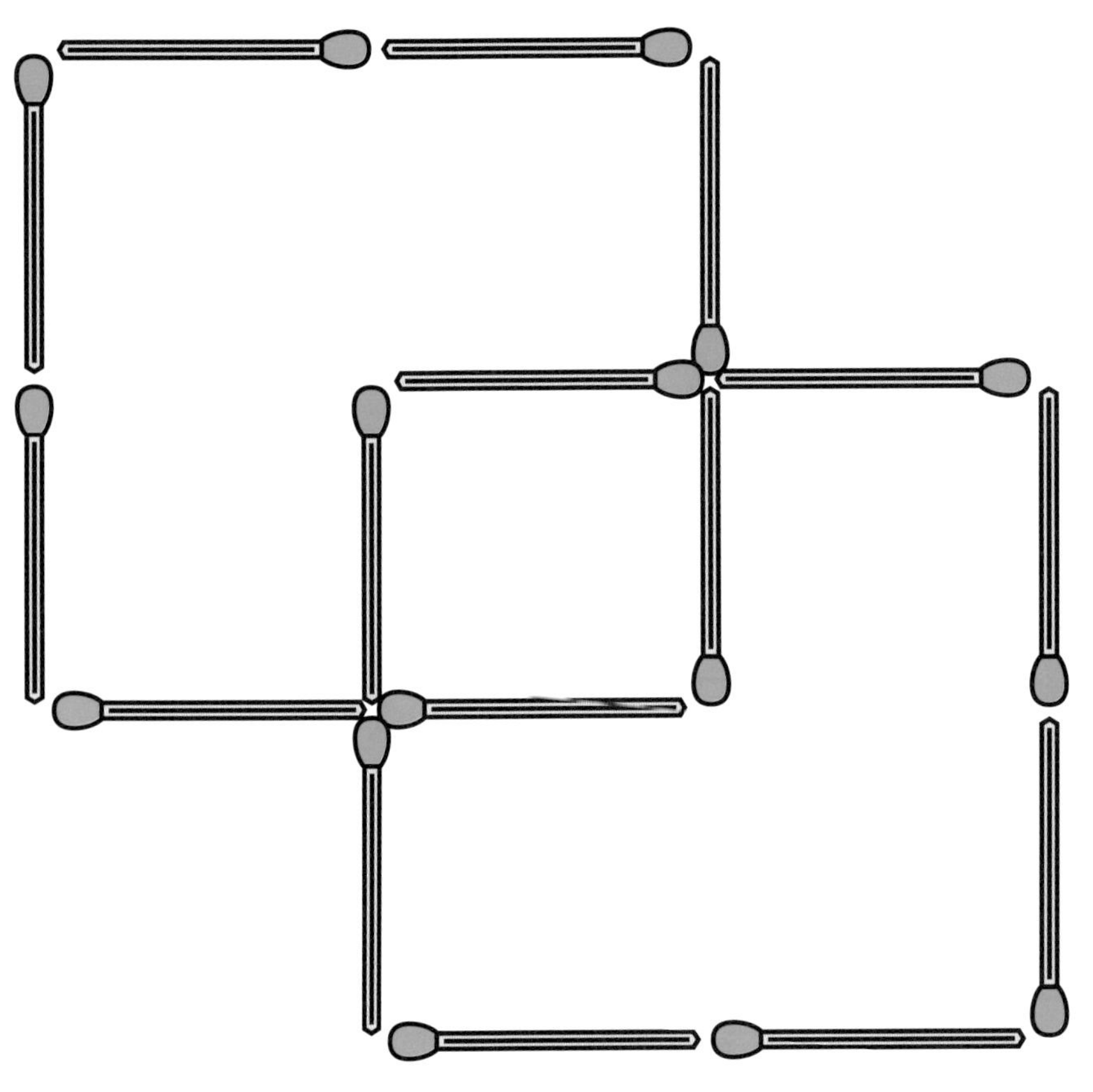

中級問題

レベル1 レベル2 レベル3 レベル4 レベル5

もんだい 4

右の絵と同じものはどれかな？

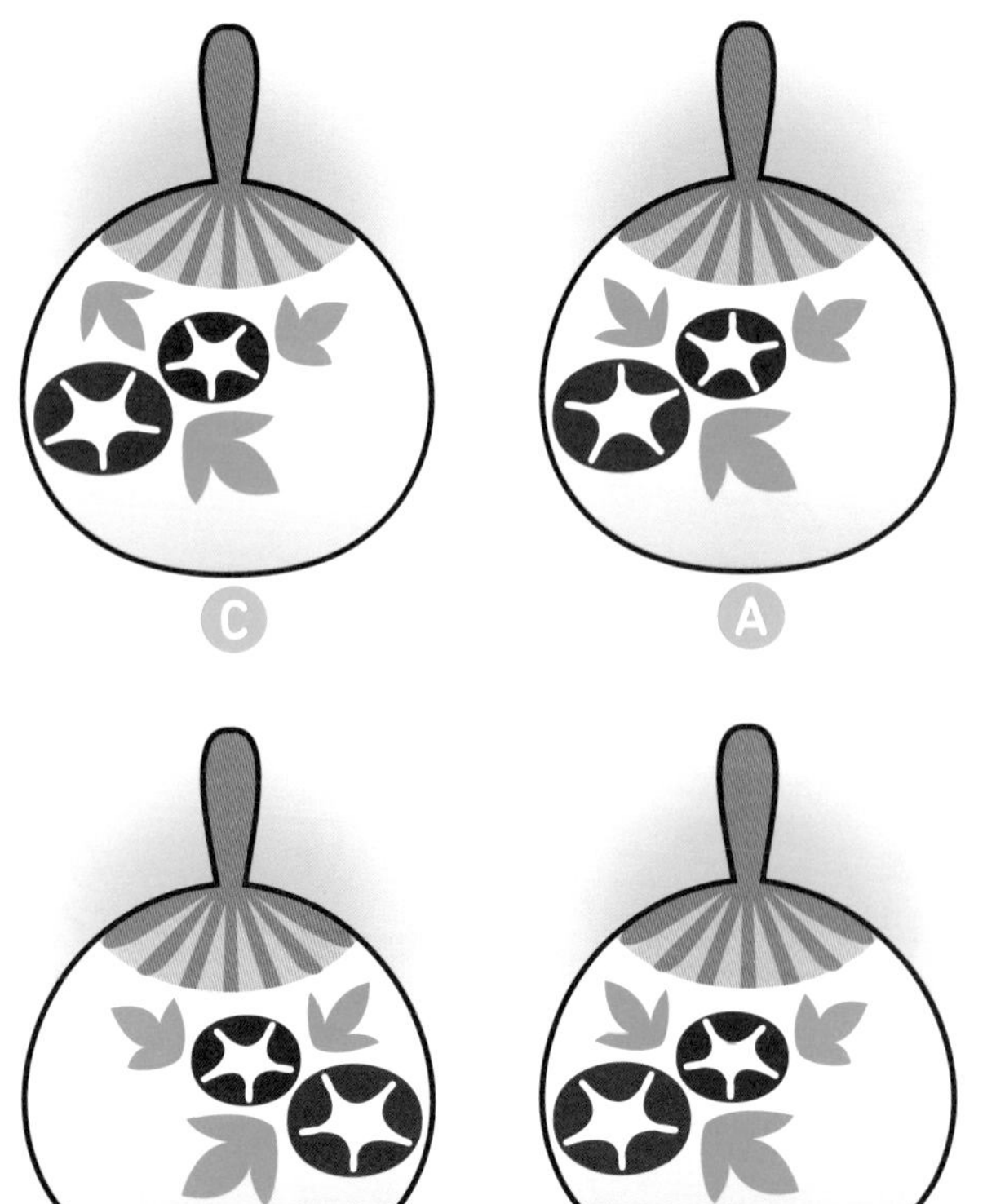

こたえ

もんだい
5

図のような直角三角形を4枚くみあわせて正方形を2つ作ってね。

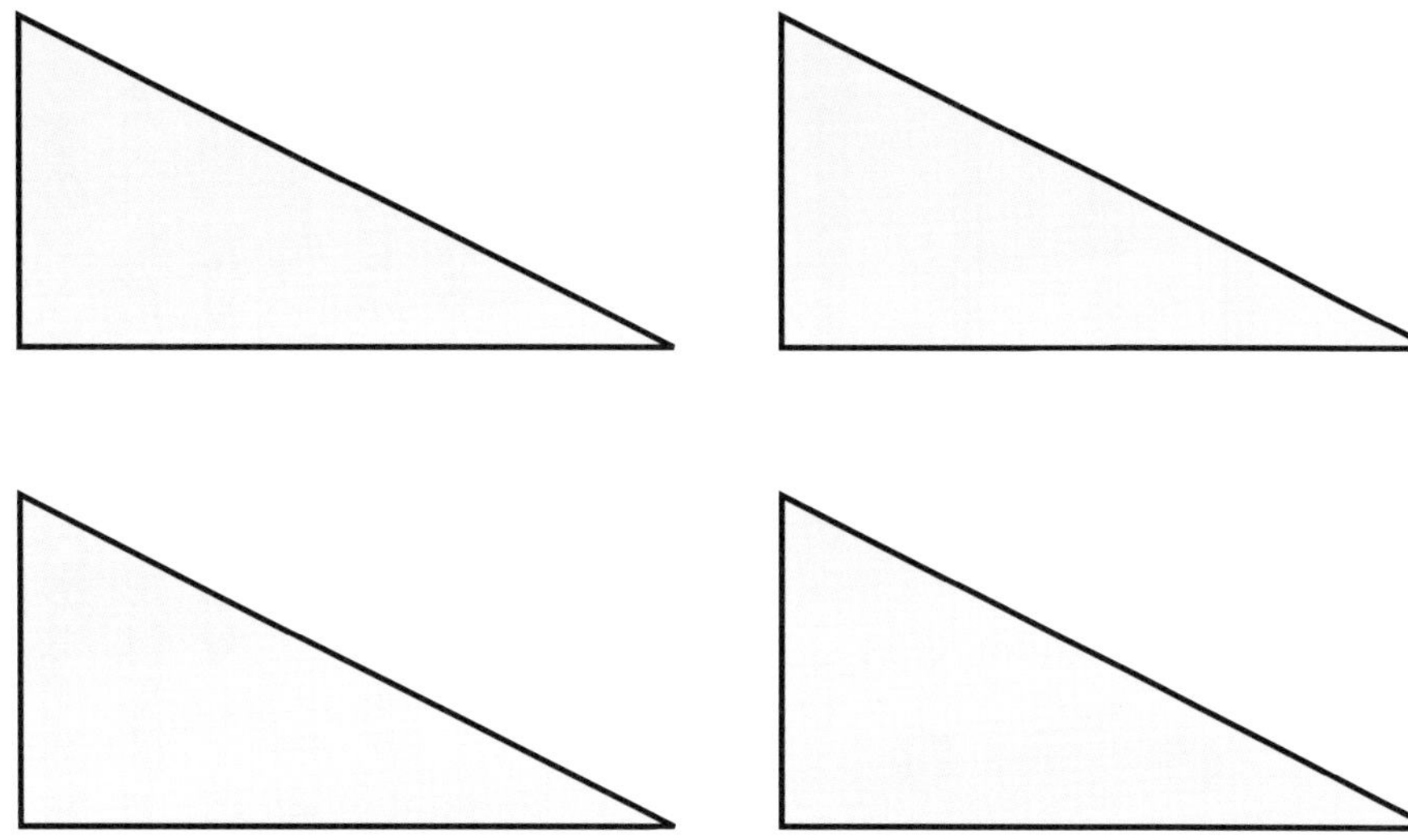

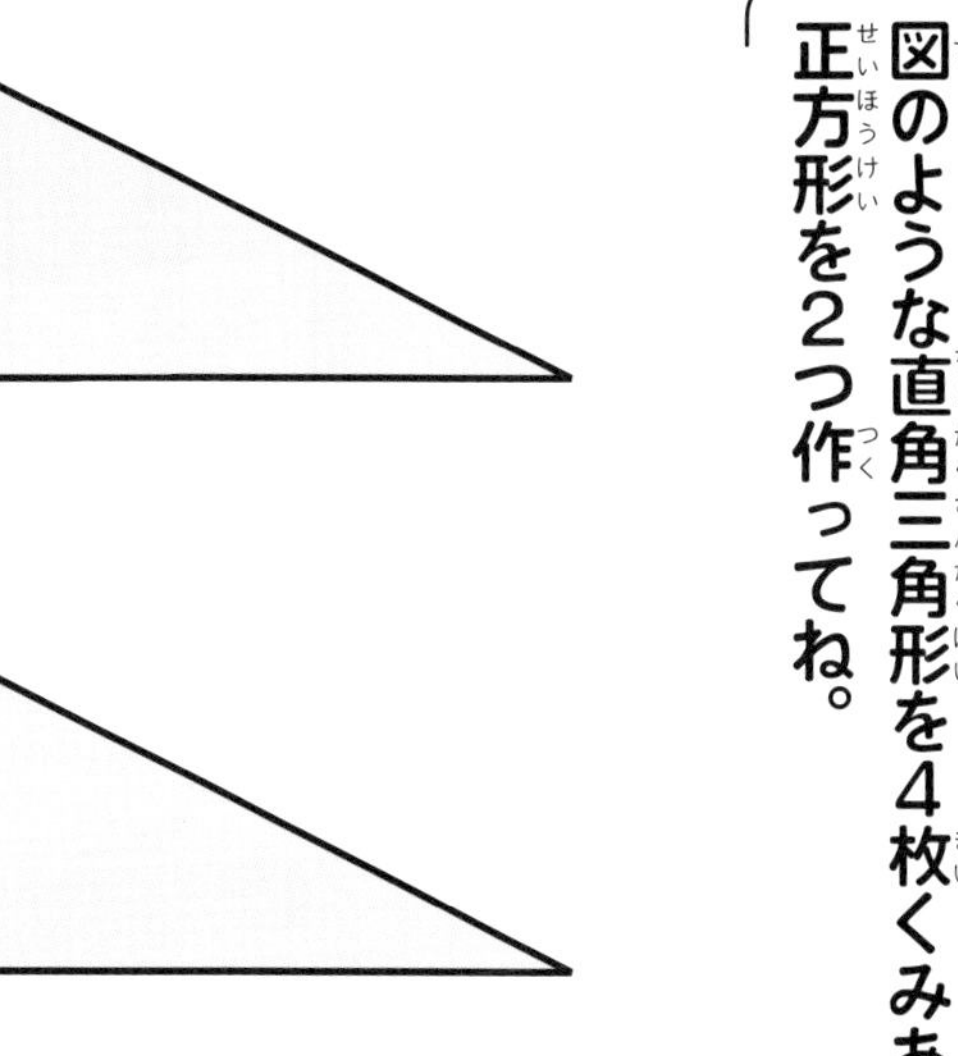

もんだい
6

同じくみあわせを2つさがしてね。

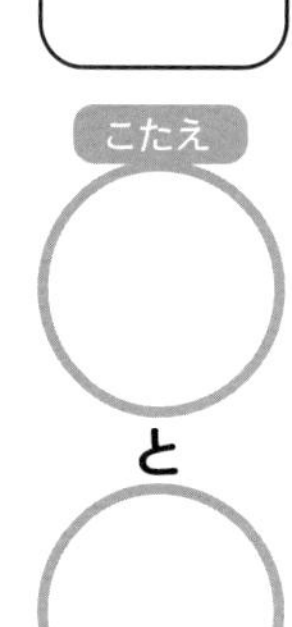

もんだい
7

8本のマッチで三角形は何種類できるかな？ ただし、三角形は平面で、マッチを折ったり、余らせたりしてはいけないよ。また、回転させたり、裏返したりすると同じデザインになるものは1種類として考えるよ。

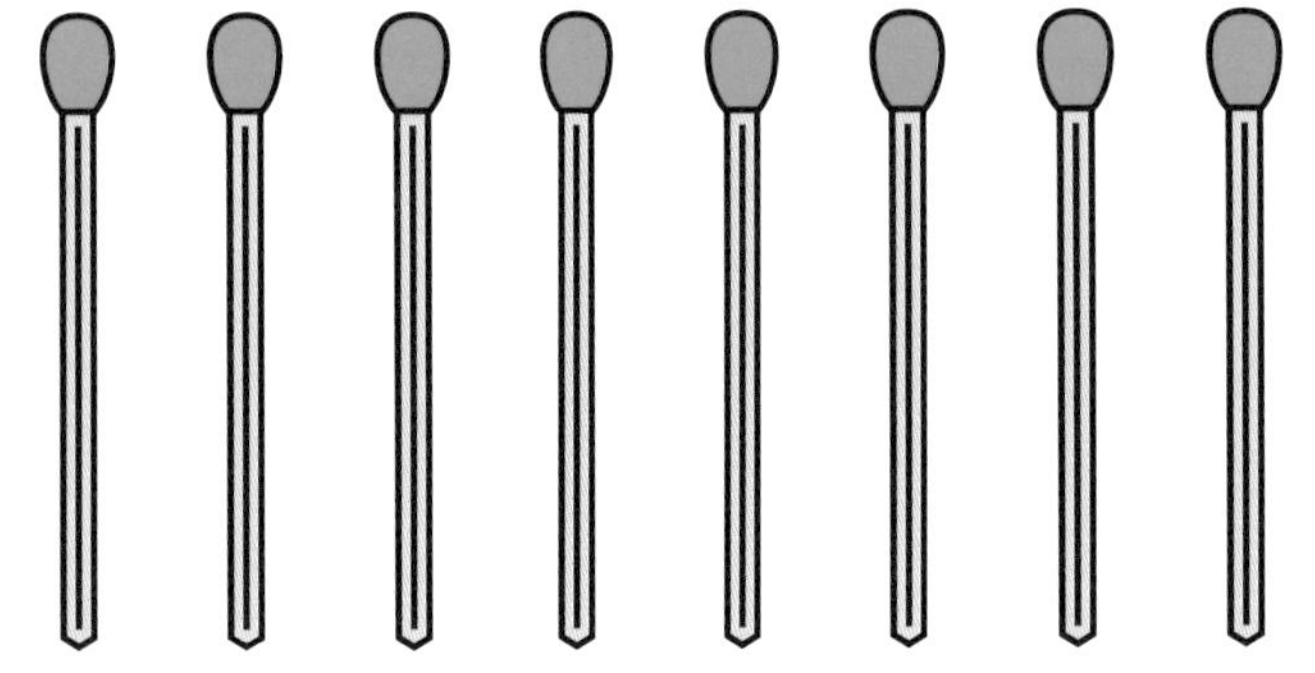

Ⓐ 1種類　Ⓑ 2種類　Ⓒ 3種類　Ⓓ 4種類

こたえ

中級問題
レベル1 レベル2 レベル3 レベル4 レベル5

もんだい
8

どれをくみたてると上の形になるかな？

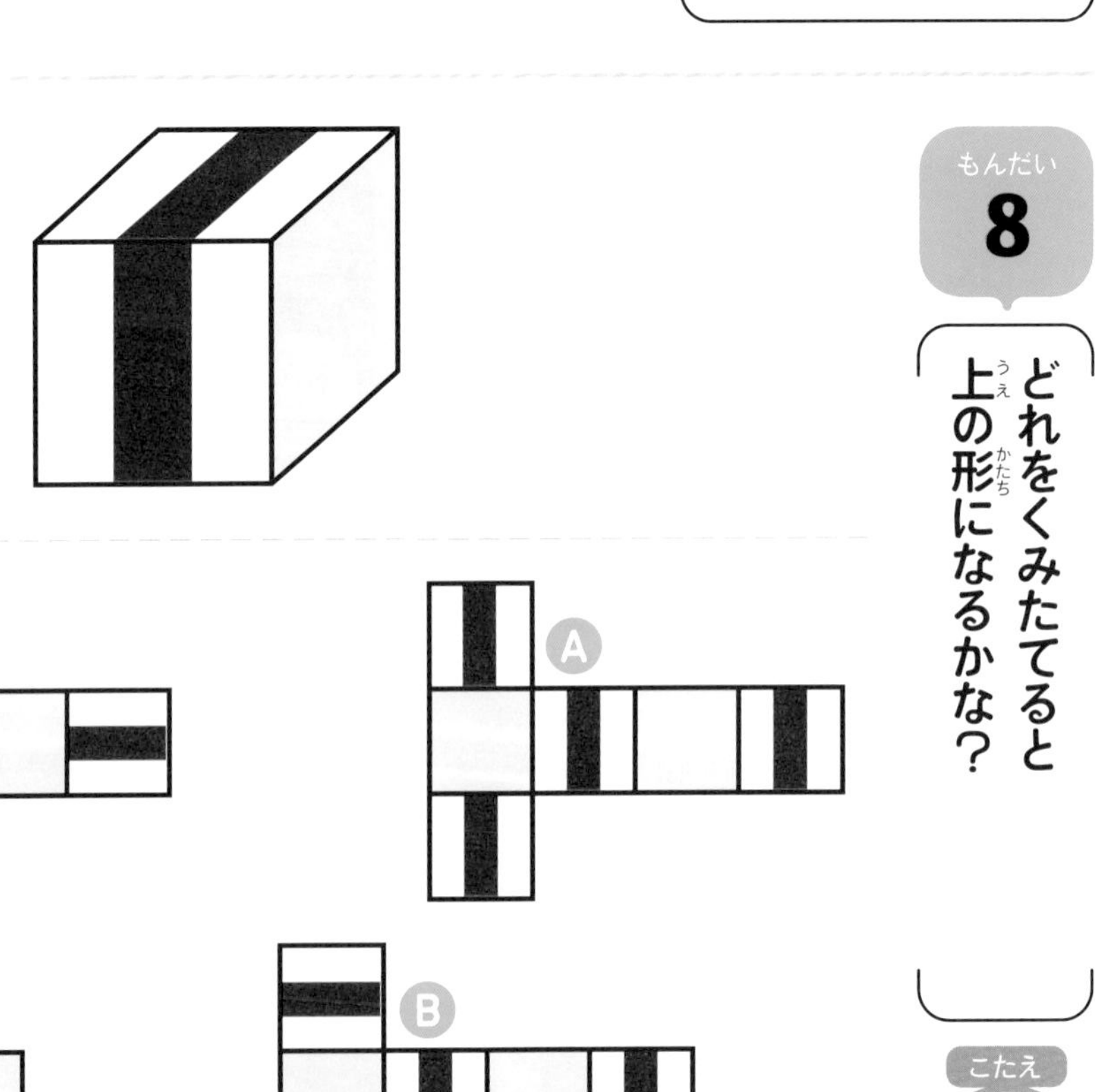

こたえ

もんだい **9**

正方形の折り紙に2つの折り目をつけたよ。この折り紙をひらいたときにできる正しい折り目はどれかな？

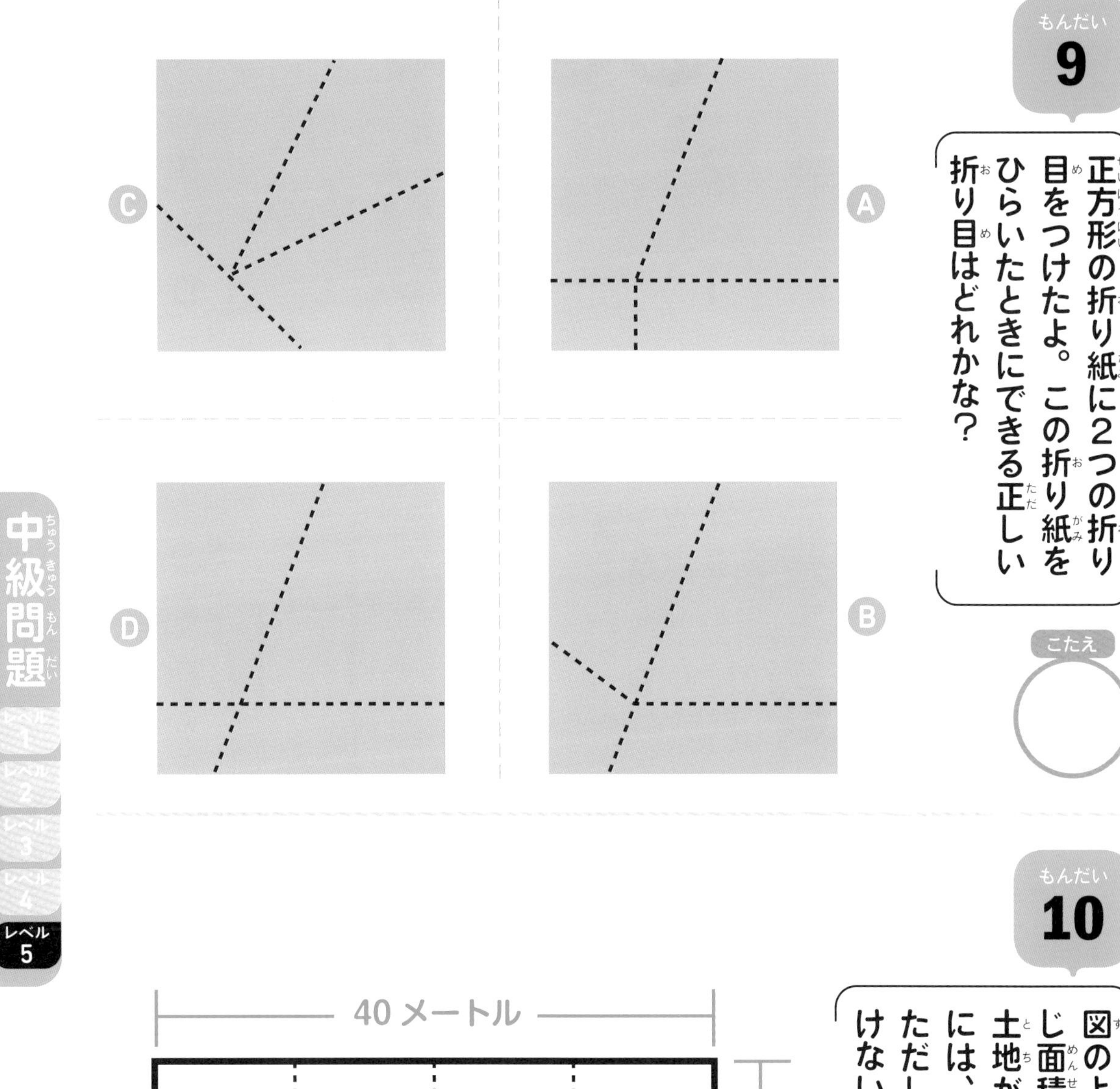

こたえ

もんだい **10**

図のような正方形の土地を兄弟4人で同じ面積ずつわけたいんだって。みんなの土地がほかの3人と接するようにわけるには、どのようにわけたらいいかな？ただし、点線にあわせてわけなければいけないよ。

40メートル

40メートル

解答(かいとう) 中級問題(ちゅうきゅうもんだい)・レベル5

もんだい 1
こたえ D

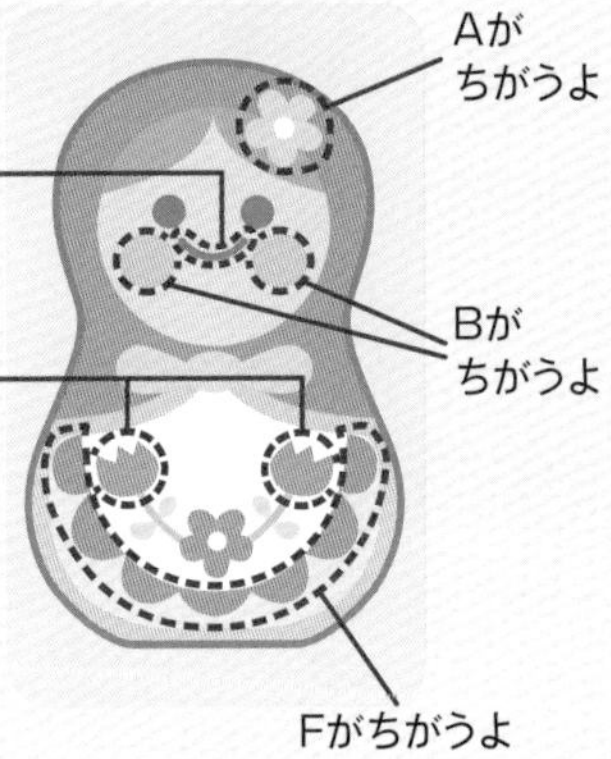

Aがちがうよ
Bがちがうよ
Cがちがうよ
Eがちがうよ
Fがちがうよ

もんだい 2
こたえ I

左(ひだり)の図(ず)のようになるよ

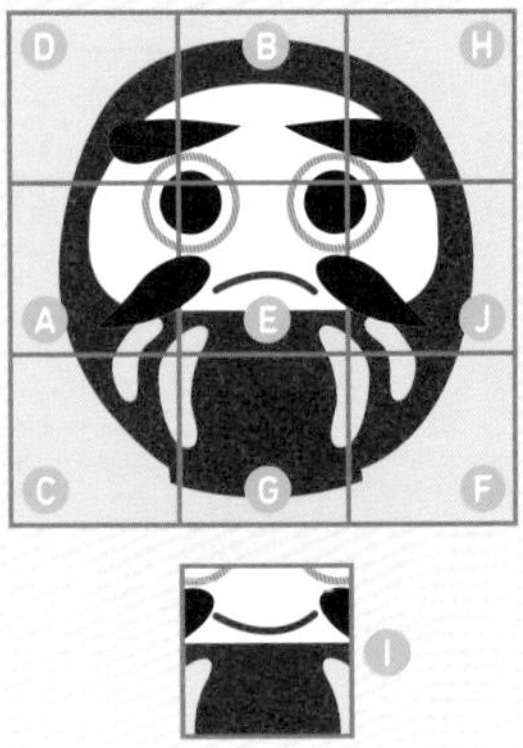

もんだい 3
こたえ 図(ず)を見(み)てね

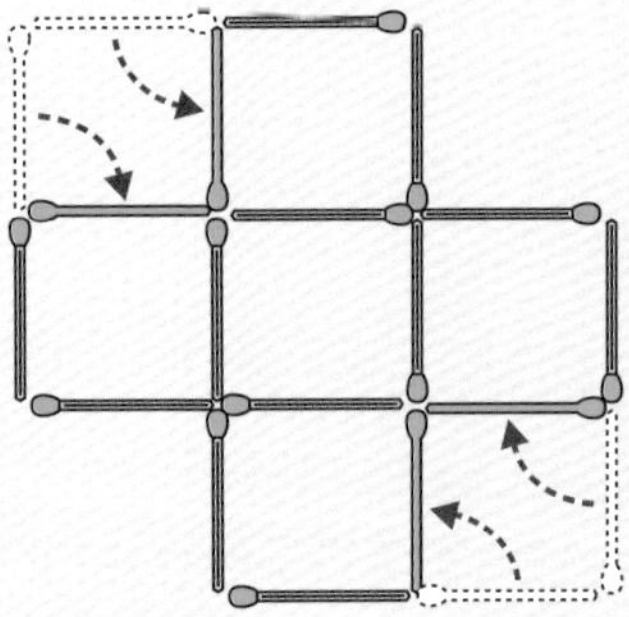

もんだい 4
こたえ B

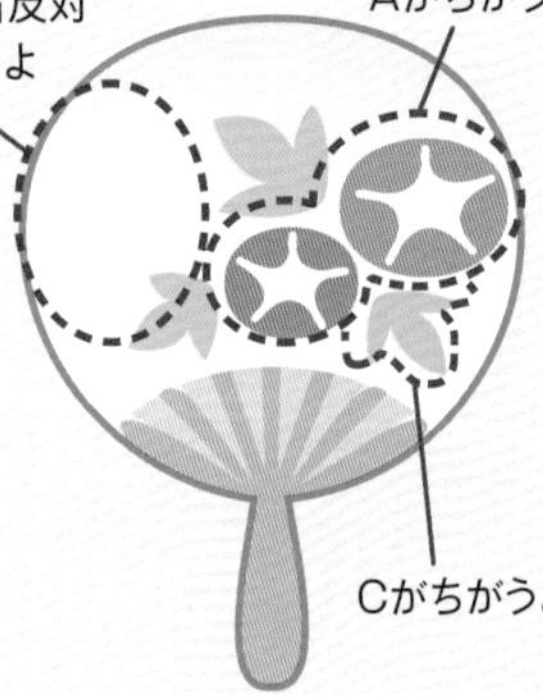

Dは絵(え)が左右反対(さゆうはんたい)になっているよ
Aがちがうよ
Cがちがうよ

もんだい 5
こたえ 図(ず)を見(み)てね

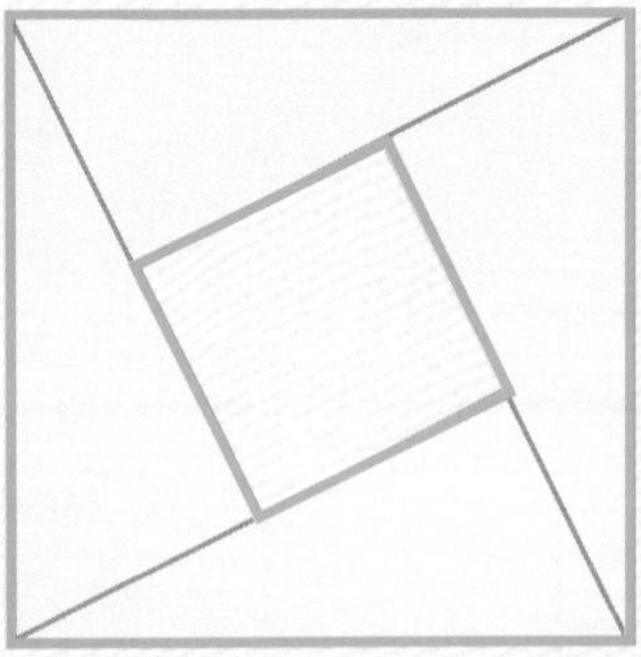

もんだい 6
こたえ A と D

もんだい 7
こたえ A

左(ひだり)の図(ず)の1種類(しゅるい)だけだよ
(上下反対(じょうげはんたい)でも正解(せいかい)だよ)

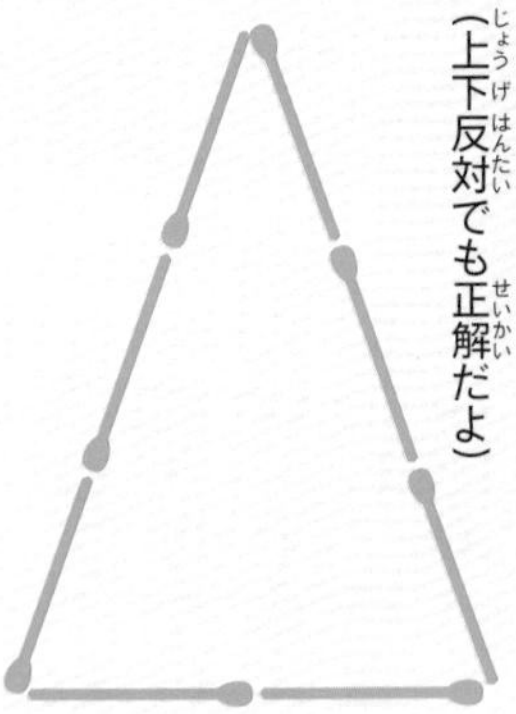

もんだい 8
こたえ B

もんだい 9
こたえ B

じっさいに自分(じぶん)で折(お)り紙(がみ)を折(お)ってみるとすぐにわかるよ

もんだい 10
こたえ 図(ず)を見(み)てね

左(ひだり)の図(ず)のようにわけてね

中級問題(ちゅうきゅうもんだい) レベル1 レベル2 レベル3 レベル4 レベル5

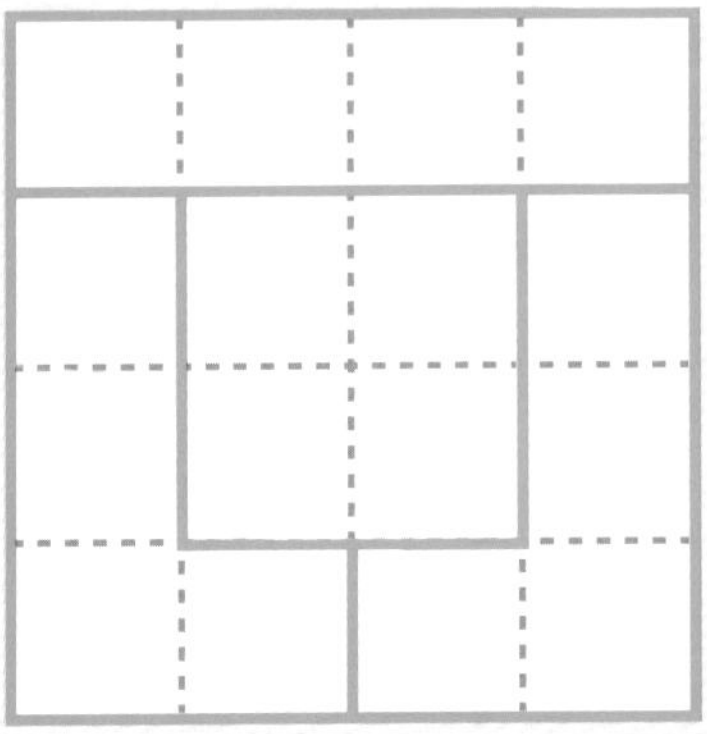

上級(じょうきゅう)問題(もんだい)

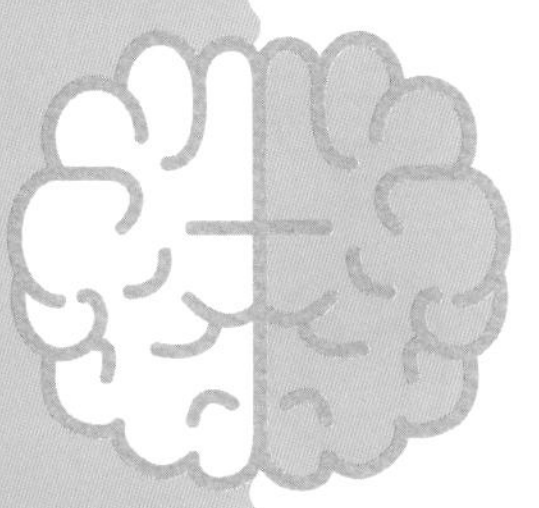

上級問題所要時間

各レベルごとに5分（計25分）

正解数	3回目	2回目	1回目
レベル1			
レベル2			
レベル3			
レベル4			
レベル5			
合計			

レベル

きみの右脳は最高レベルだよ
157～165

きみの右脳はとても優秀だよ
141～149

きみの右脳は平均レベルだよ
125～133

もう少しがんばろうね
109～117

毎日このドリルを解いてね
101以下

右脳IQ数値表

正解数	右脳IQ値
46～50	165
41～45	157
36～40	149
31～35	141
26～30	133
21～25	125
16～20	117
11～15	109
06～10	101
01～05	93

もんだい

1

1つだけほかとちがうものをさがしてね。

こたえ

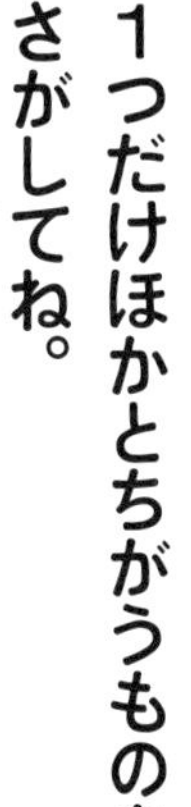

A B C D E F G H I

もんだい

2

水がでている蛇口はどれかな？目だけでホースを追って答えてね。

こたえ

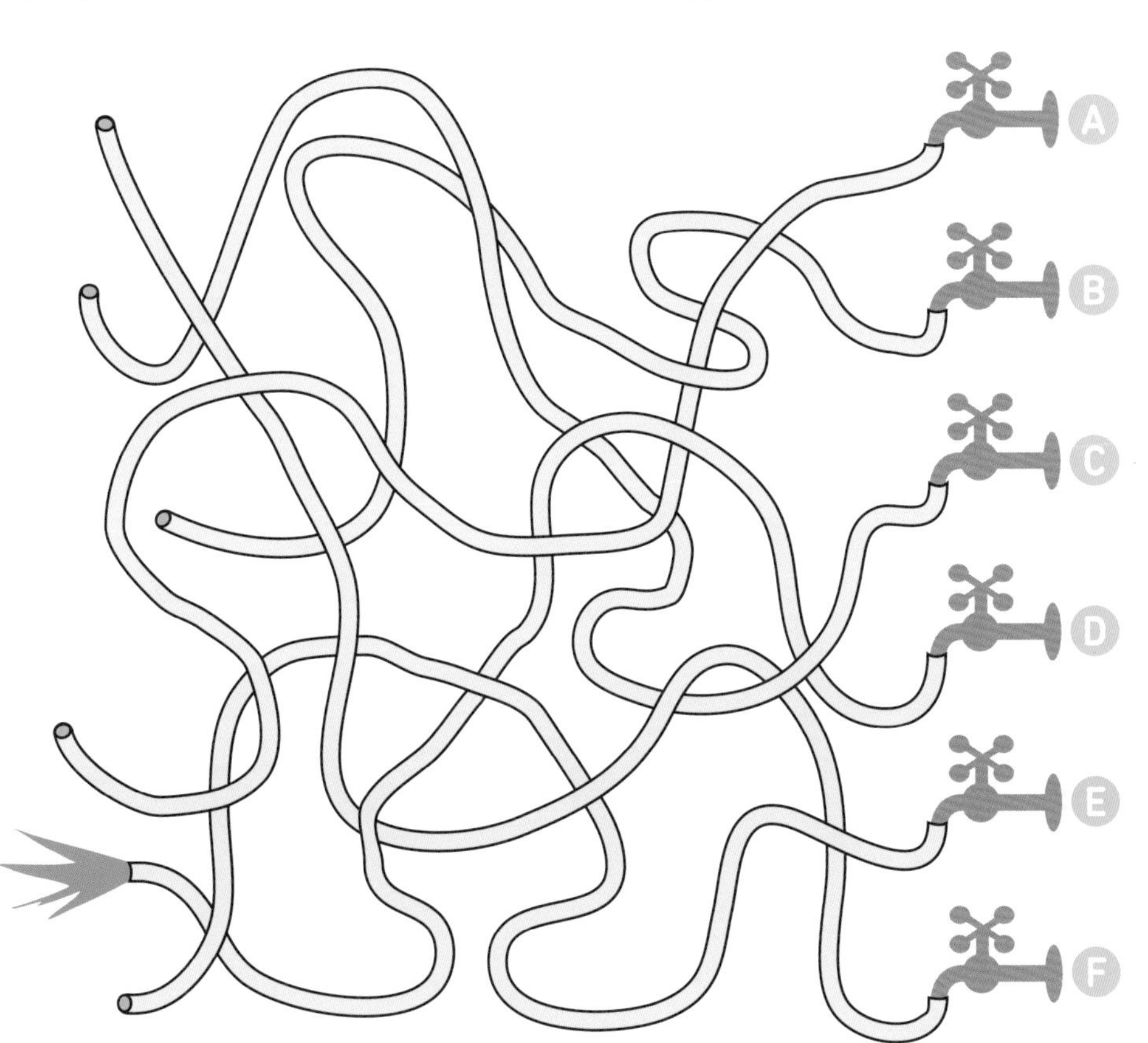

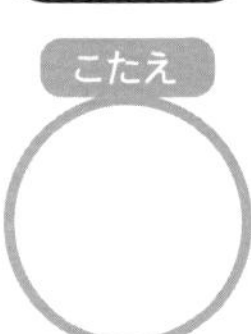

上級問題

レベル1

レベル2

レベル3

レベル4

レベル5

もんだい 3

図のように6枚のコインを三角形から六角形に並べかえるには最低何回コインを動かせばいいかな？

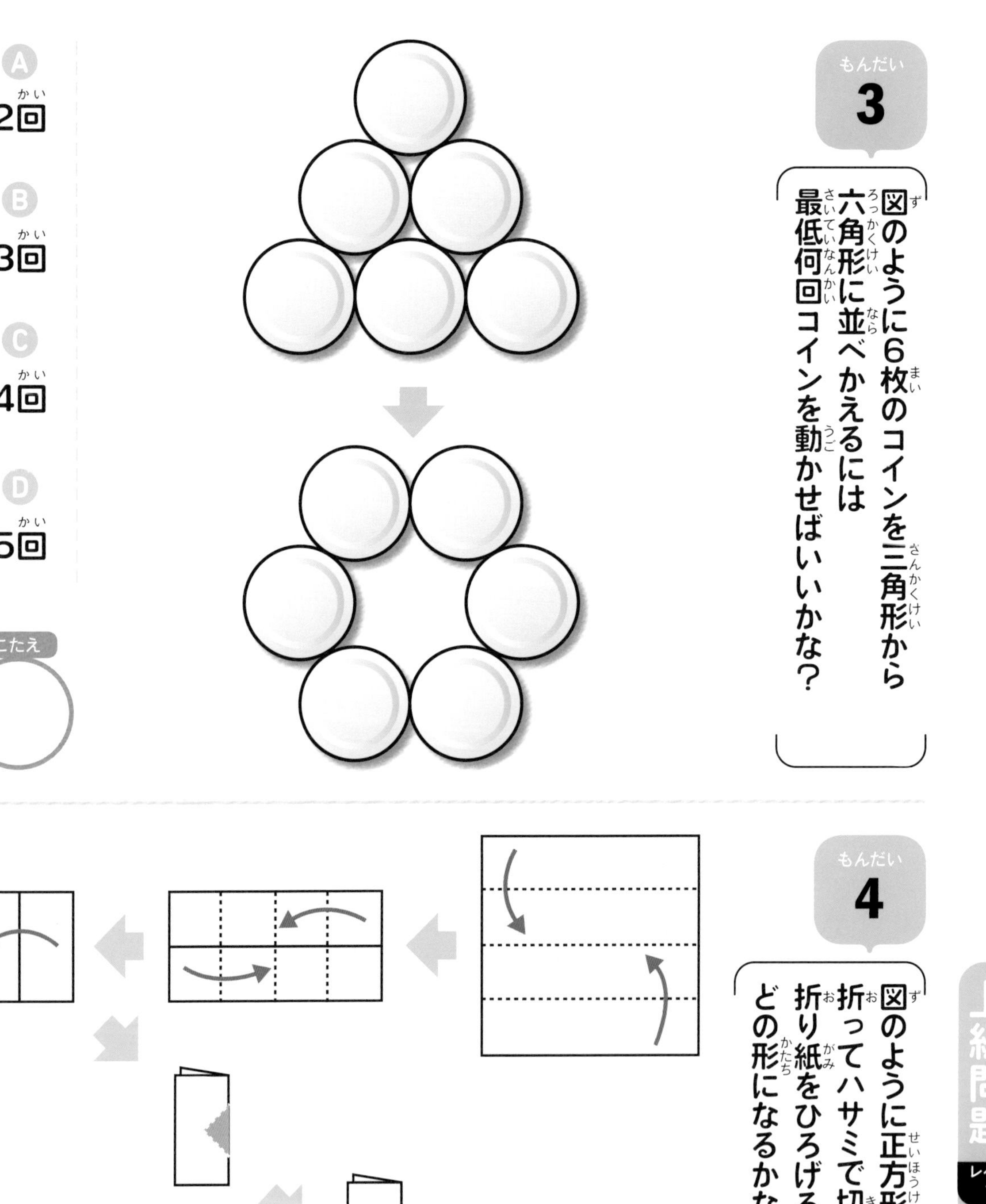

A 2回

B 3回

C 4回

D 5回

こたえ

もんだい 4

図のように正方形の折り紙を折ってハサミで切ったよ。折り紙をひろげるとどの形になるかな？

A B C D

こたえ

上級問題 レベル1 レベル2 レベル3 レベル4 レベル5

もんだい 5

うさぎにたどりつく入口はどれかな？

こたえ

もんだい 6

12本のマッチで正三角形を6つ作って図のように並べたよ。マッチを4本動かして正三角形を3つにしてね。ただし、マッチを余らせてはいけないよ。

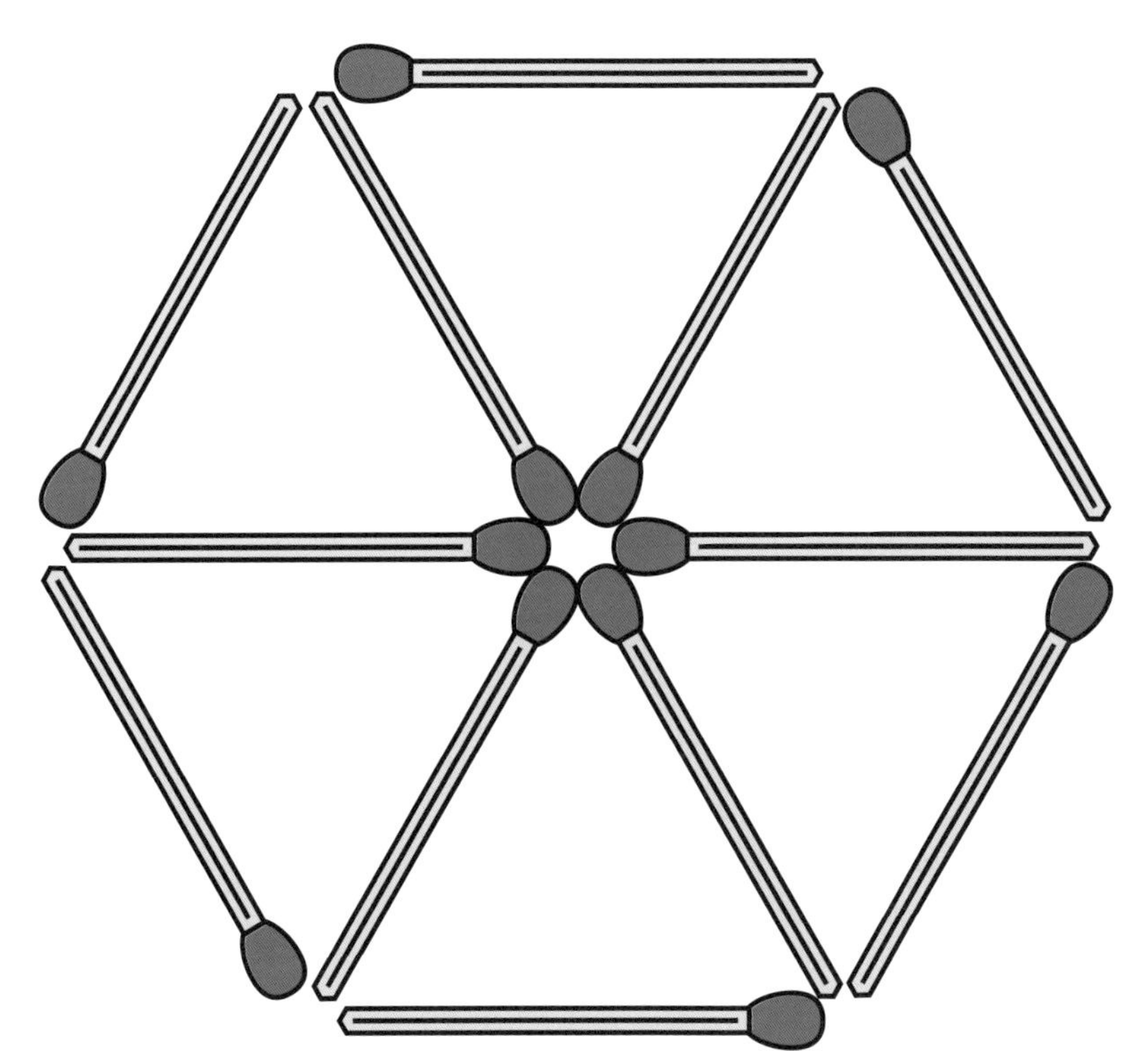

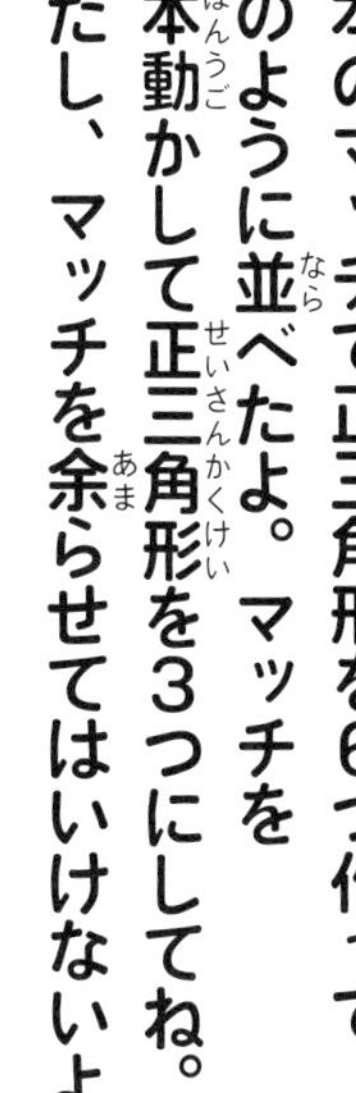

上級問題
レベル1
レベル2
レベル3
レベル4
レベル5

もんだい
7

?に入るものはどれかな？

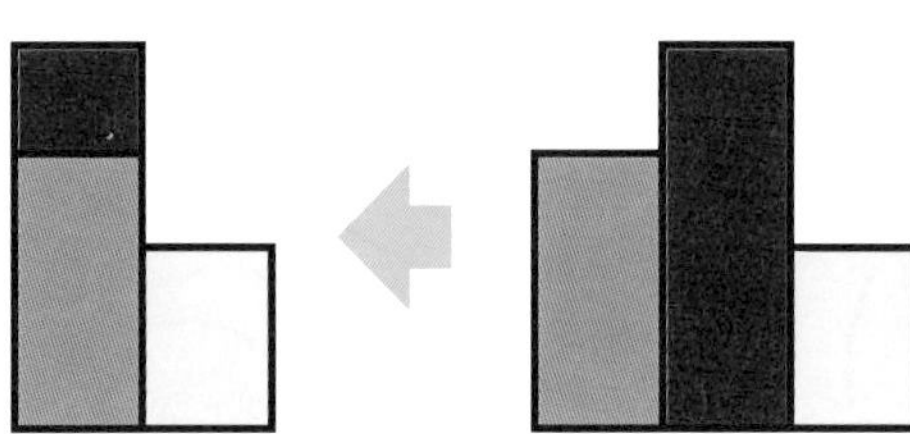

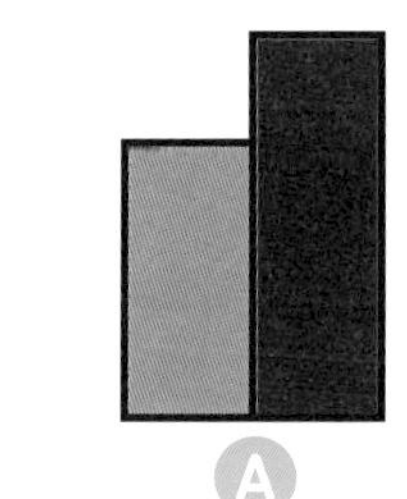

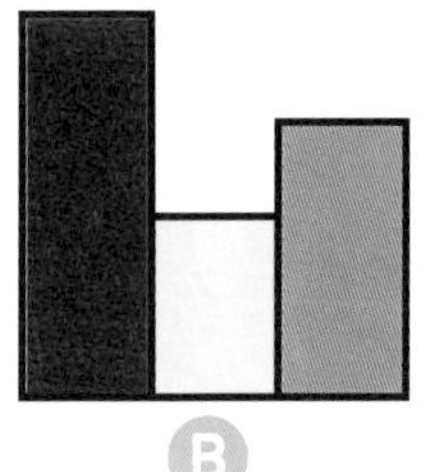

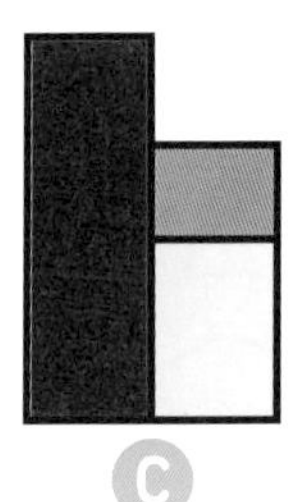

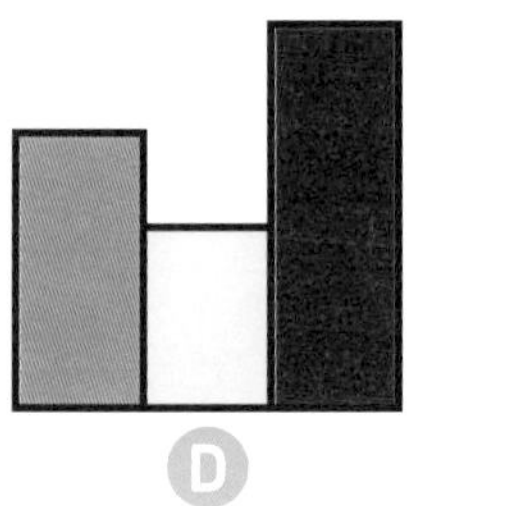

こたえ

もんだい
8

4つの図のなかで1つだけ一筆書きできないものはどれかな？

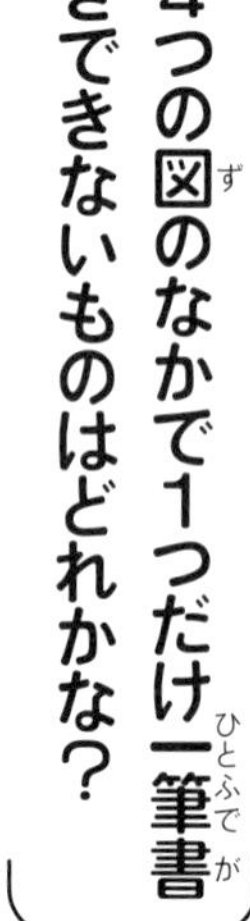

こたえ

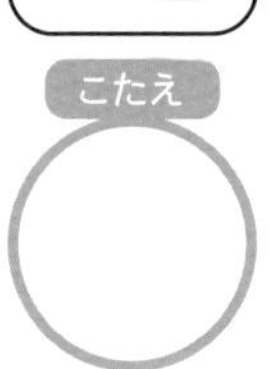

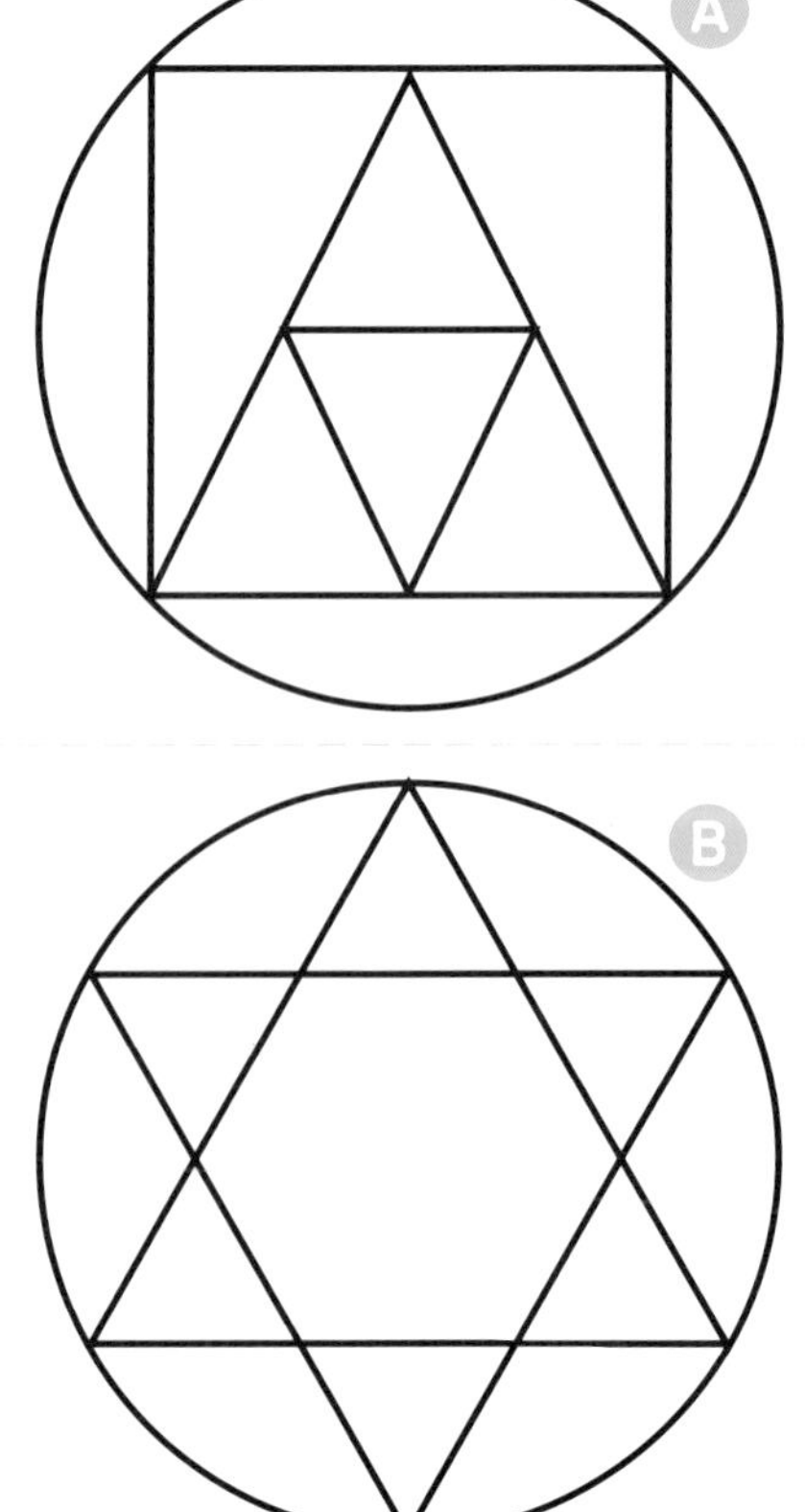

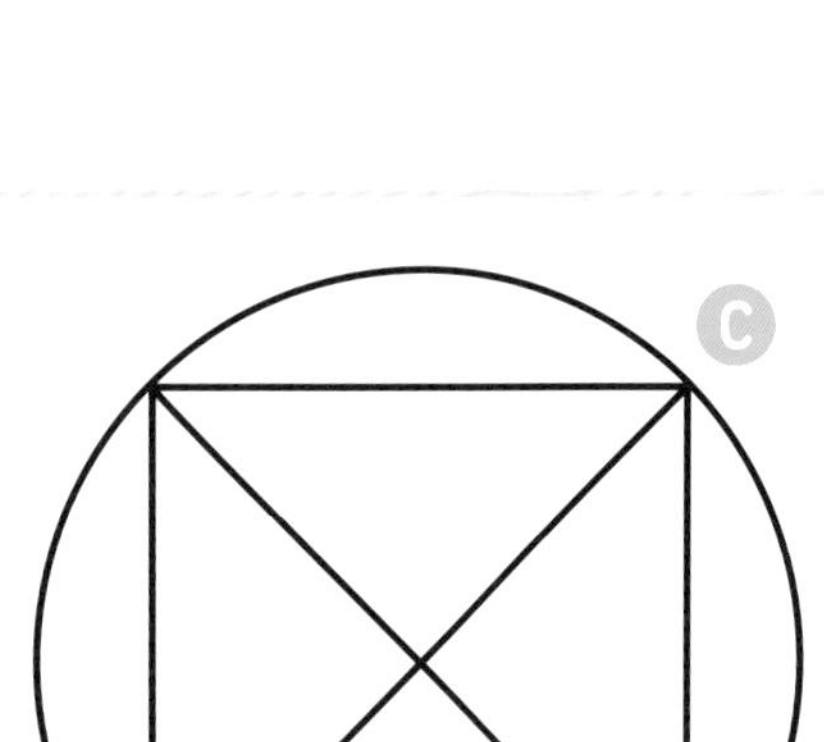

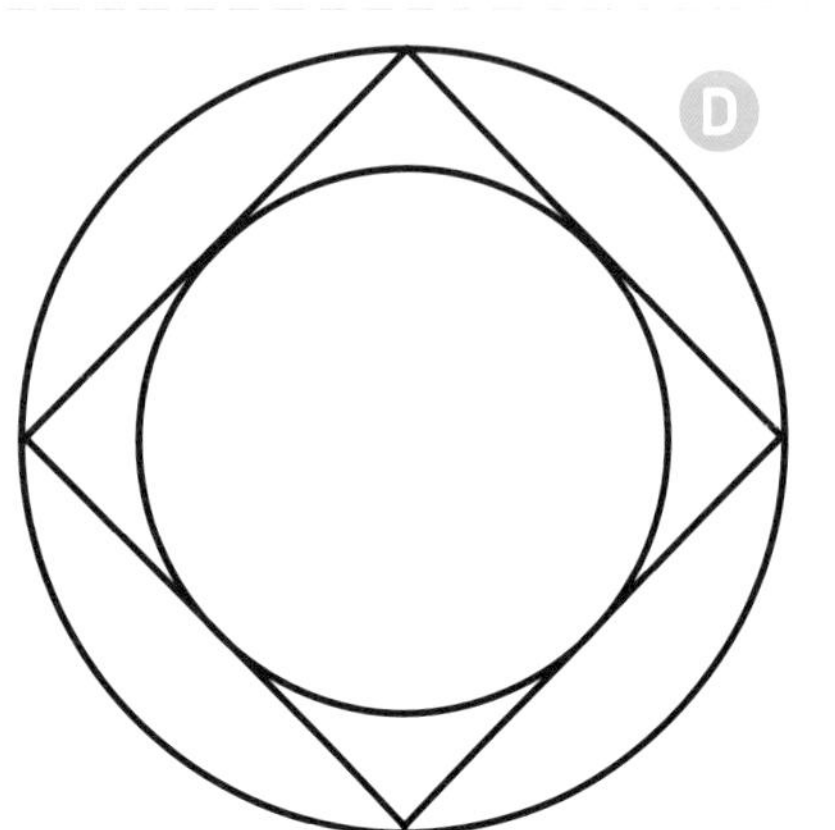

もんだい
9

赤のコイン6枚、青のコイン6枚を図のように並べたよ。青のコイン2枚にふれるだけで、赤4枚でヨコ1列、青4枚でヨコ1列になるように並べかえてね。

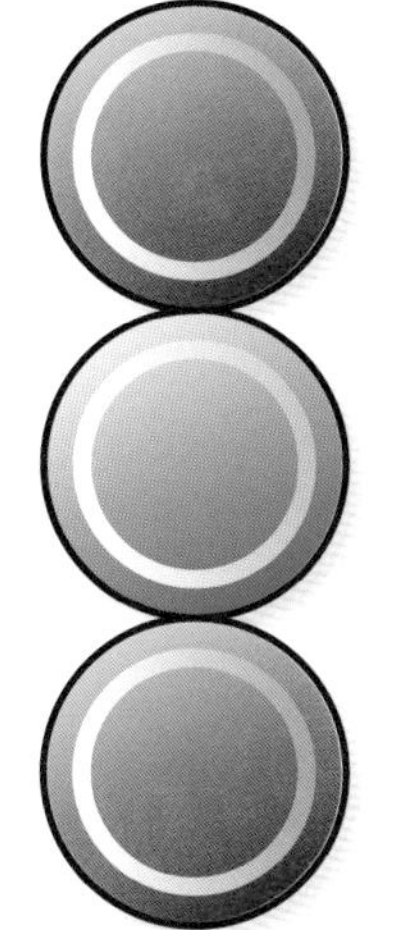
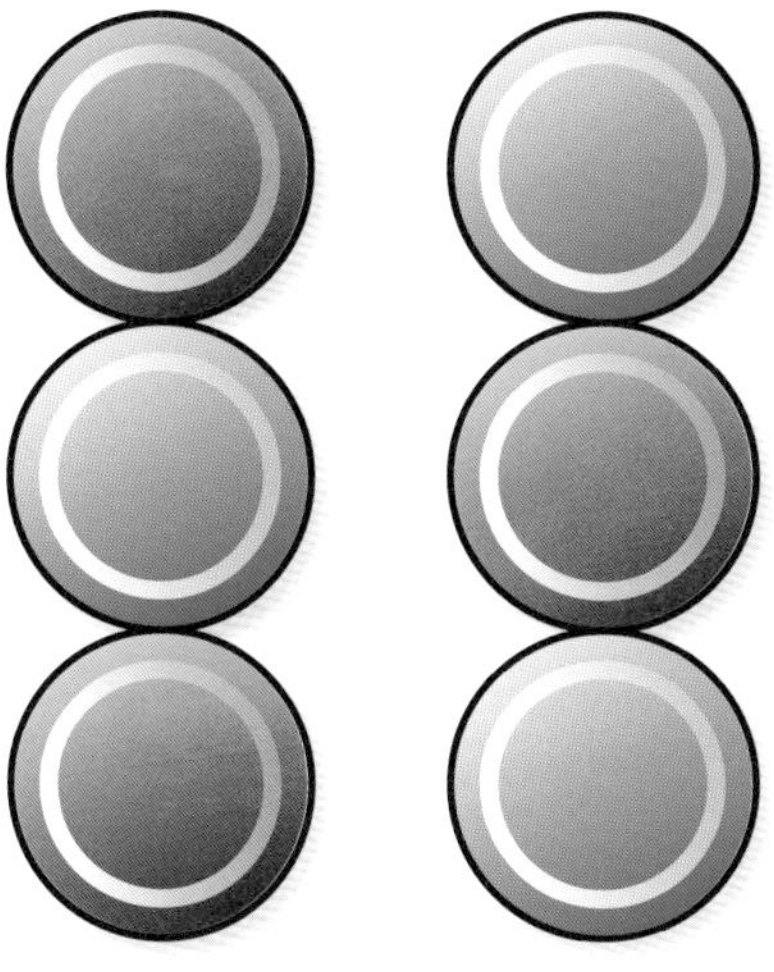

？に入るものはどれかな？

A

B

C

D

こたえ

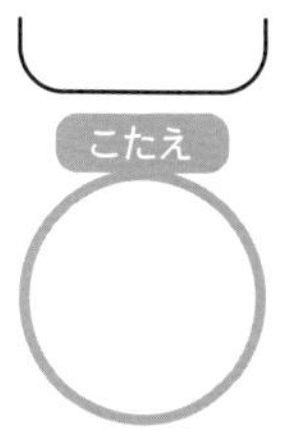

解答 上級問題・レベル1

もんだい1
こたえ F

Fだけここがちがうよ

もんだい2

こたえ D

もんだい3

こたえ A

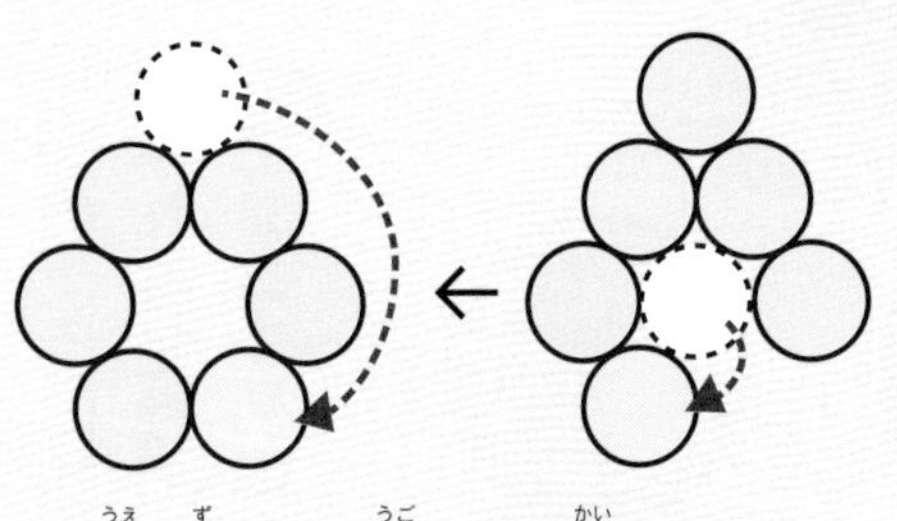

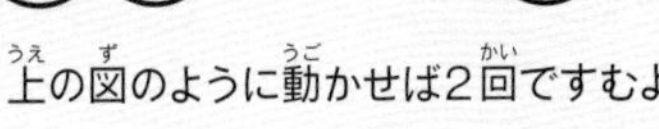

上の図のように動かせば2回ですむよ

もんだい4

こたえ A

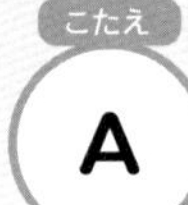

もんだい5

こたえ B

もんだい6
こたえ 図を見てね

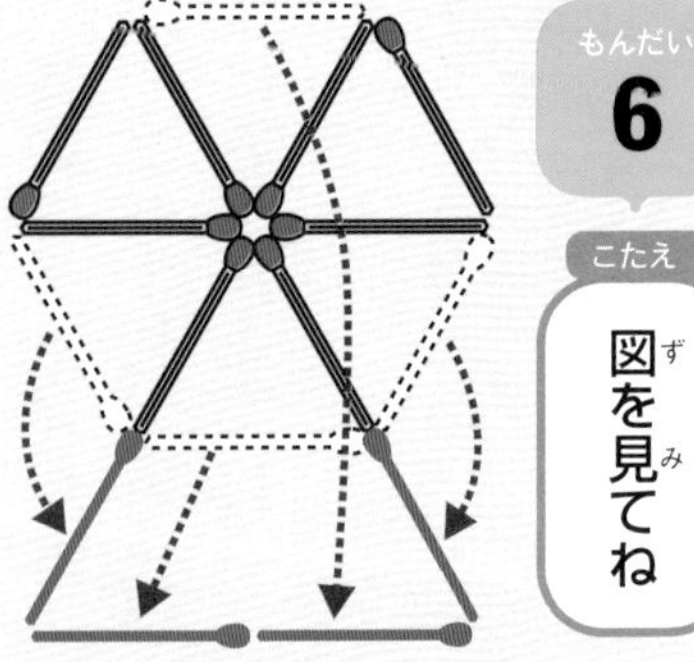

小さな正三角形2つと大きな正三角形1つにかわるよ（上下反対でも正解だよ）

もんだい7

こたえ B

いちばん左のピンクのブロックが右にある2つのブロックの前を移動するんだ。3番目の図ではいちばん低い黄色のブロックが移動してきたピンクのブロックでかくれてしまっているんだよ

もんだい8

こたえ C

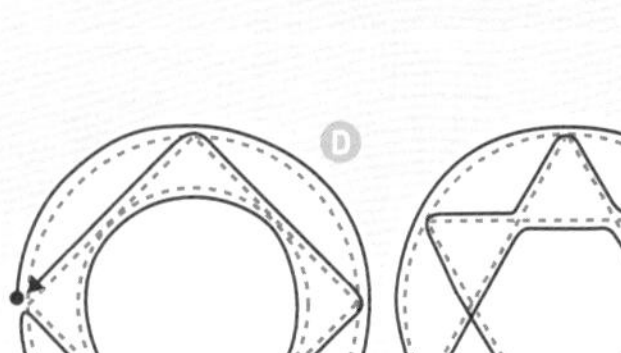

上の図のようにすれば一筆書きできるよ。Cのように、奇数の交点が3つ以上ある図形は一筆書きできないんだ

もんだい9
こたえ 図を見てね

左の図のように青のコイン2枚を押せば、赤、青それぞれ4枚が1列に並ぶよ

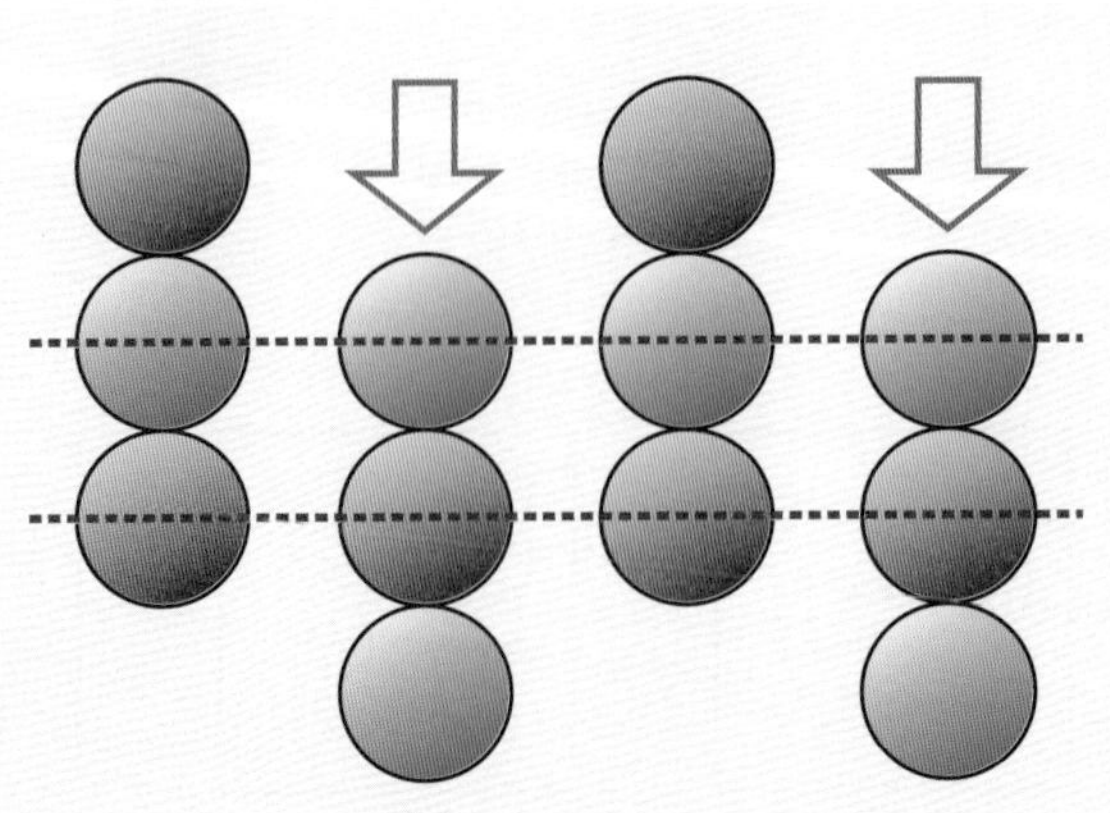

もんだい10
こたえ D

うさぎは1、犬は2を表し、1つすすむごとに1ずつ増えていくよ

もんだい
1

ハートにたどりつく入口(いりぐち)はどれかな？

こたえ

もんだい
2

？に入(はい)るものはどれかな？

こたえ

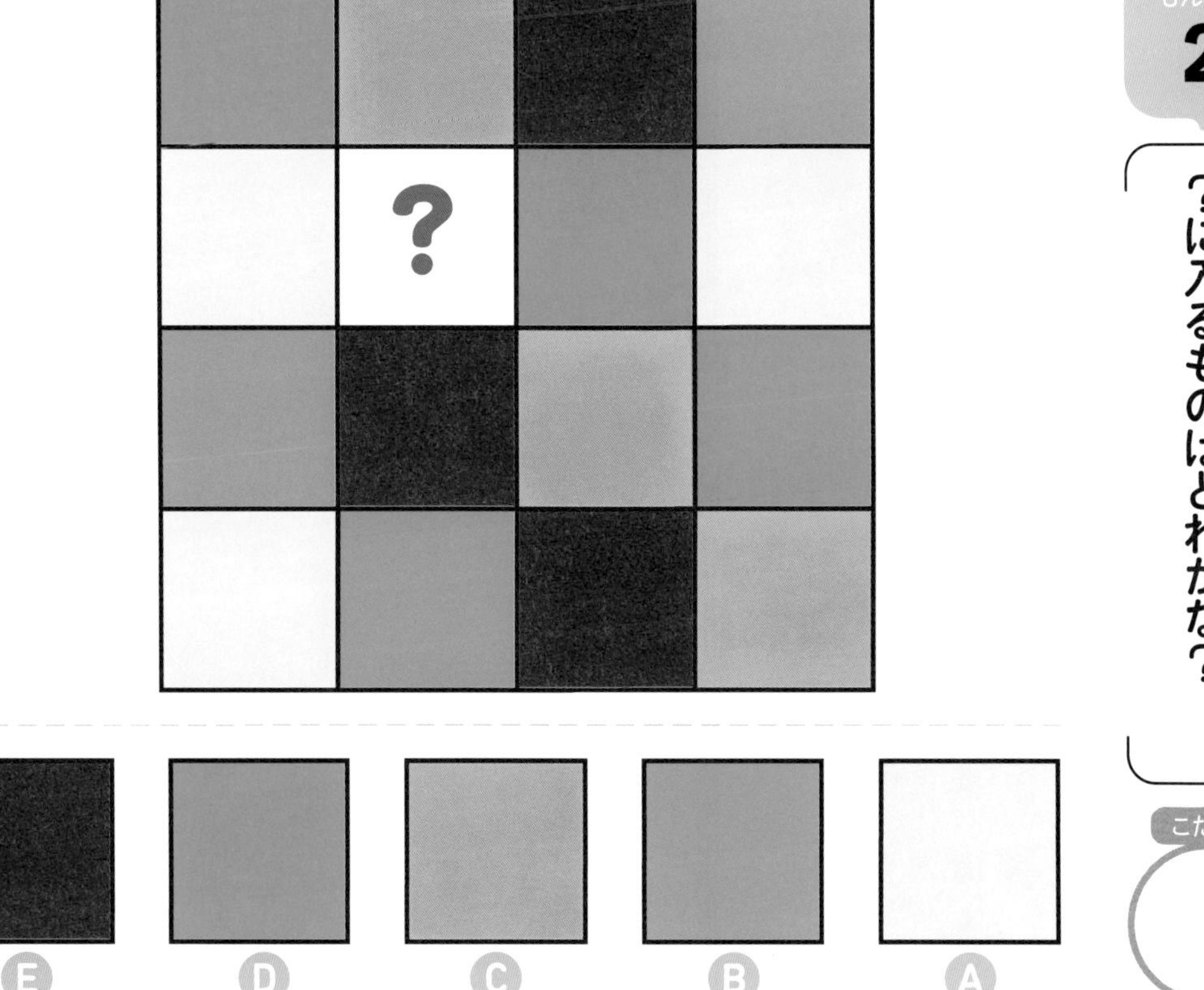

もんだい
3

1つだけほかとちがうものをさがしてね。

こたえ

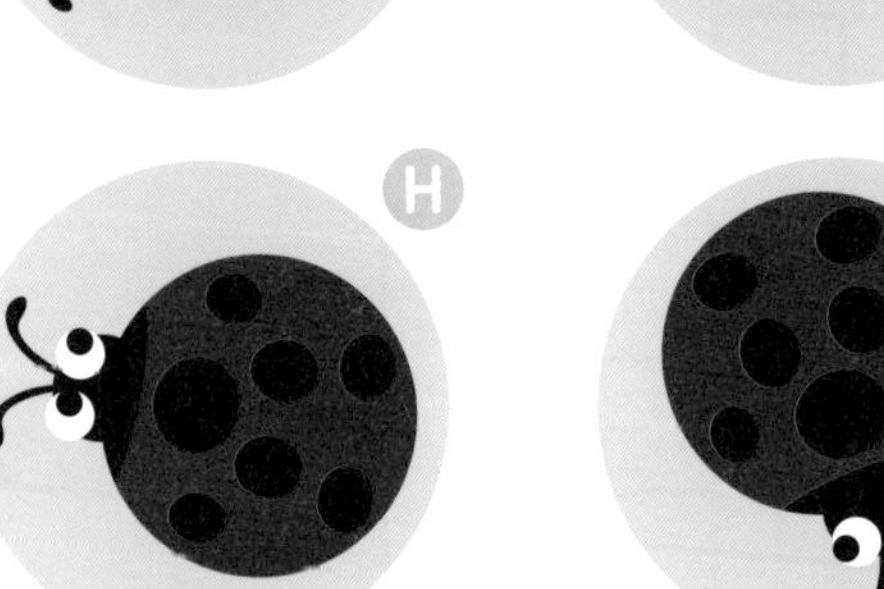

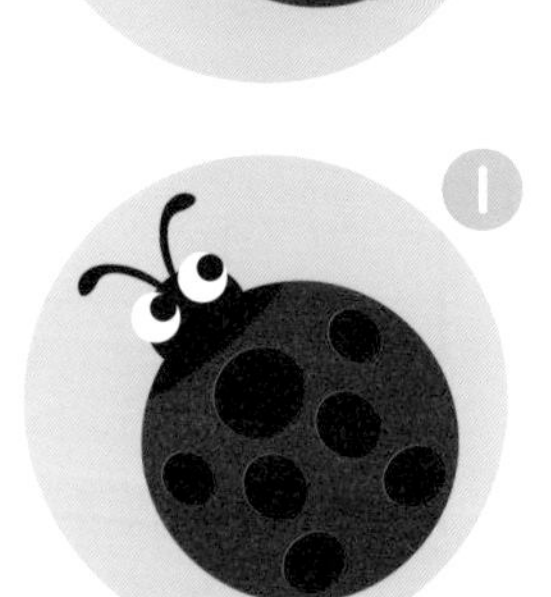

もんだい
4

12本のマッチで正方形を3つ作って図のように並べたよ。マッチを5本動かして正方形を2つにしてね。

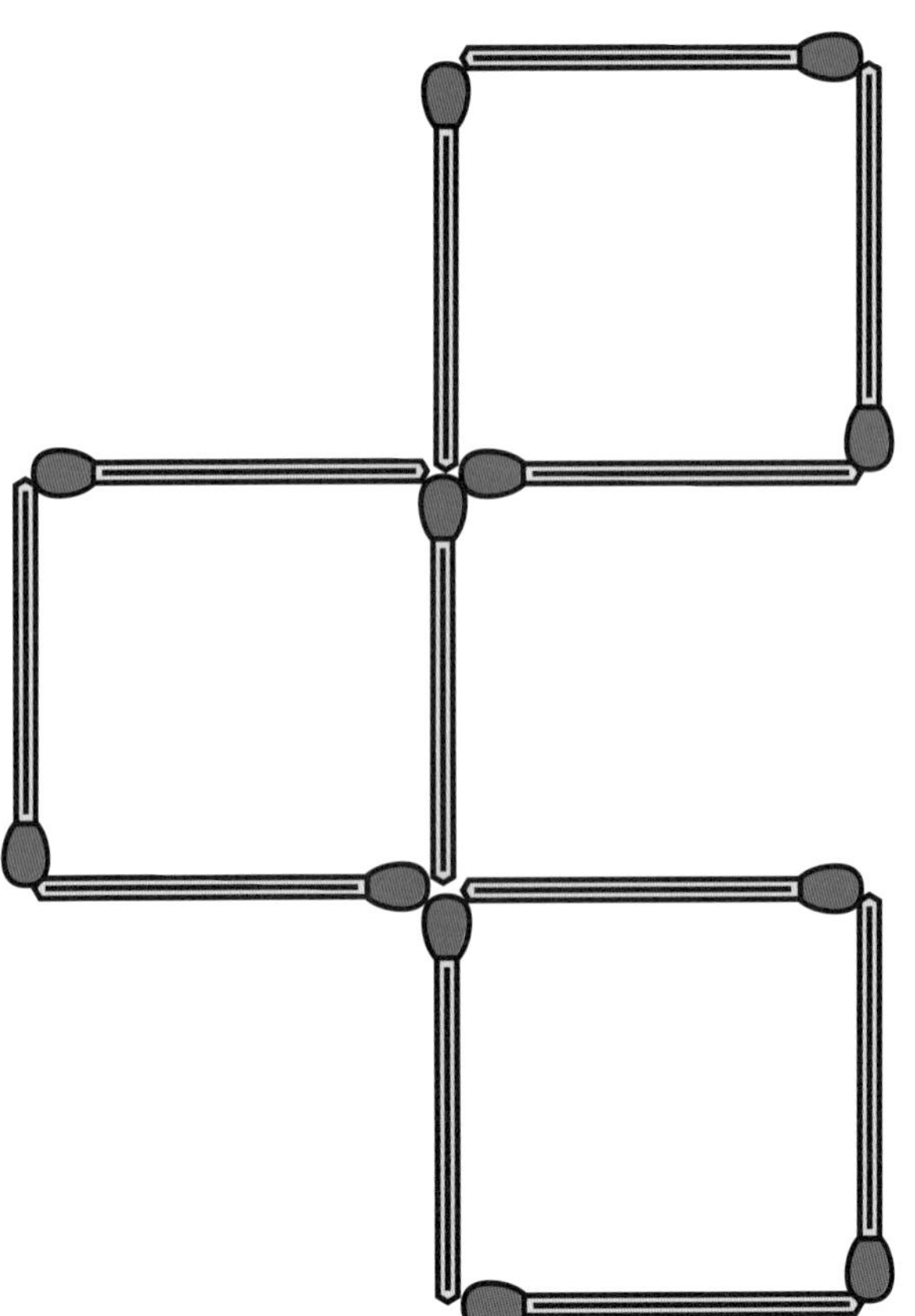

もんだい
5

2つの直角三角形（各辺の角度90度、60度、30度、斜面の長さ10センチ）の三角定規と、長さ10センチ、幅1センチのものさしをすべて使って、1辺10センチの正三角形を作ってね。

60°
10センチ
90°
30°

60°
10センチ
90°
30°

10センチ
1センチ

もんだい
6

リンゴの皮をナイフで絵のような向きで上からむいていったよ。皮はどの形にむけるかな？

もんだい 7

？に入るものはどれかな？

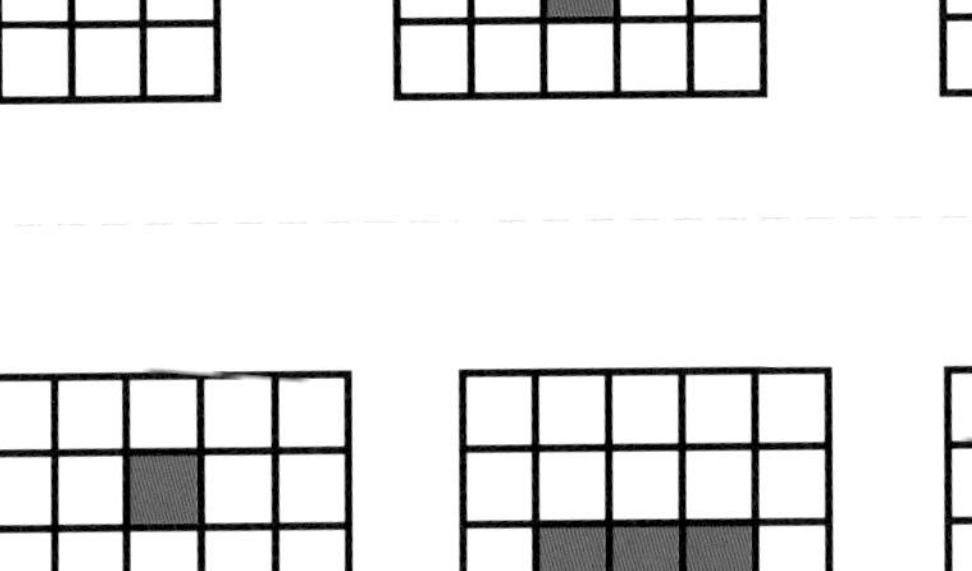

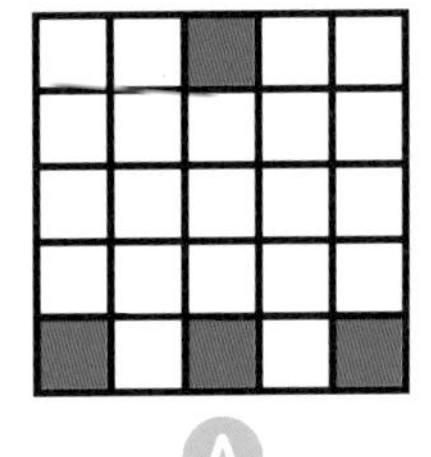

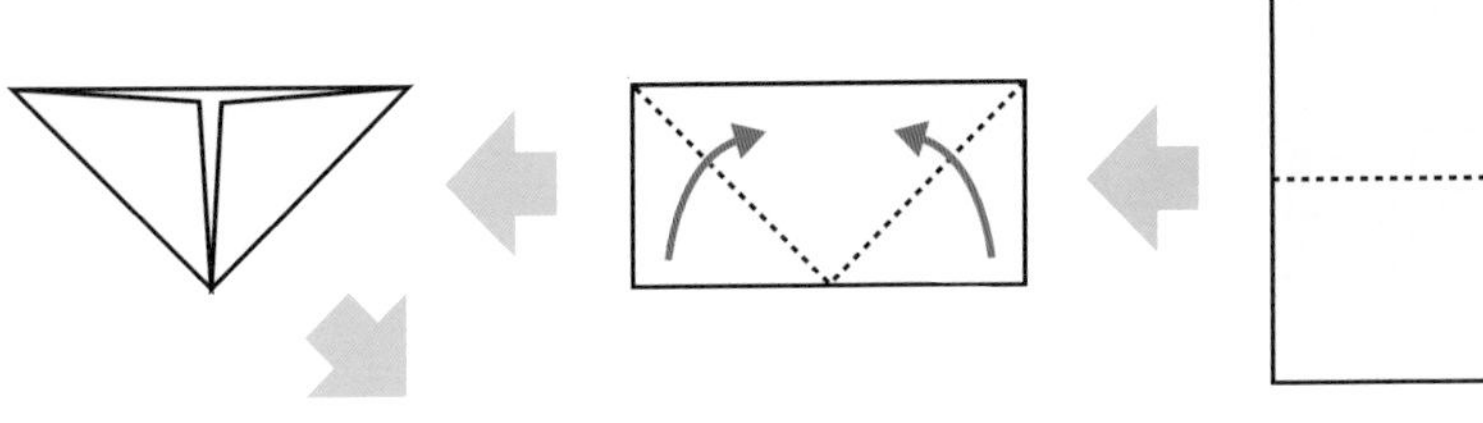

こたえ

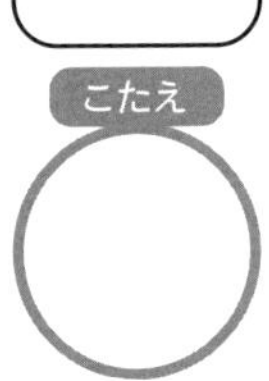

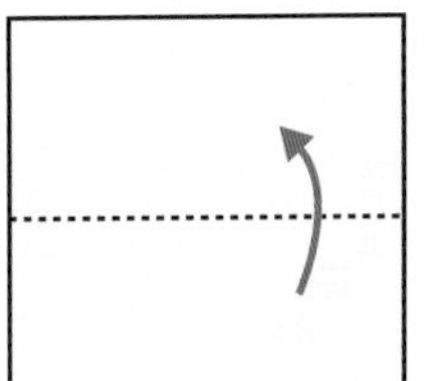

もんだい 8

図のように正方形の折り紙を折ってハサミで切ったよ。折り紙をひろげるとどの形になるかな？

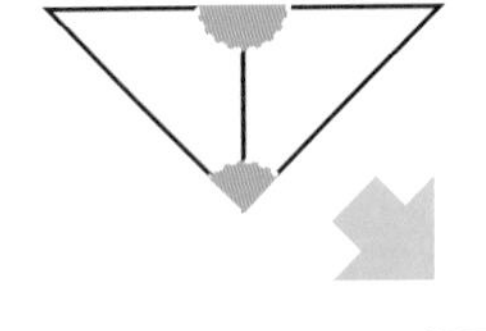

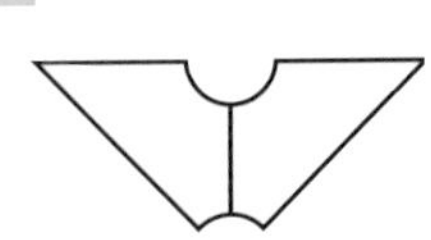

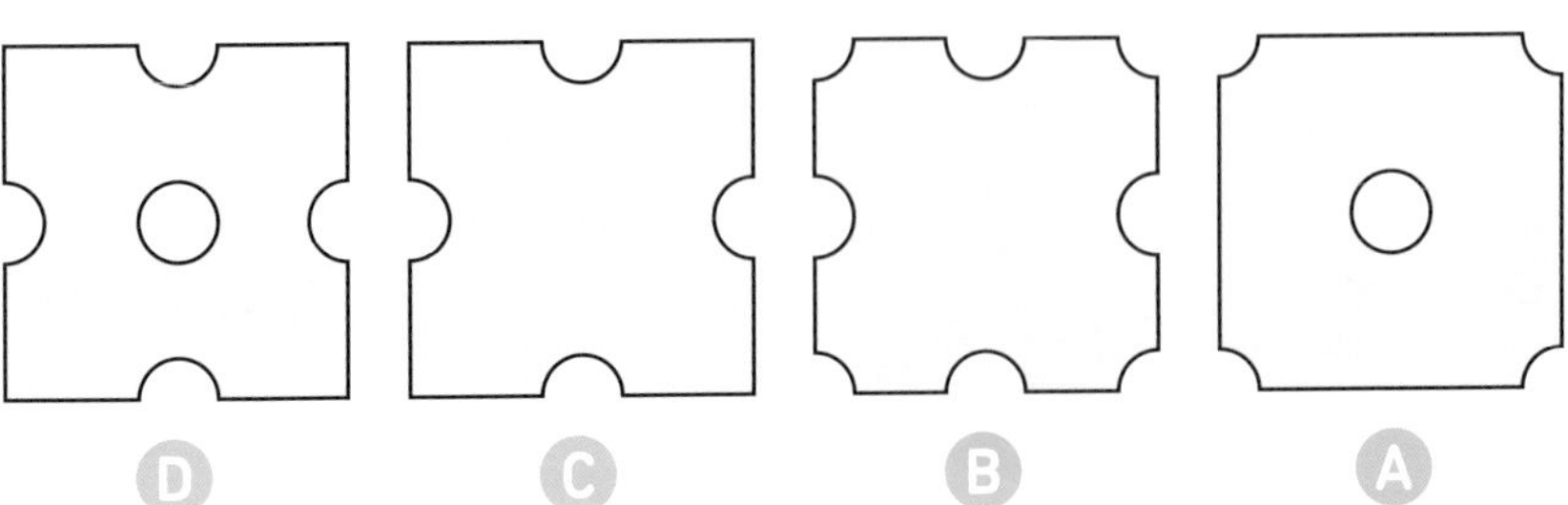

こたえ

もんだい
9

表と裏に矢印マークがついたカードを①のように持って裏返すと②のようになったよ。③のように持って裏返したら④のときのマークはどのようになるかな？

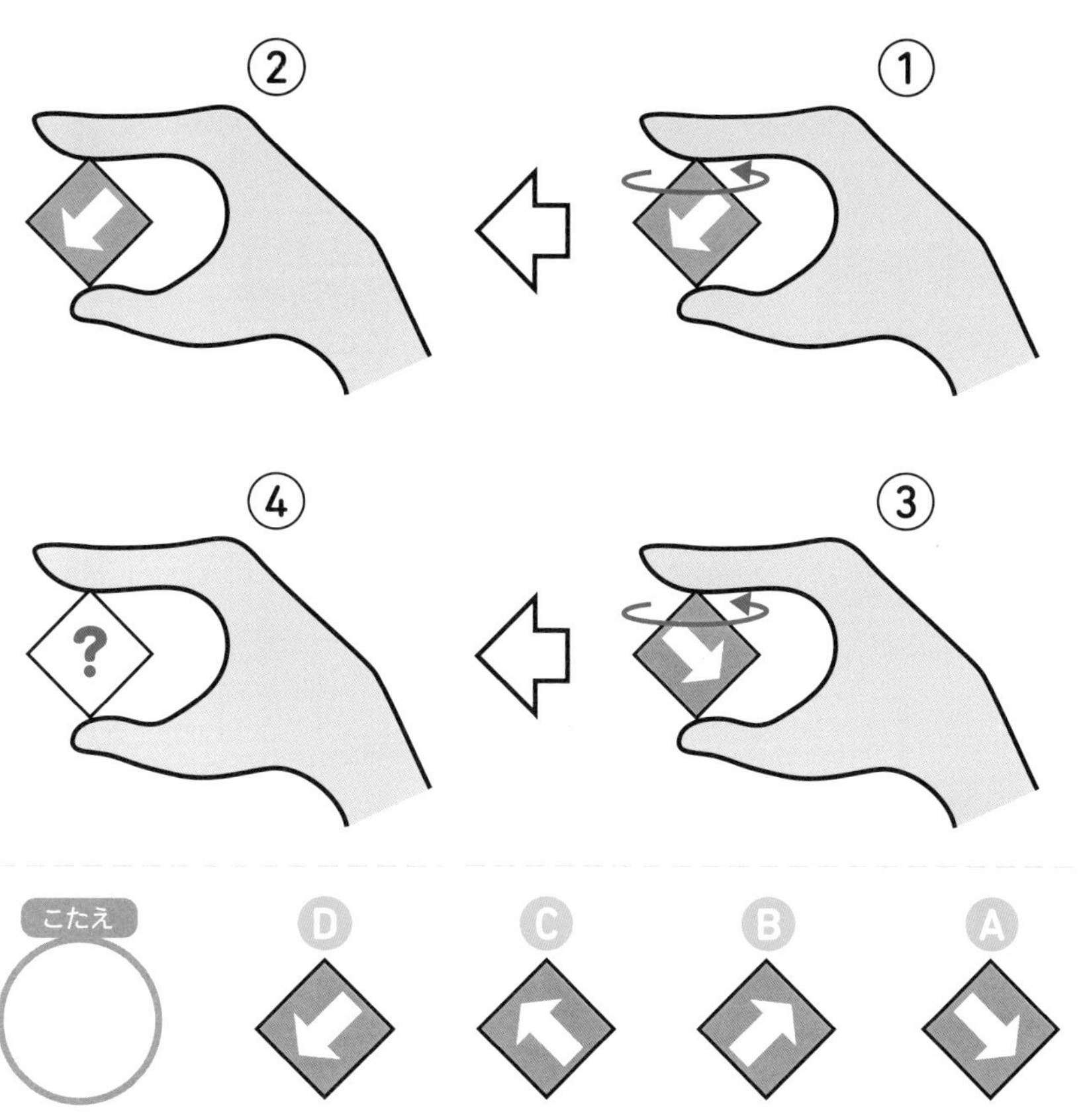

もんだい
10

4本のマッチで正方形を作ったよ。マッチを3本足して正方形を6つにしてね。

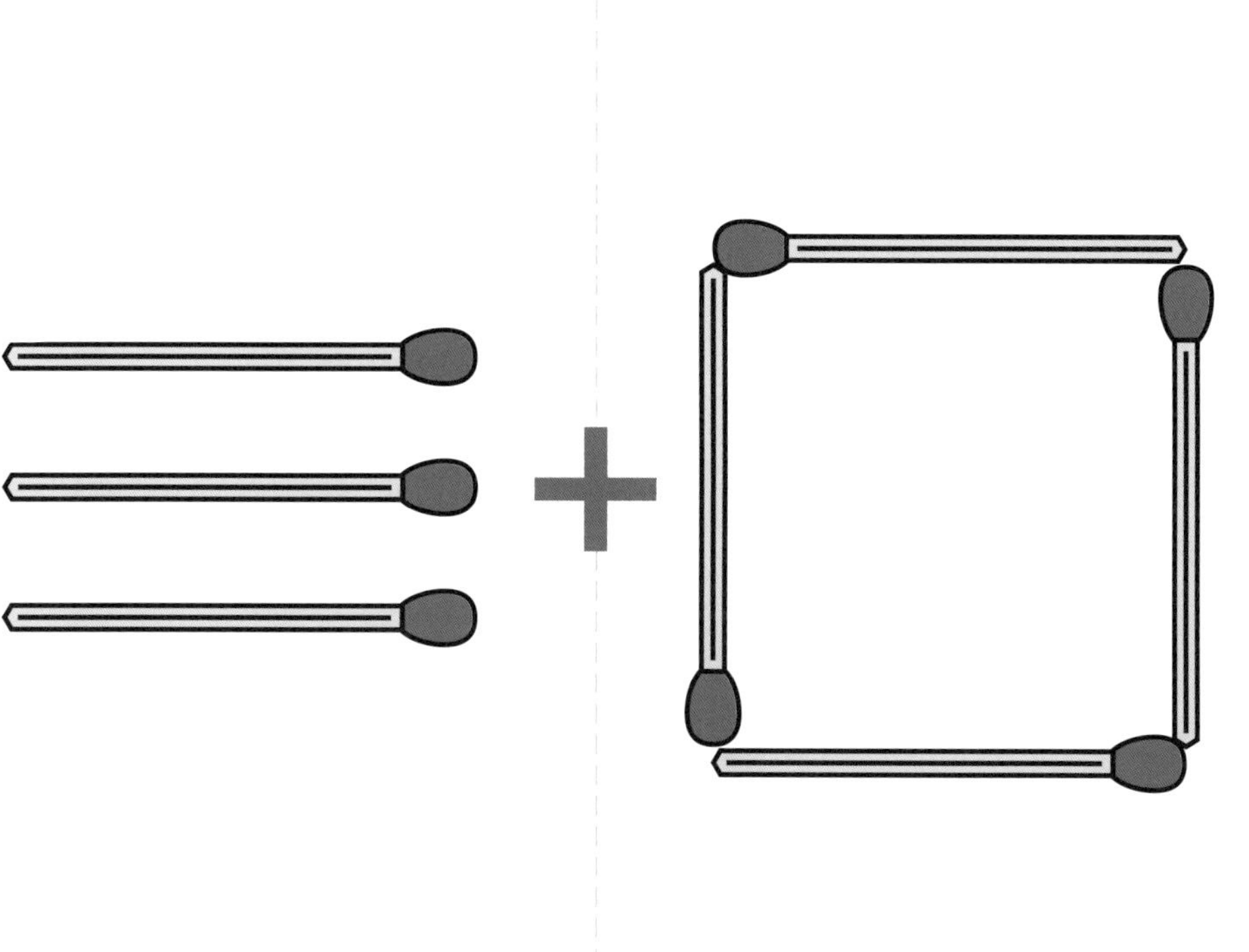

解答 上級問題・レベル2

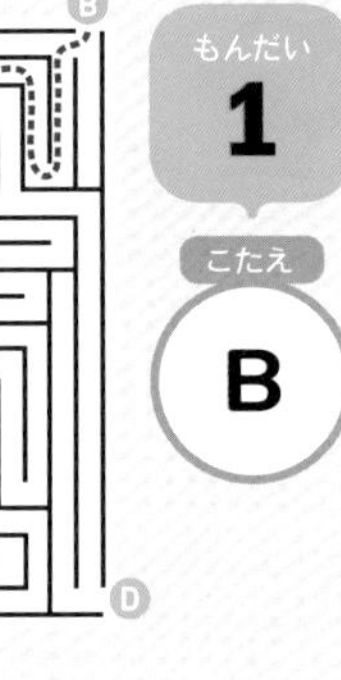

もんだい 1

こたえ B

もんだい 2

こたえ A

左の図の矢印の順番で黄→青→赤→オレンジ→緑と並んでいるよ

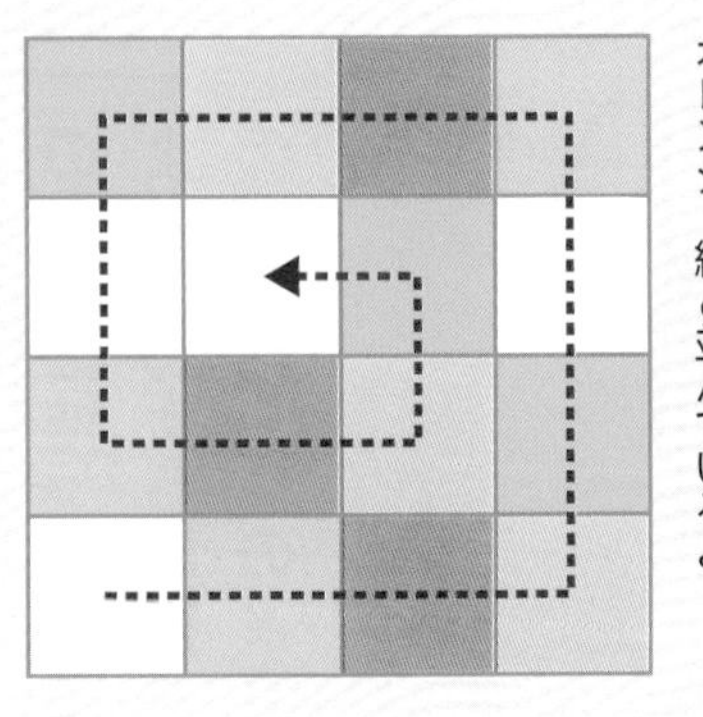

もんだい 3

こたえ G

Gだけここがちがうよ

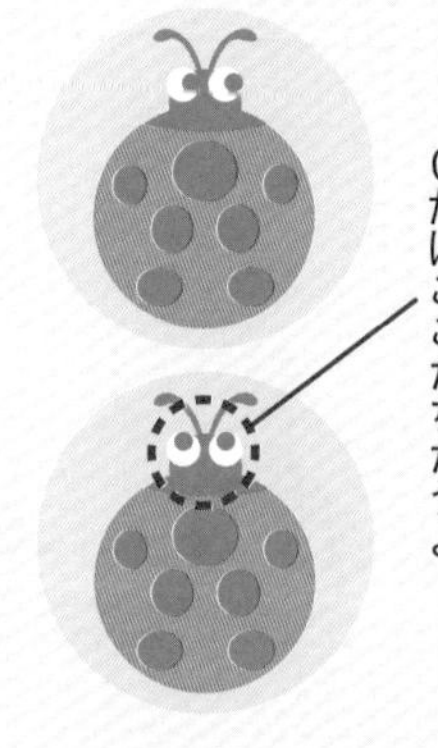

もんだい 4

こたえ 図を見てね

これは一例だよ

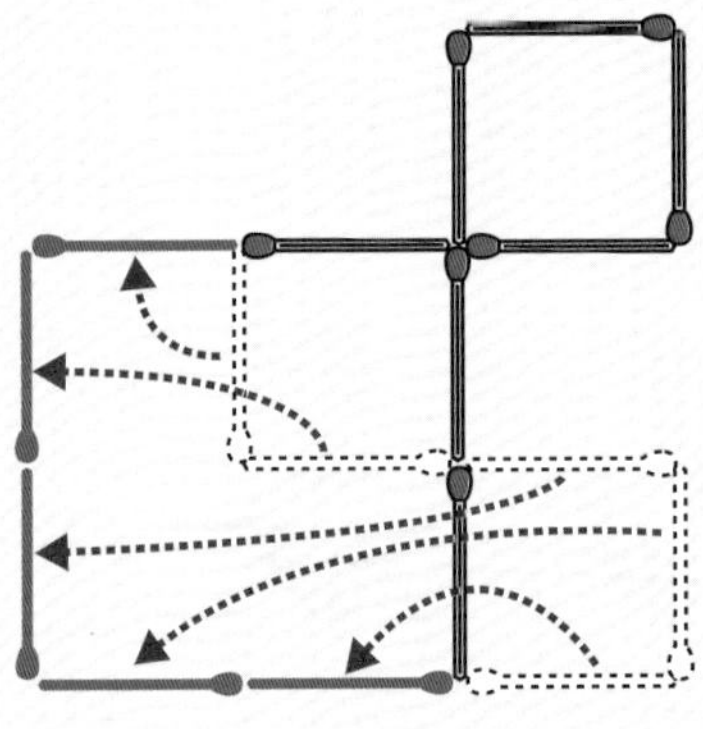

もんだい 5

こたえ 図を見てね

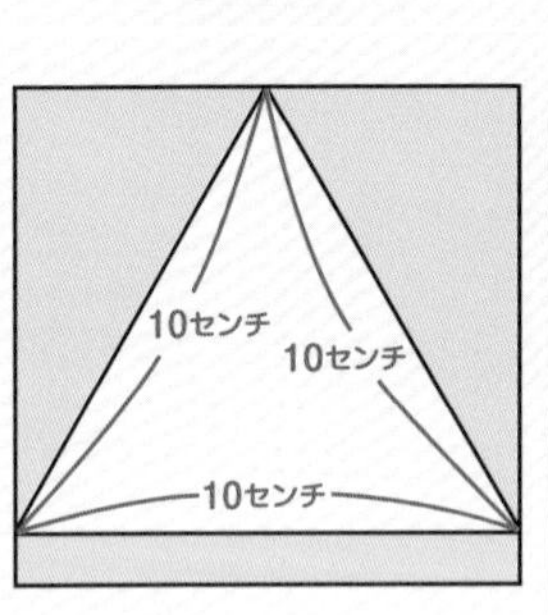

もんだい 6

こたえ A

じっさいにリンゴの皮をむいてみよう

もんだい 7

こたえ C

4つのぬりつぶされた正方形は1コマずつ矢印の方向に動くよ

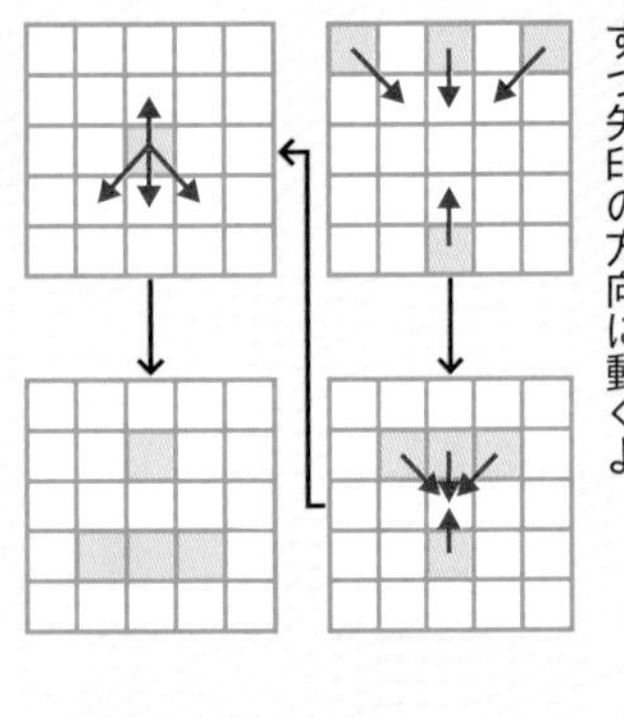

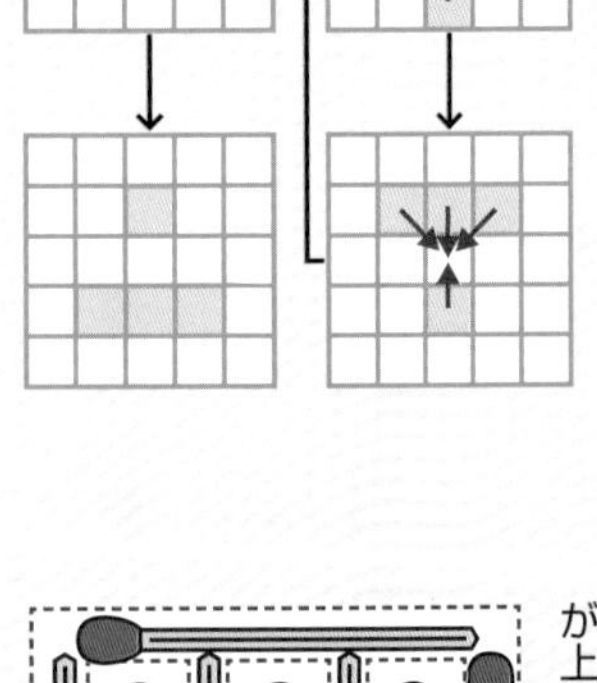

もんだい 8

こたえ D

もんだい 9

こたえ C

カードの表と裏は下の図のようになっているよ。①と②ではAを上にしてAとBをつまんで回転させ、③と④ではDを上にしてDとCをつまんで回転させるんだよ

A B C D

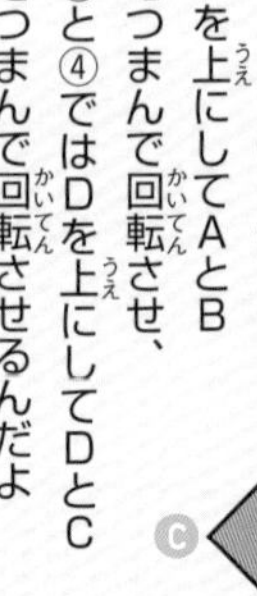

もんだい 10

こたえ 図を見てね

小さな正方形①、②、③、中くらいの正方形④、⑤、最初に作った大きな正方形⑥の合計6つになるよ（マッチのおき方が上下、左右反対でも正解だよ）

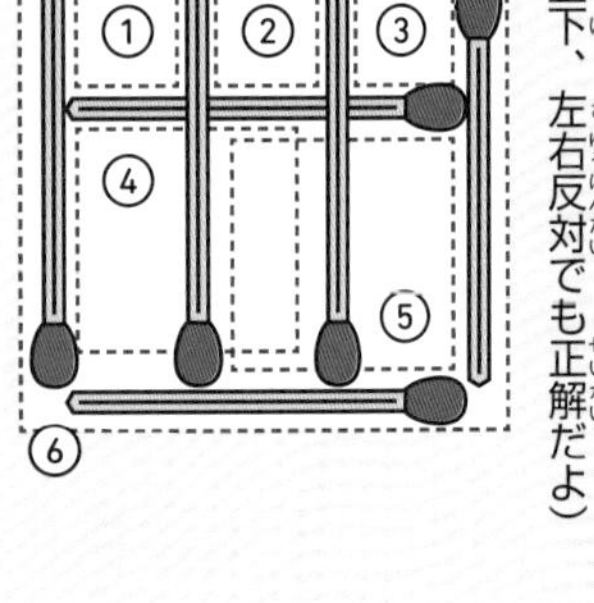

もんだい
1

くみあわせると上の形になるブロックはどれとどれかな？

C　A　B

こたえ

と

もんだい
2

上の絵と同じものはどれかな？

こたえ

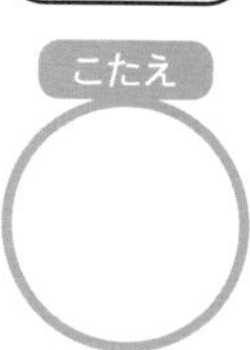

もんだい
3

？に入るものはどれかな？

こたえ

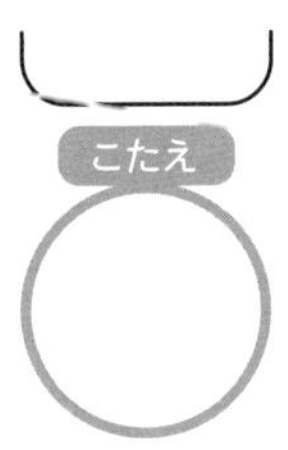

A

B

C

D

E

もんだい
4

1つだけほかとちがうものをさがしてね。

こたえ

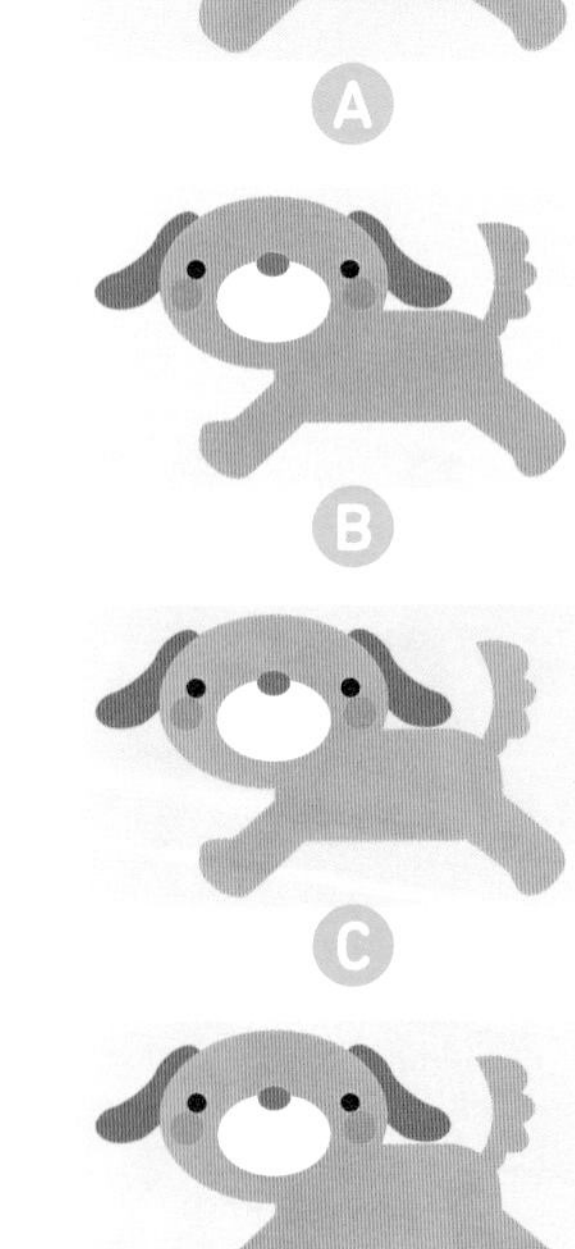
A B C D

E F G H

I J K L

もんだい
5

図のように正方形の折り紙を折ってハサミで切ったよ。折り紙をひろげるとどの形になるかな？

こたえ

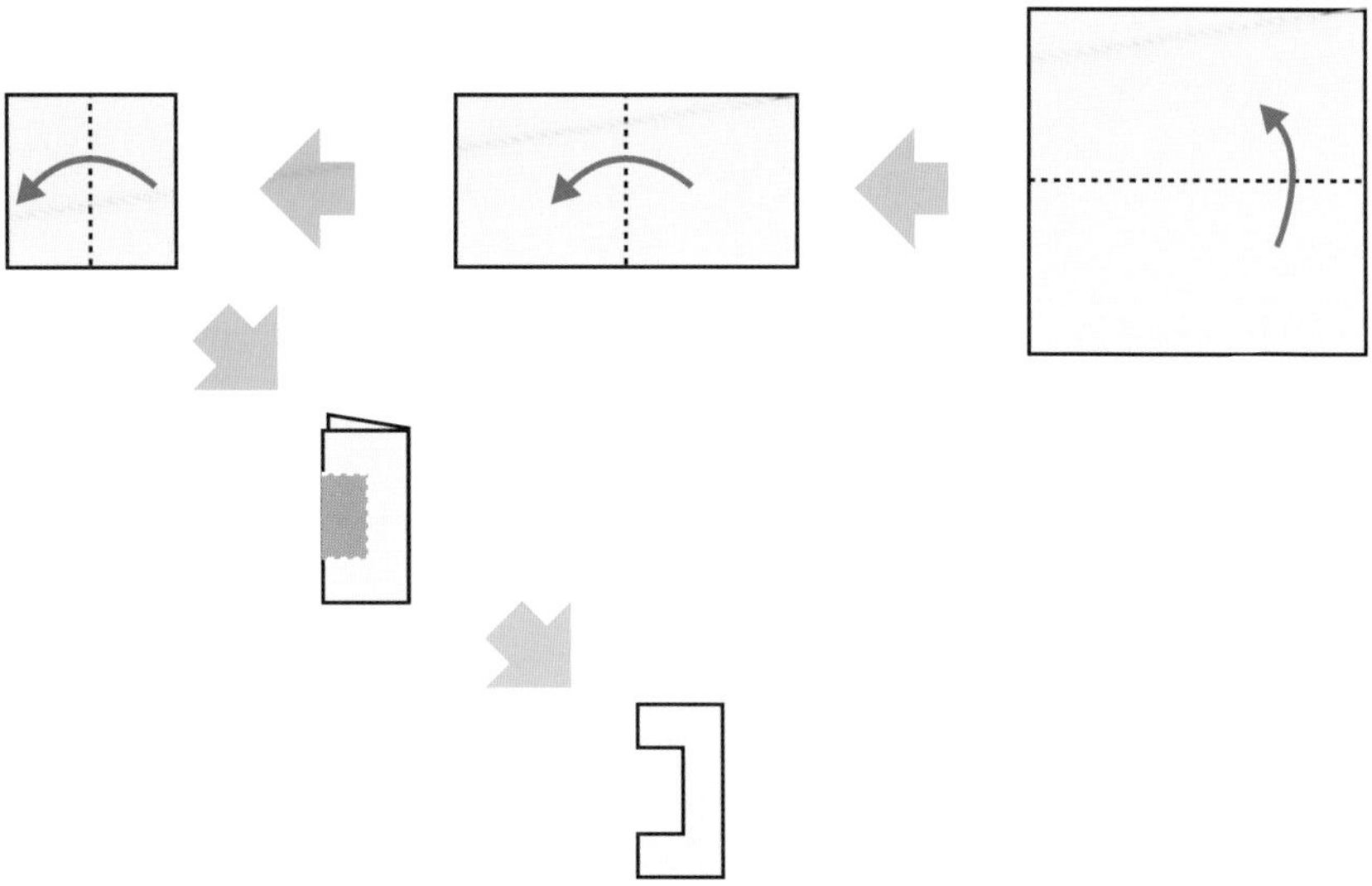

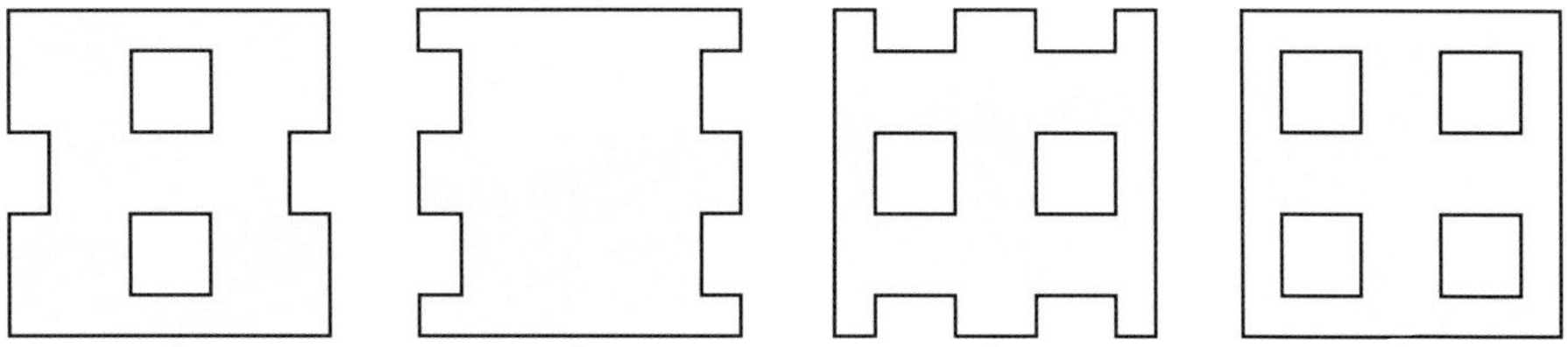

A　B　C　D

もんだい
6

6本のマッチがあるよ。すべてのマッチがほかの5本と接するように積み重ねることができるかな？

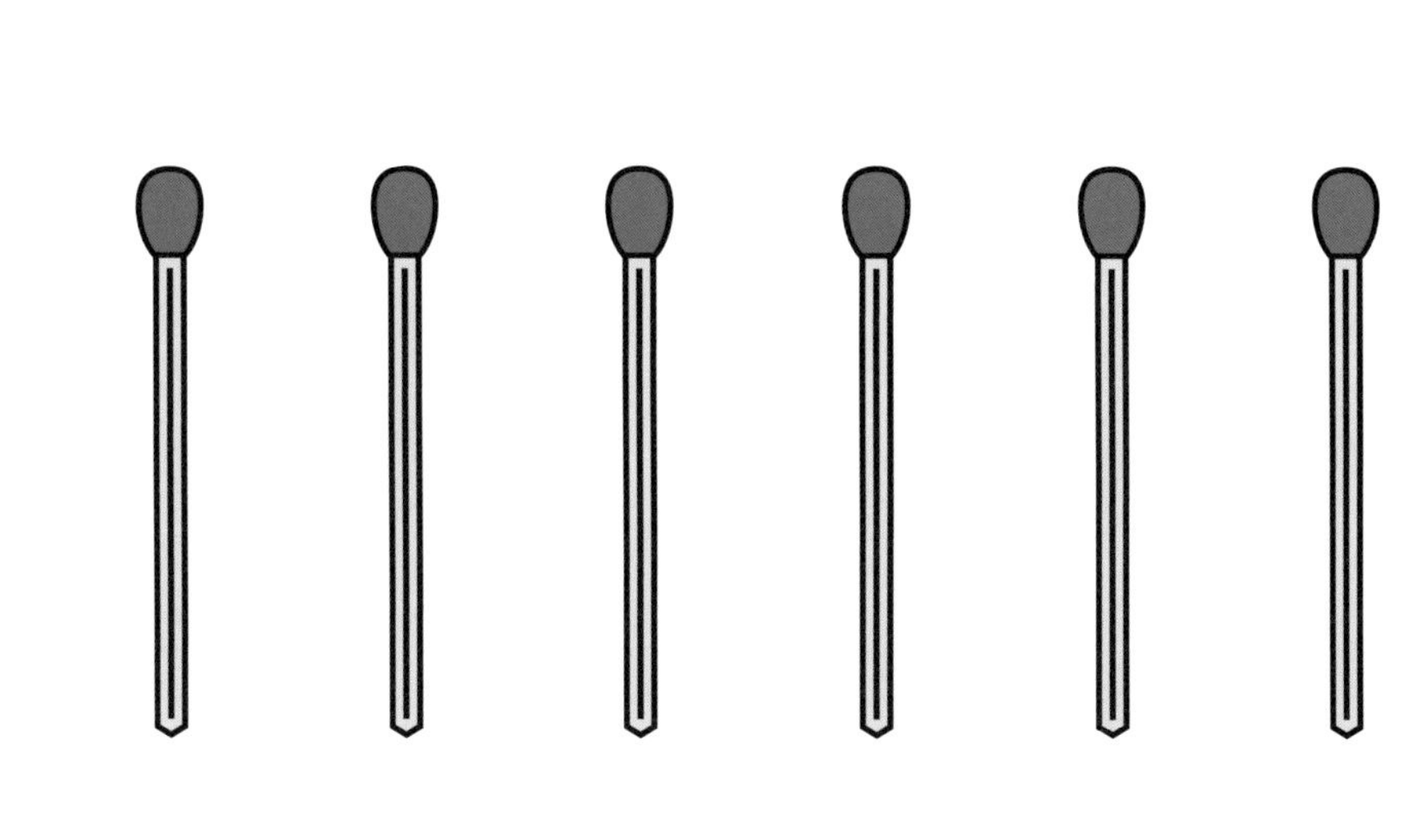

もんだい
7

?に入るものはどれかな?

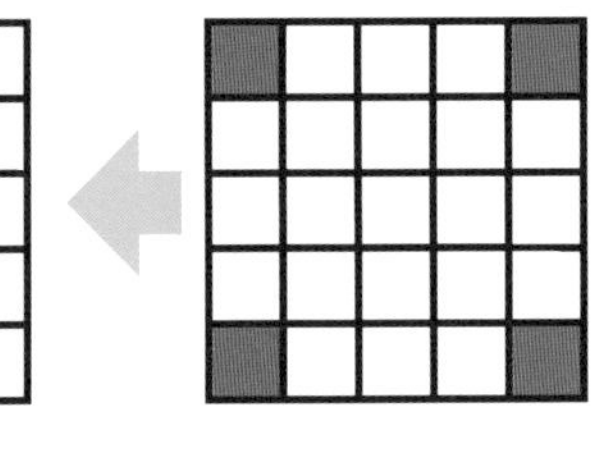

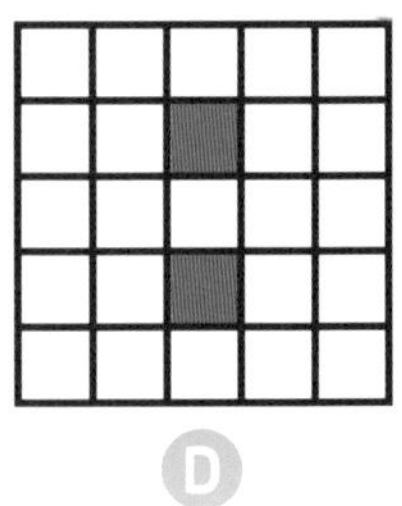

D

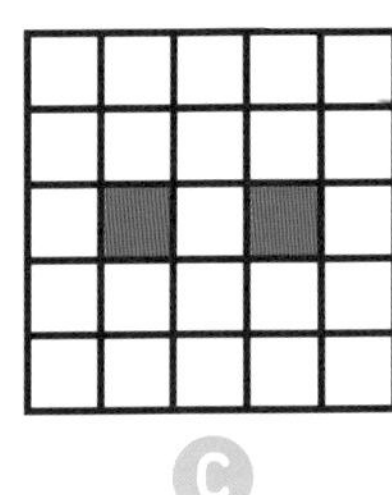

C

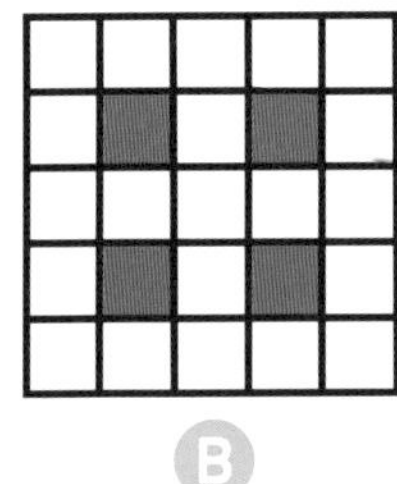

B

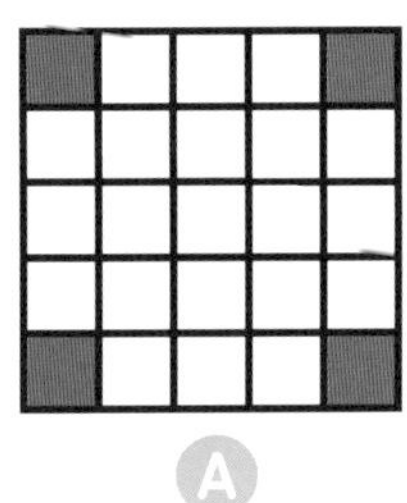

A

こたえ

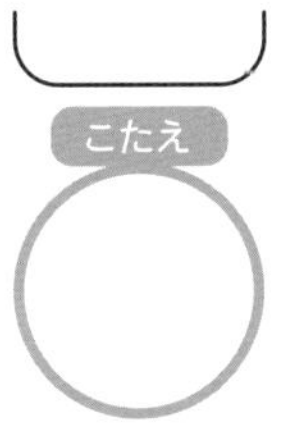

もんだい
8

図のように5枚の10円玉で正五角形を作ったよ。10円玉を5枚足して10円玉4枚の列を5つ作ってね。

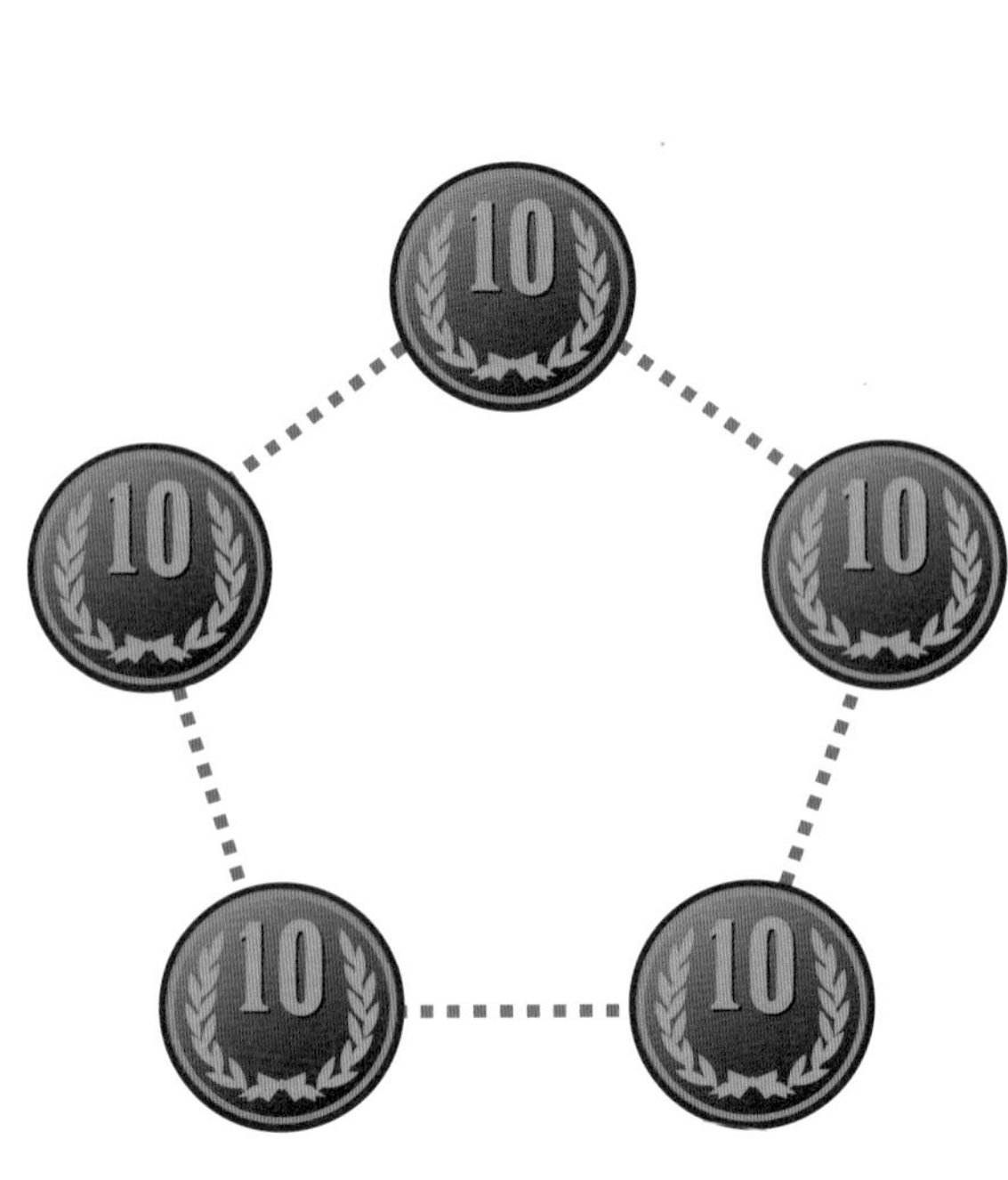

もんだい
9

赤と青のタイルが4つずつ3列に並んでいるよ。★印がついた青のタイルにふれるだけで、アとウの列は青だけ、イとエの列は赤だけになるようにしてね。

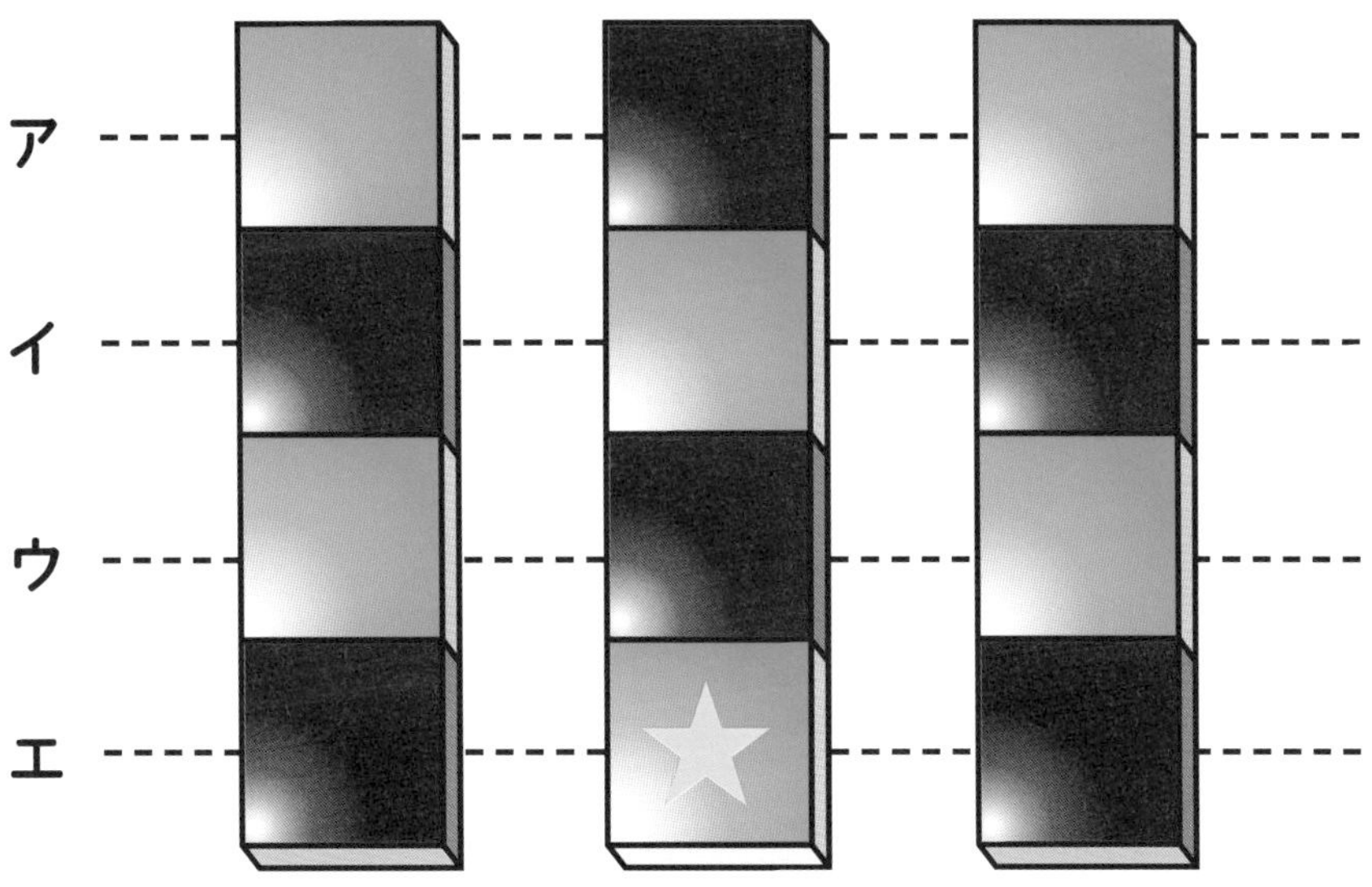

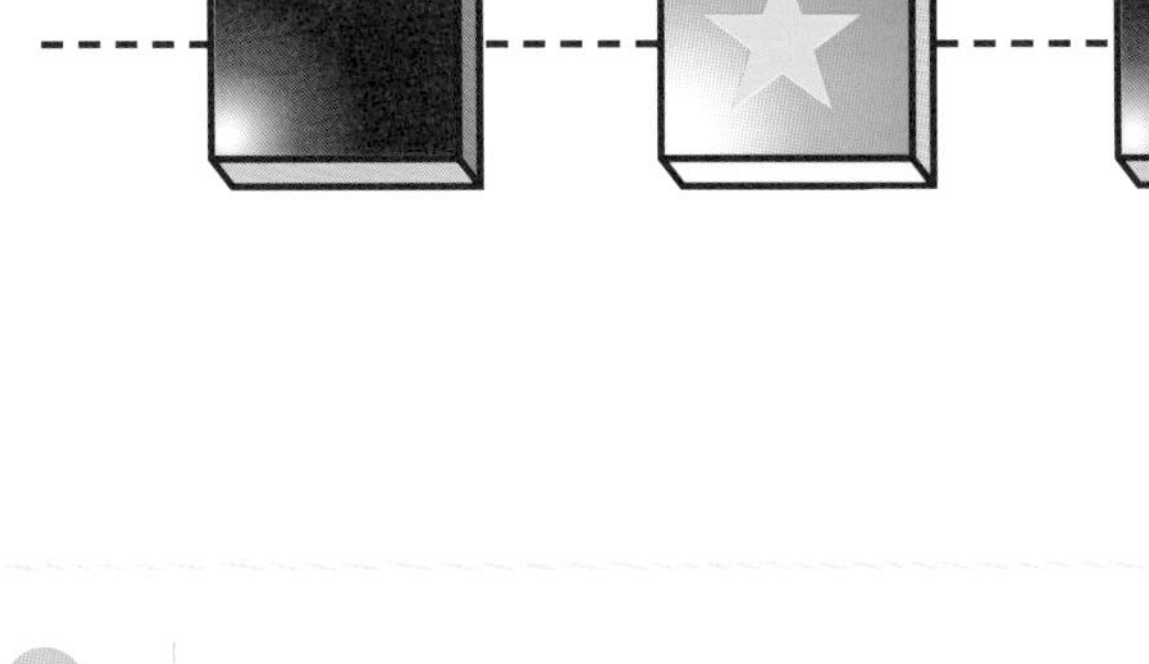

もんだい
10

大きな正三角形の面積は小さな正三角形の面積の何倍かな？

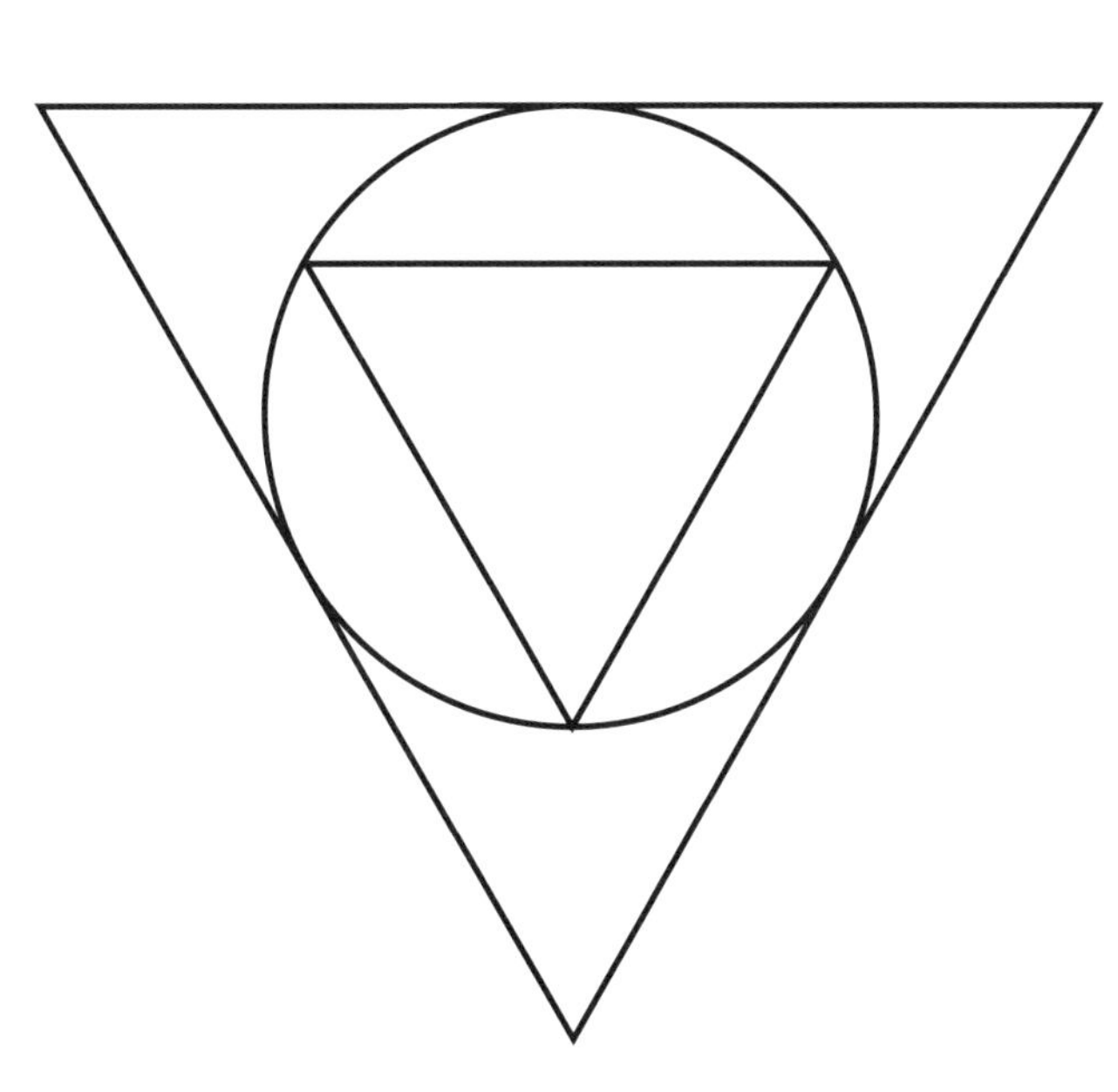

A 2倍

B 3倍

C 4倍

D 6倍

こたえ

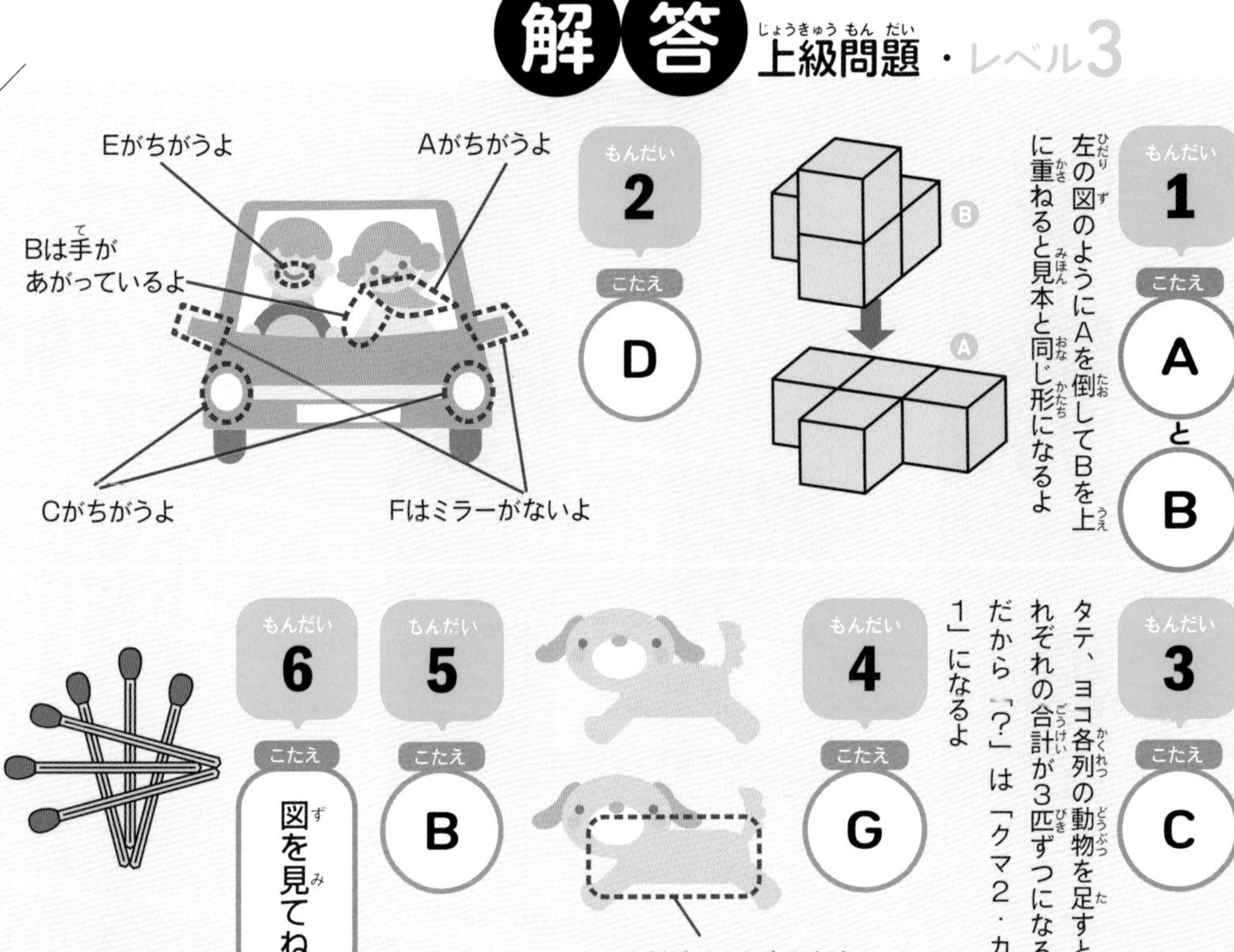

もんだい 1
こたえ A と B
左の図のようにAを倒してBを上に重ねると見本と同じ形になるよ

もんだい 2
こたえ D

もんだい 3
こたえ C
タテ、ヨコ各列の動物を足すと、それぞれの合計が3匹ずつになるよ。だから「?」は「クマ2・カエル1」になるよ

もんだい 4
こたえ G

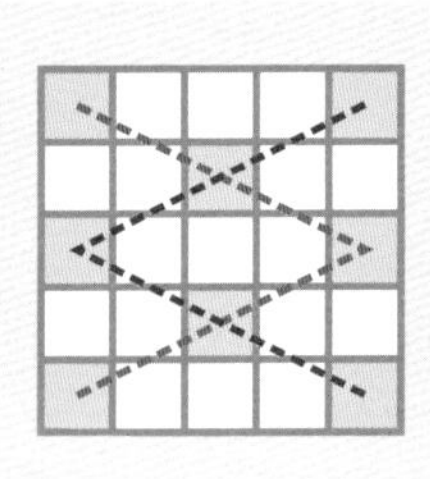
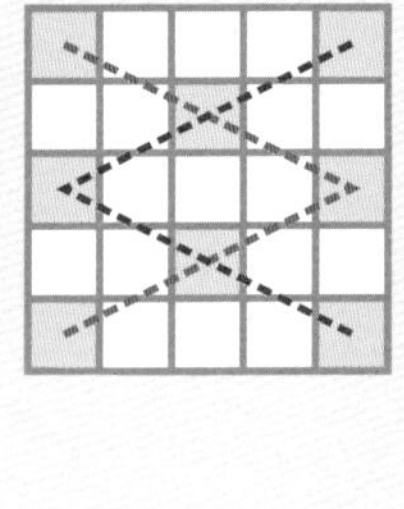

もんだい 5
こたえ B

もんだい 6
こたえ 図を見てね

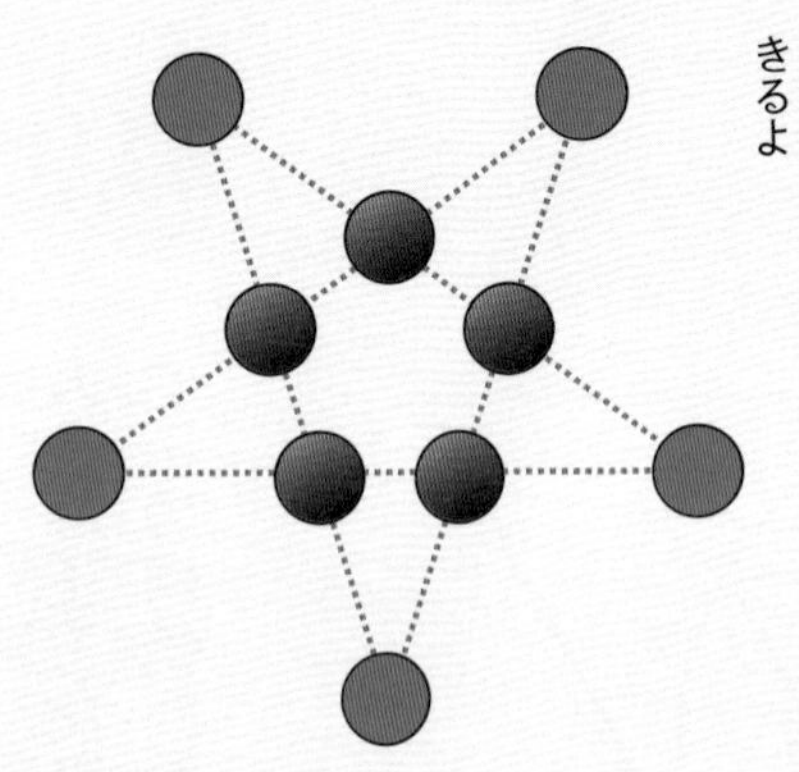

もんだい 7
こたえ D
4つのぬりつぶされた正方形は桂馬とび（前に2マス、ヨコに1マスの位置）に移動するよ

もんだい 8
こたえ 図を見てね
左の図のように5枚の10円玉を星形の先端におくと10円玉4枚の列が5列できるよ

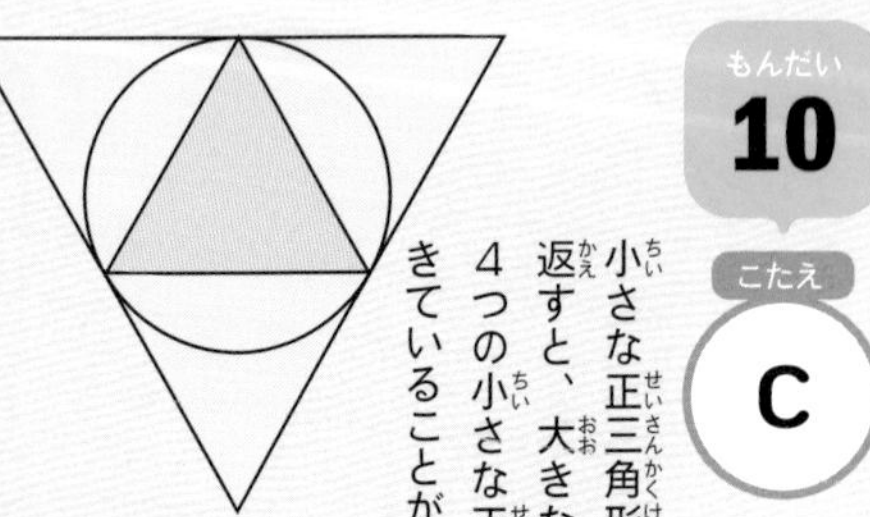

もんだい 9
こたえ 図を見てね

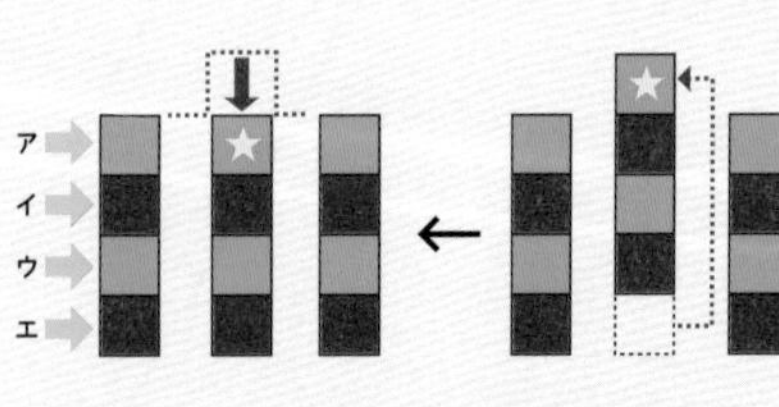

まず、真ん中の列のいちばん下にある★印のタイルを列のいちばん上に移動させるんだ。そのあとタイル1つ分だけ押すと、アとウの列は青だけ、イとエの列は赤だけになるよ

もんだい 10
こたえ C
小さな正三角形をひっくり返すと、大きな正三角形が4つの小さな正三角形でできていることがわかるよ

もんだい 1

図のように正方形の折り紙を折ってハサミで切ったよ。折り紙をひろげるとどの形になるかな？

こたえ

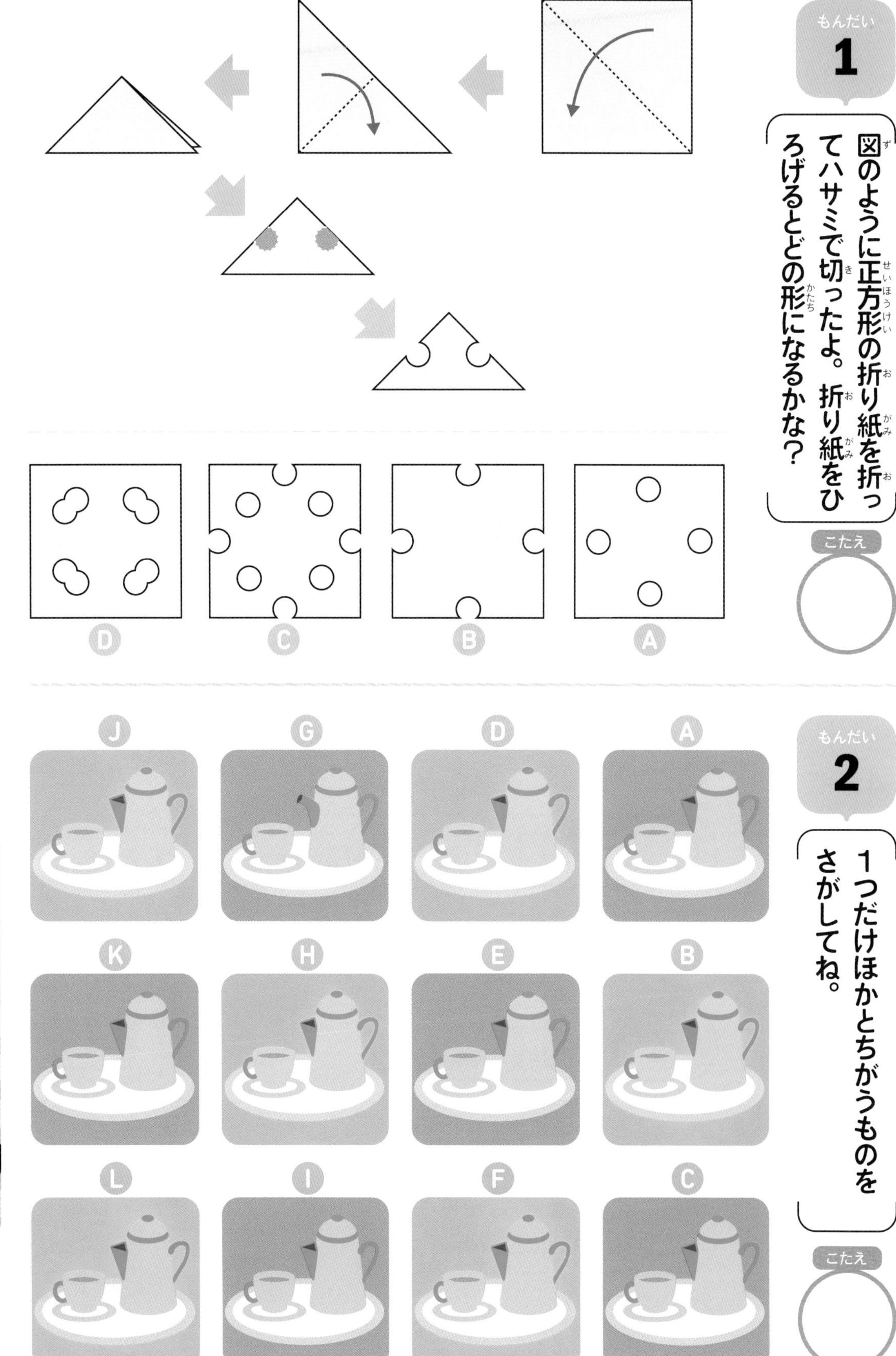

もんだい 2

1つだけほかとちがうものをさがしてね。

こたえ

上級問題
レベル1
レベル2
レベル3
レベル4
レベル5

もんだい 3

上の形とくみあわせるとサイコロの形（正立方体）になるのはどれかな？

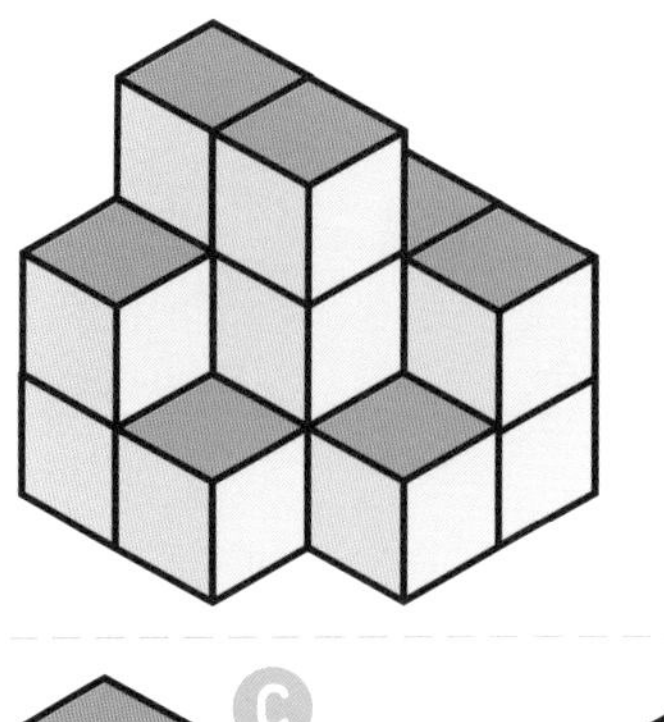

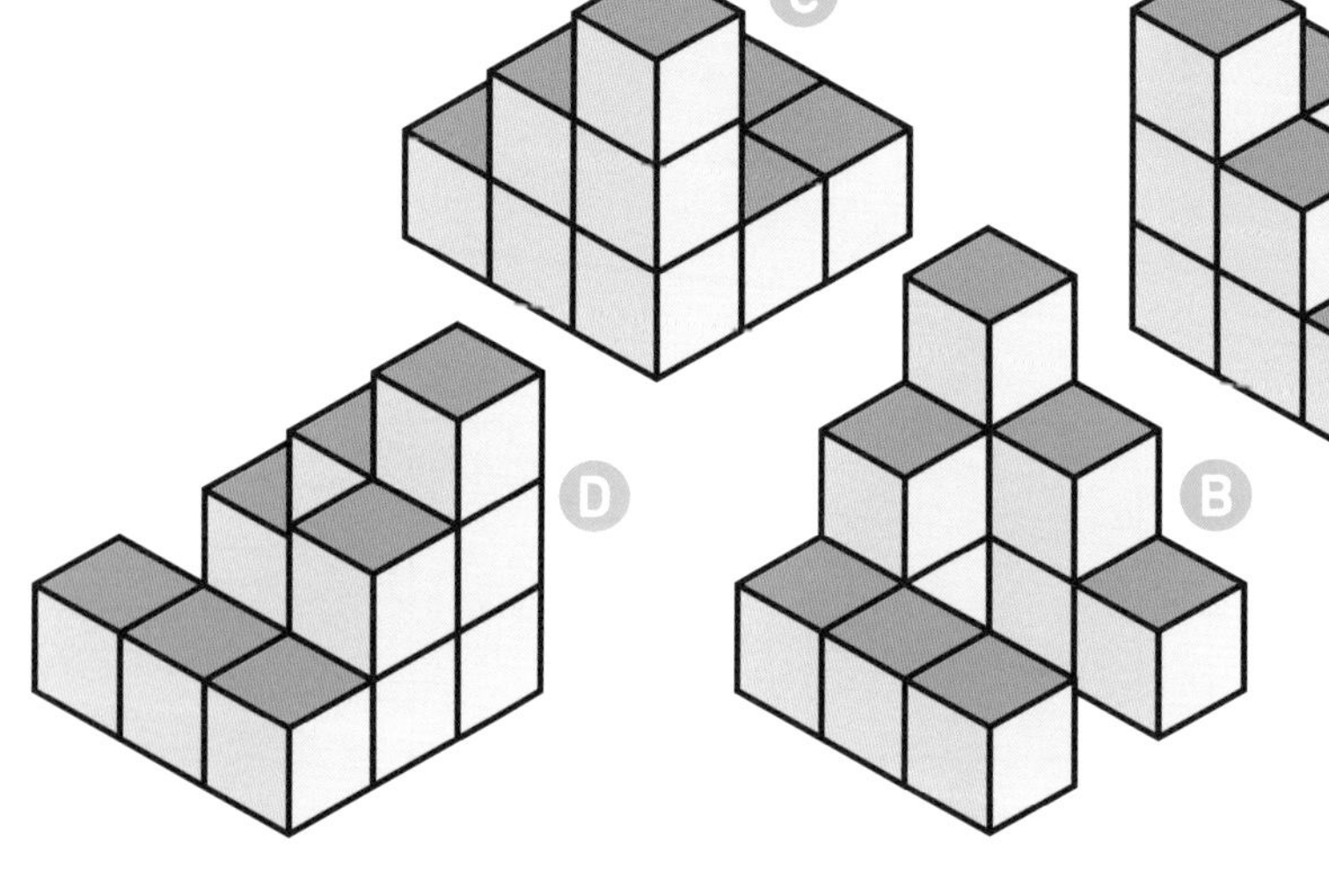

こたえ

もんだい 4

30個のリングで7本のくさりを作ったよ。すべてのくさりをつなぎあわせて1つの大きなくさりにするには最低何カ所を切ってつなぎあわせればいいかな？

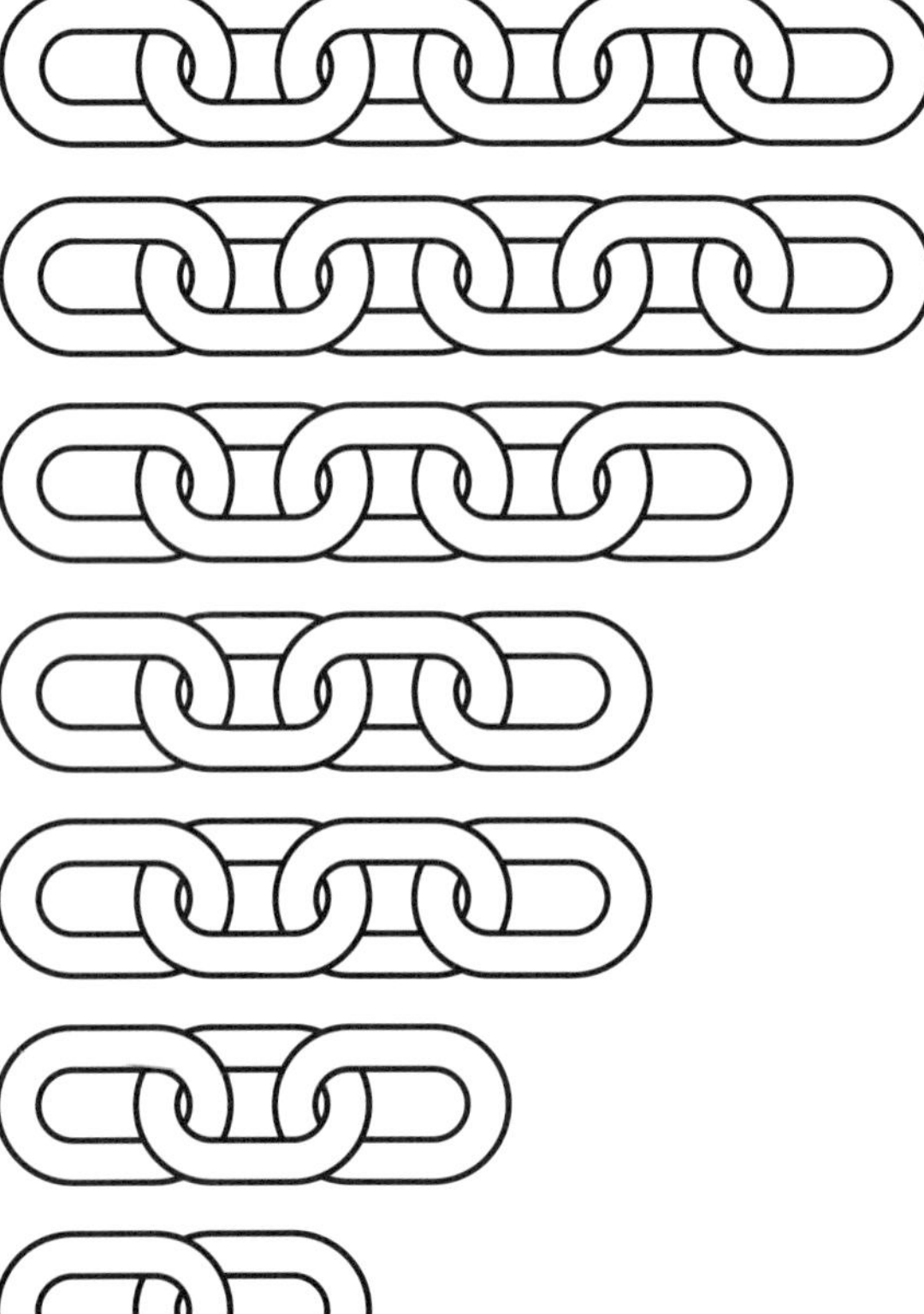

A 4カ所

B 5カ所

C 6カ所

D 7カ所

こたえ

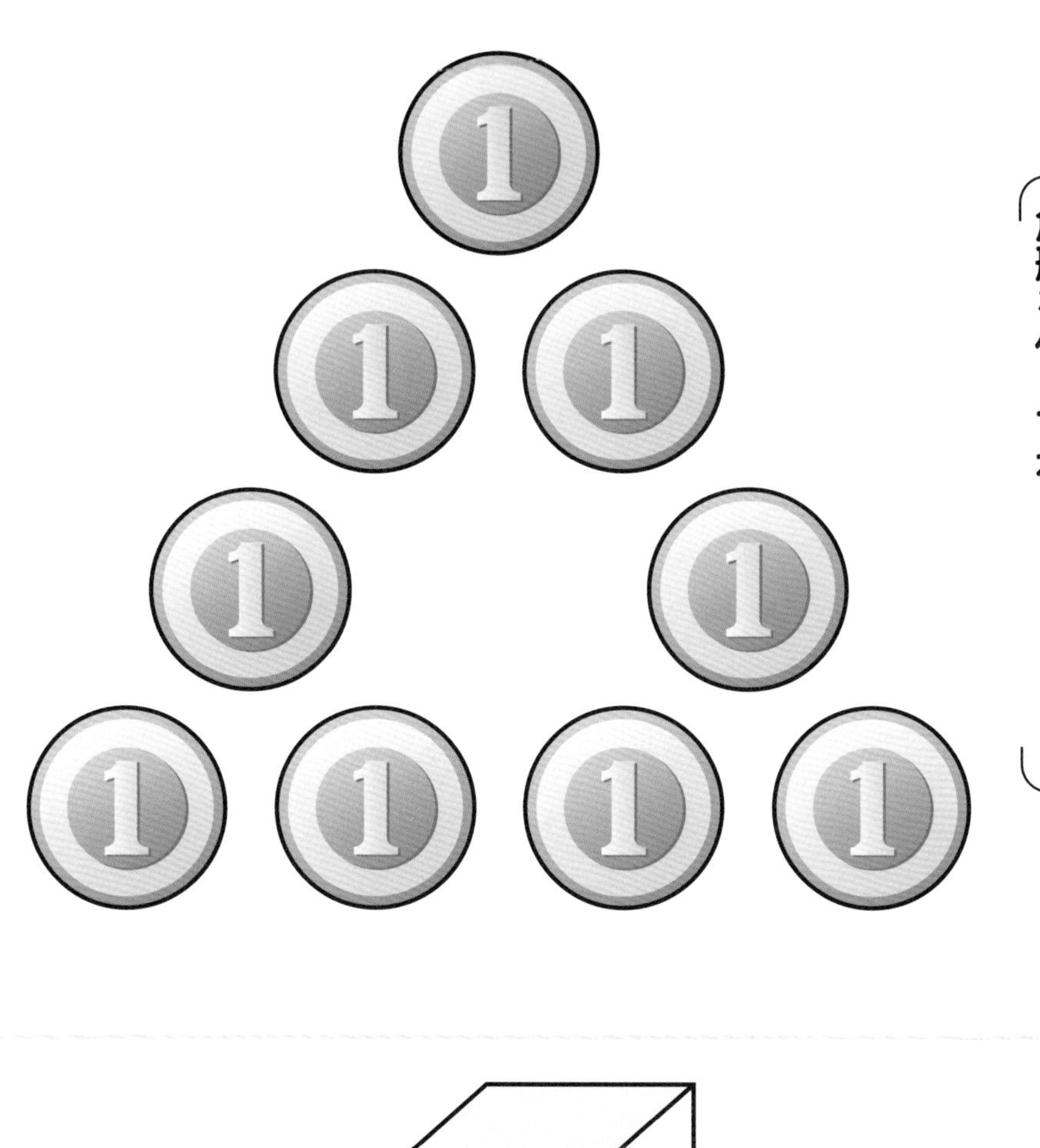

もんだい 5

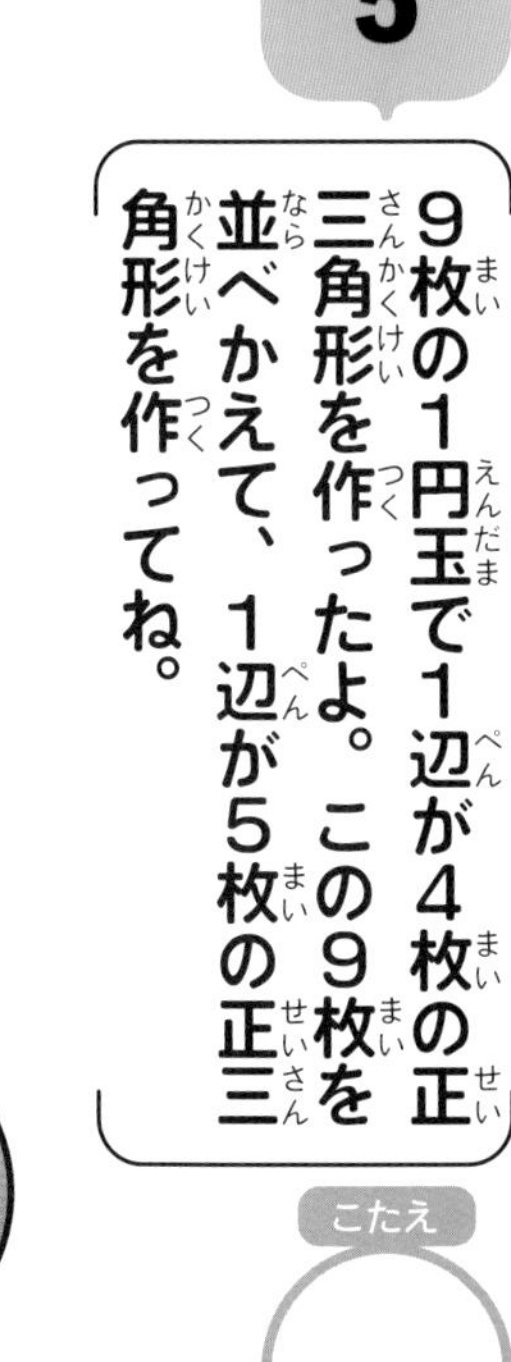

9枚の1円玉で1辺が4枚の正三角形を作ったよ。この9枚を並べかえて、1辺が5枚の正三角形を作ってね。

こたえ

もんだい 6

どれをくみたてると上の形になるかな？

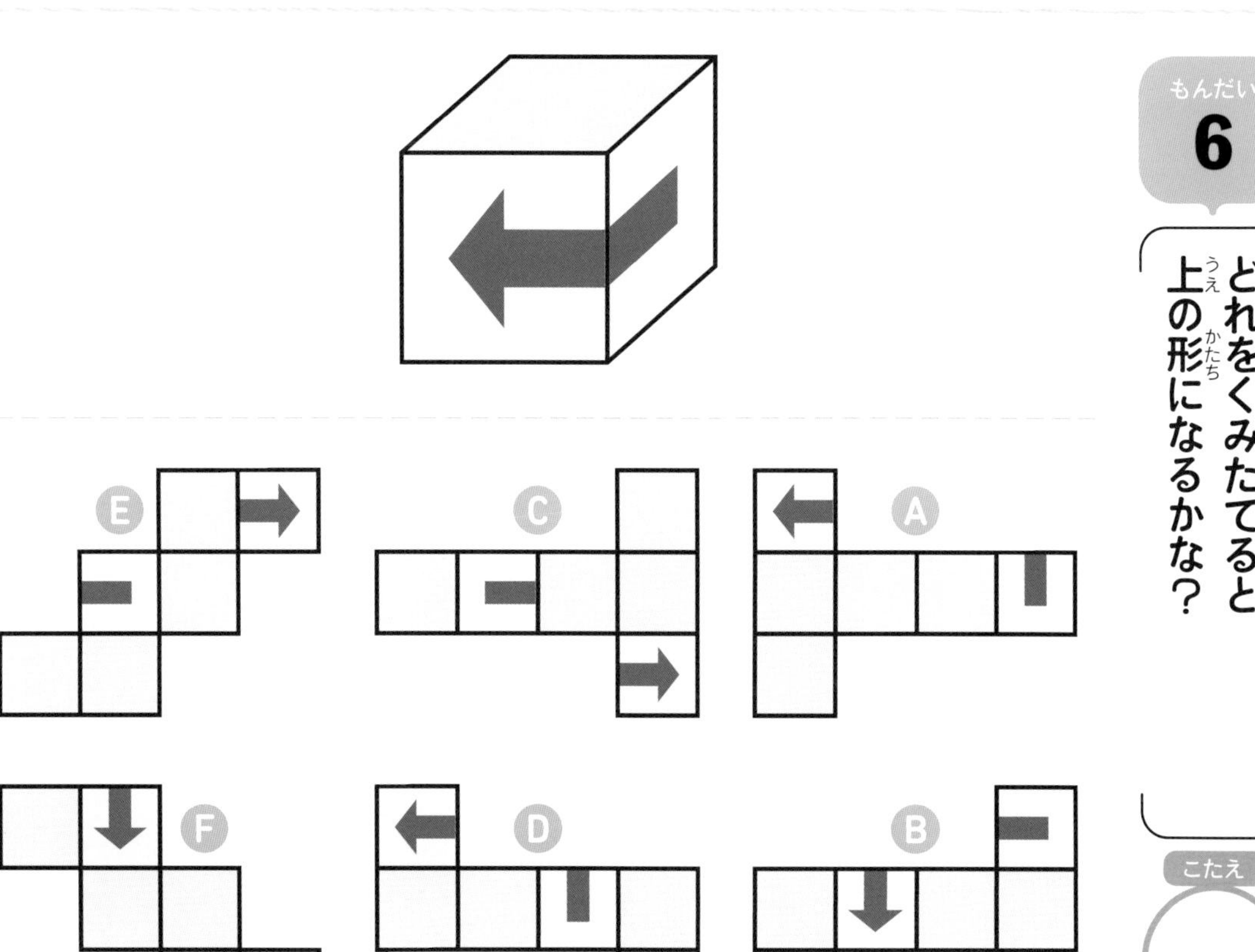

こたえ

上級問題
レベル1
レベル2
レベル3
レベル4
レベル5

もんだい 7

100円玉が2枚、50円玉が3枚、10円玉が10枚あるよ。250円を支払う方法は何通りあるかな？

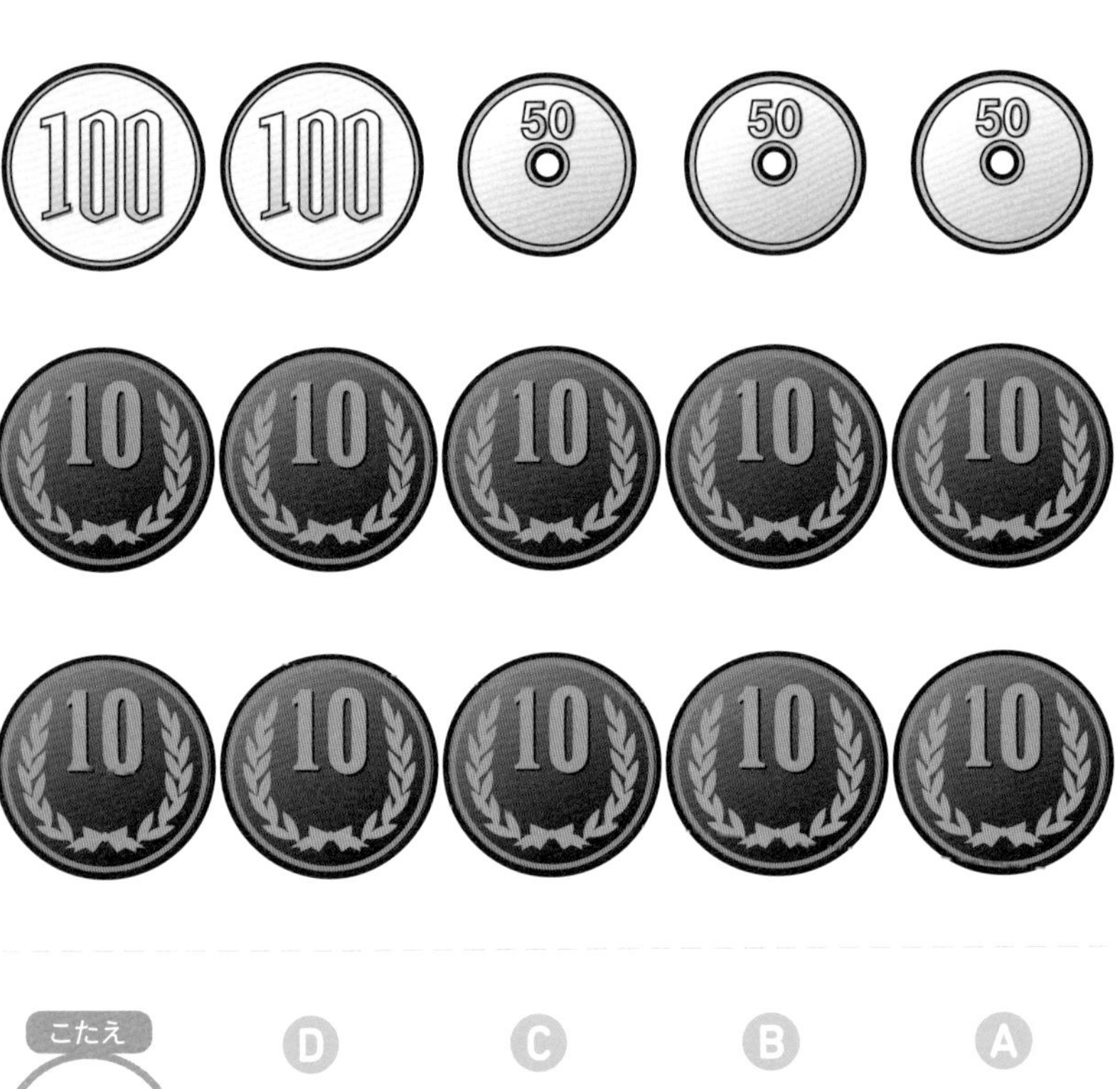

Ⓐ 4通り

Ⓑ 5通り

Ⓒ 6通り

Ⓓ 7通り

こたえ

もんだい 8

家の形をした図形があるよ。正方形（水色の部分）をのぞいた白い部分を同じ形に2等分してね。

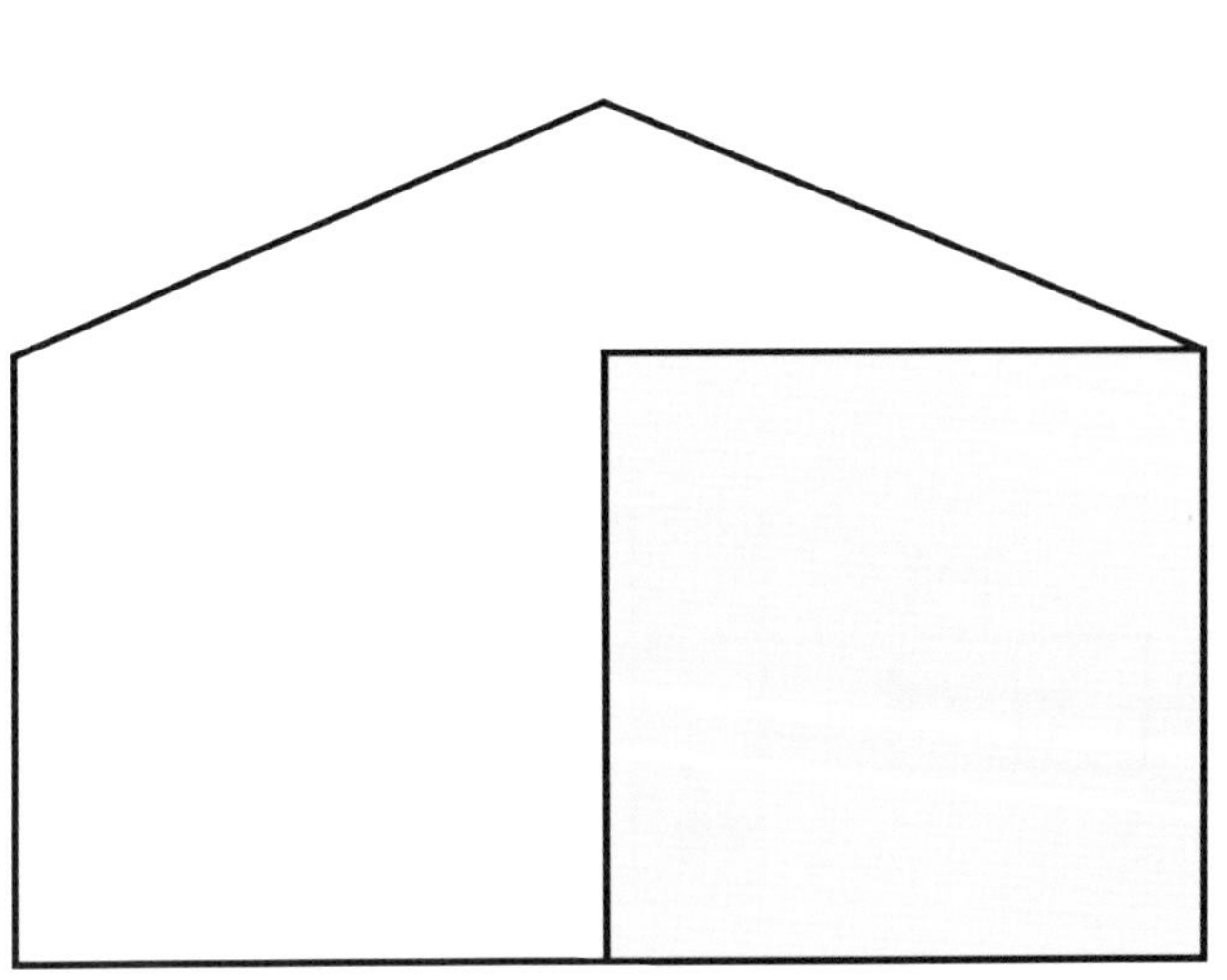

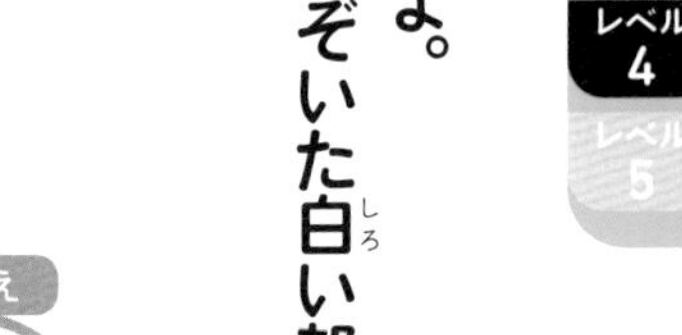

こたえ

もんだい 9

同じくみあわせを2つさがしてね。

A

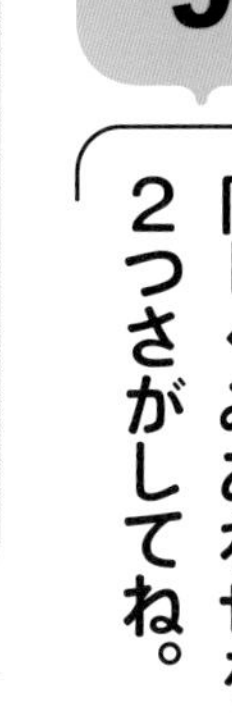
C

E
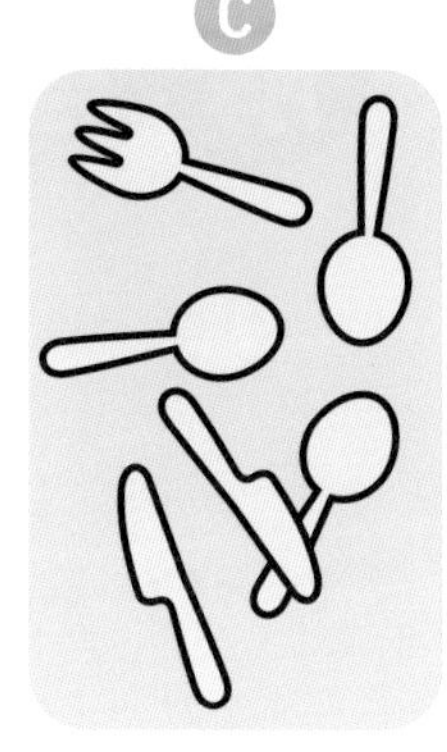
G

B
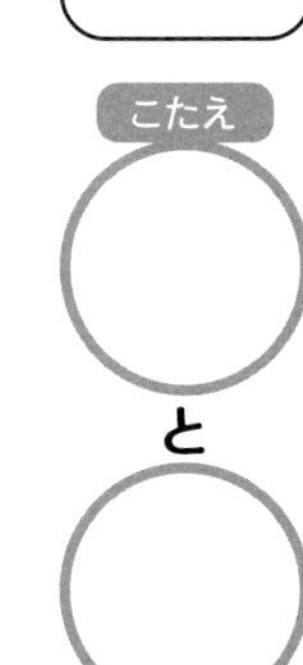
D
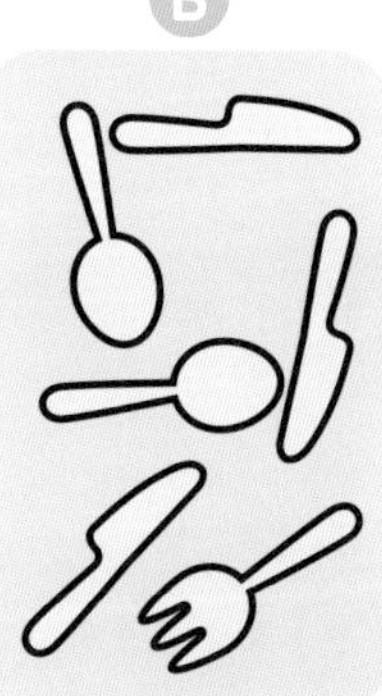
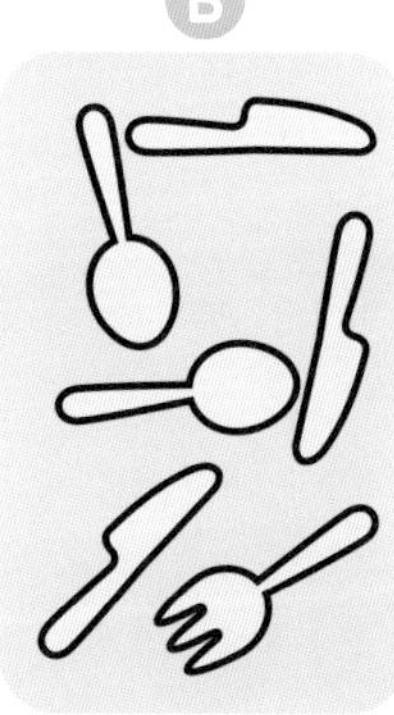
F
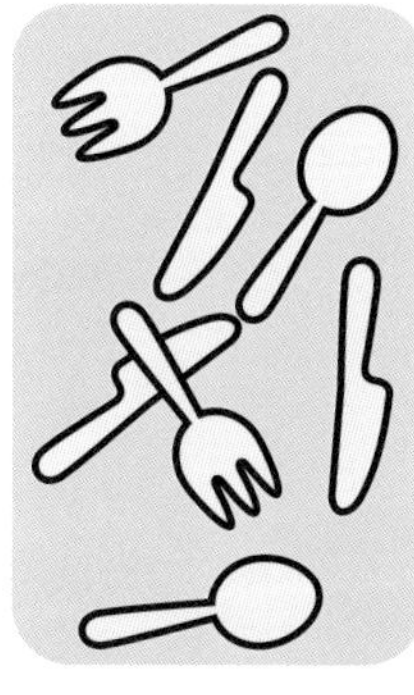
H
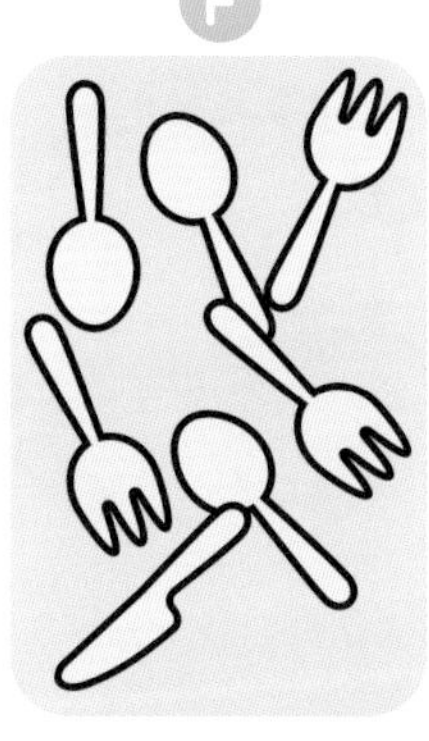

こたえ

と

もんだい 10

パイを、パイの円周と同じ形の丸い金属の輪で図のように3回切って6個にわけたよ。同じ金属の輪で3回切ったら最大で何個にわけられるかな？

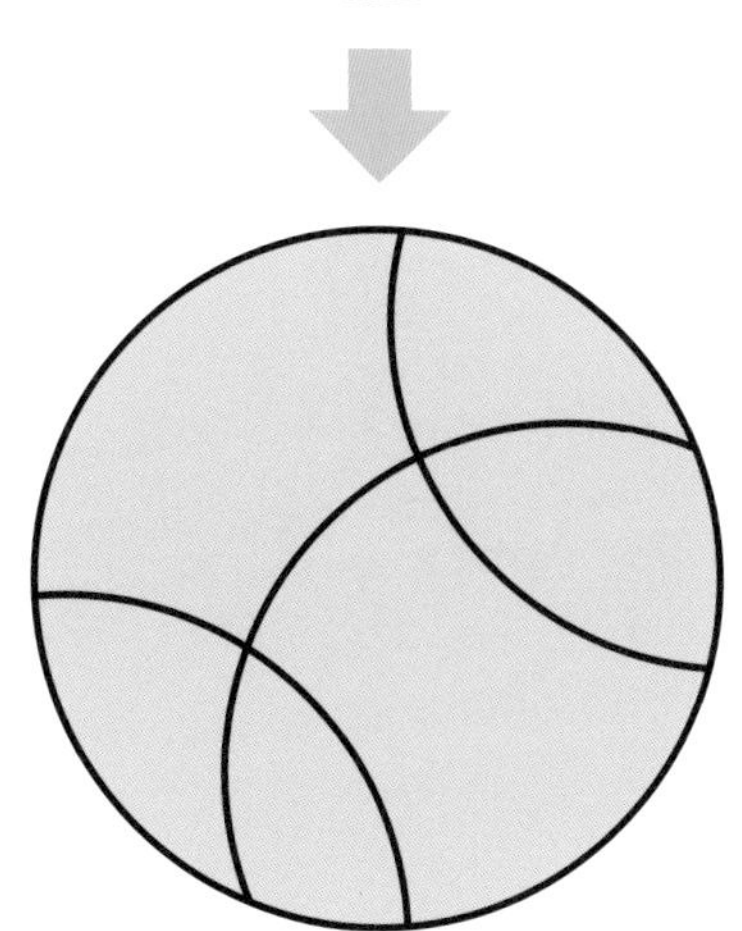

A 7個

B 8個

C 9個

D 10個

こたえ

上級問題
レベル1
レベル2
レベル3
レベル4
レベル5

解答 上級問題・レベル4

もんだい 1

こたえ D

もんだい 2

こたえ G

Gだけここがちがうよ

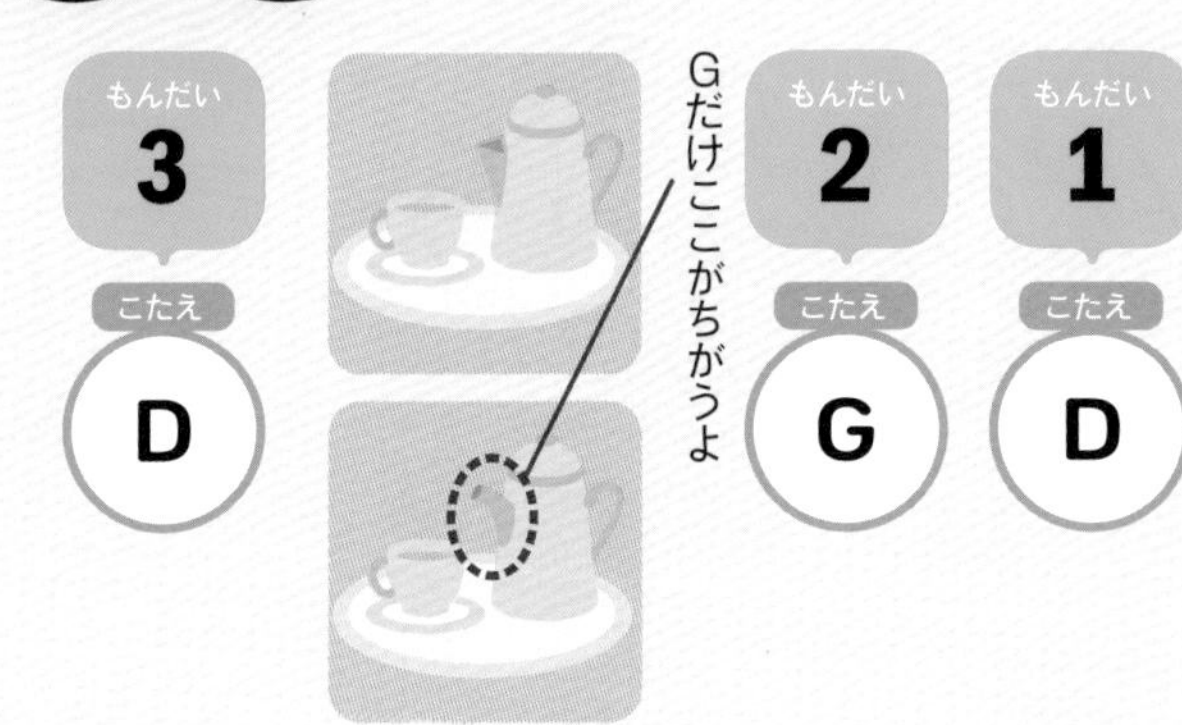

もんだい 3

こたえ D

もんだい 4

こたえ B

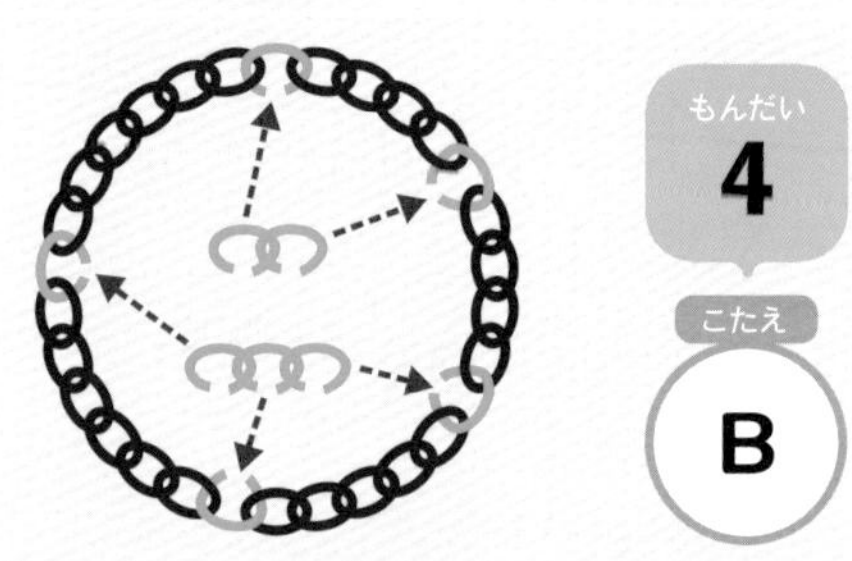

輪が2個のくさりと輪が3個のくさりをバラバラにして1個ずつの輪にするよ。それぞれを残ったリングのあいだに入れてつなぐと5カ所ですむよ

もんだい 5

こたえ 図を見てね

左の図のように並べかえるよ（同じように左や下の列の1円玉を動かしても正解だよ）

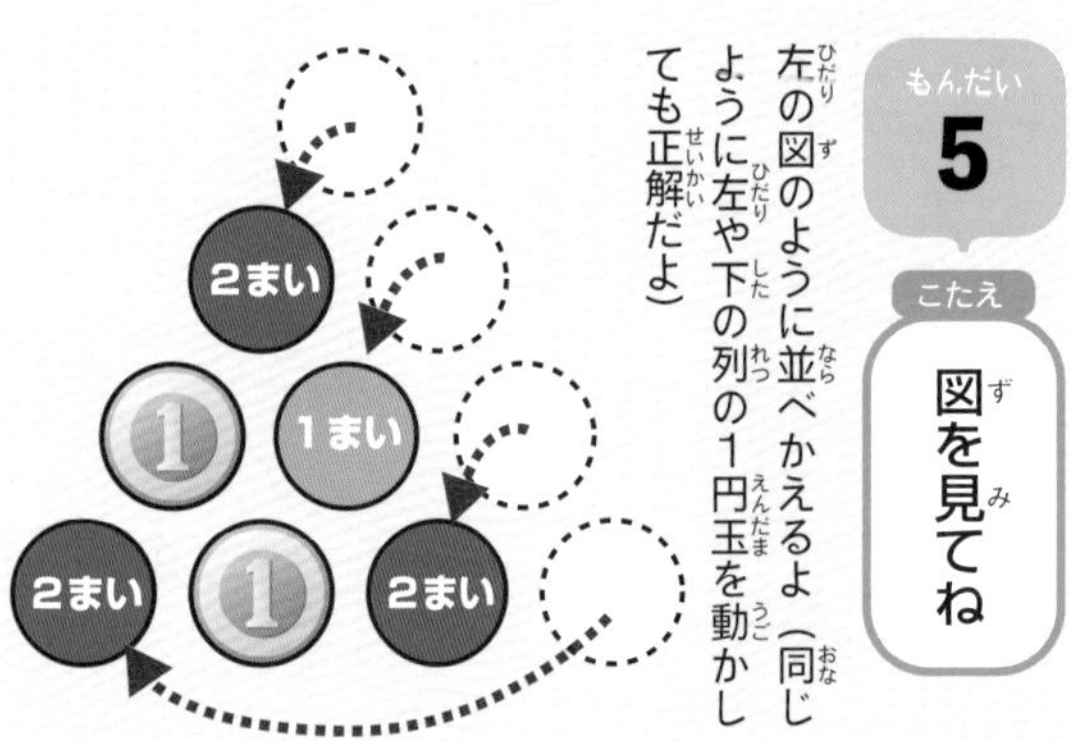

もんだい 6

こたえ F

もんだい 7

こたえ C

①100円1枚＋50円3枚
②100円1枚＋50円2枚＋10円5枚
③100円1枚＋50円1枚＋10円10枚
④100円2枚＋50円1枚
⑤100円2枚＋10円5枚
⑥50円3枚＋10円10枚

の6通りあるよ

もんだい 8

こたえ 図を見てね

左の図のように直角に交わる2本の線をひくと同じ形に2等分できるよ

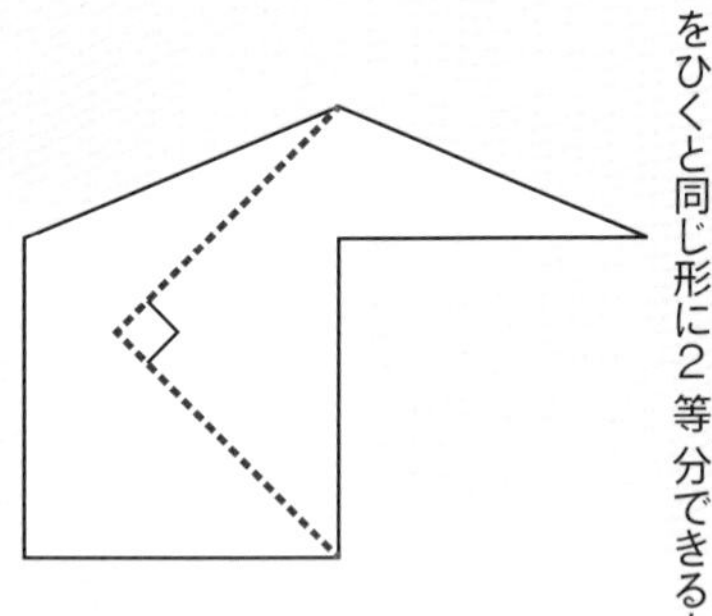

もんだい 9

こたえ A と G

もんだい 10

こたえ D

左の図のように切ると10個にわけられるよ

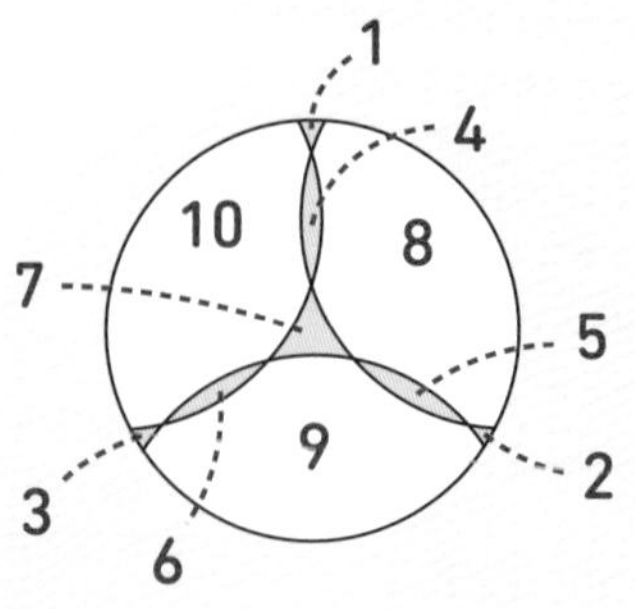

もんだい
1

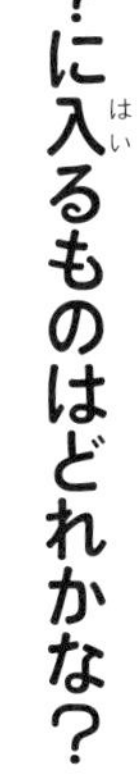

こたえ

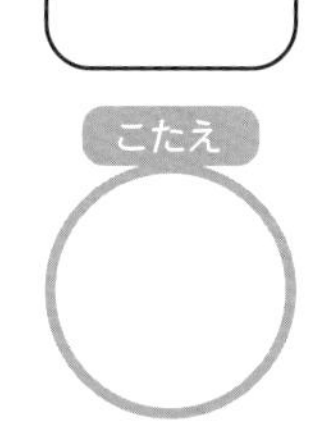

もんだい
2

図のようにA、B、C、Dの4つのコップを下向きに並べて、それぞれのコップをつなぐようにマッチを使って橋をかけたよ。Aのコップにいるイモムシが B や C のコップを通らずにDのコップにわたれるように橋をかけるには、マッチをどうおきかえればいいかな? マッチが地面につかないようにしなければいけないよ。

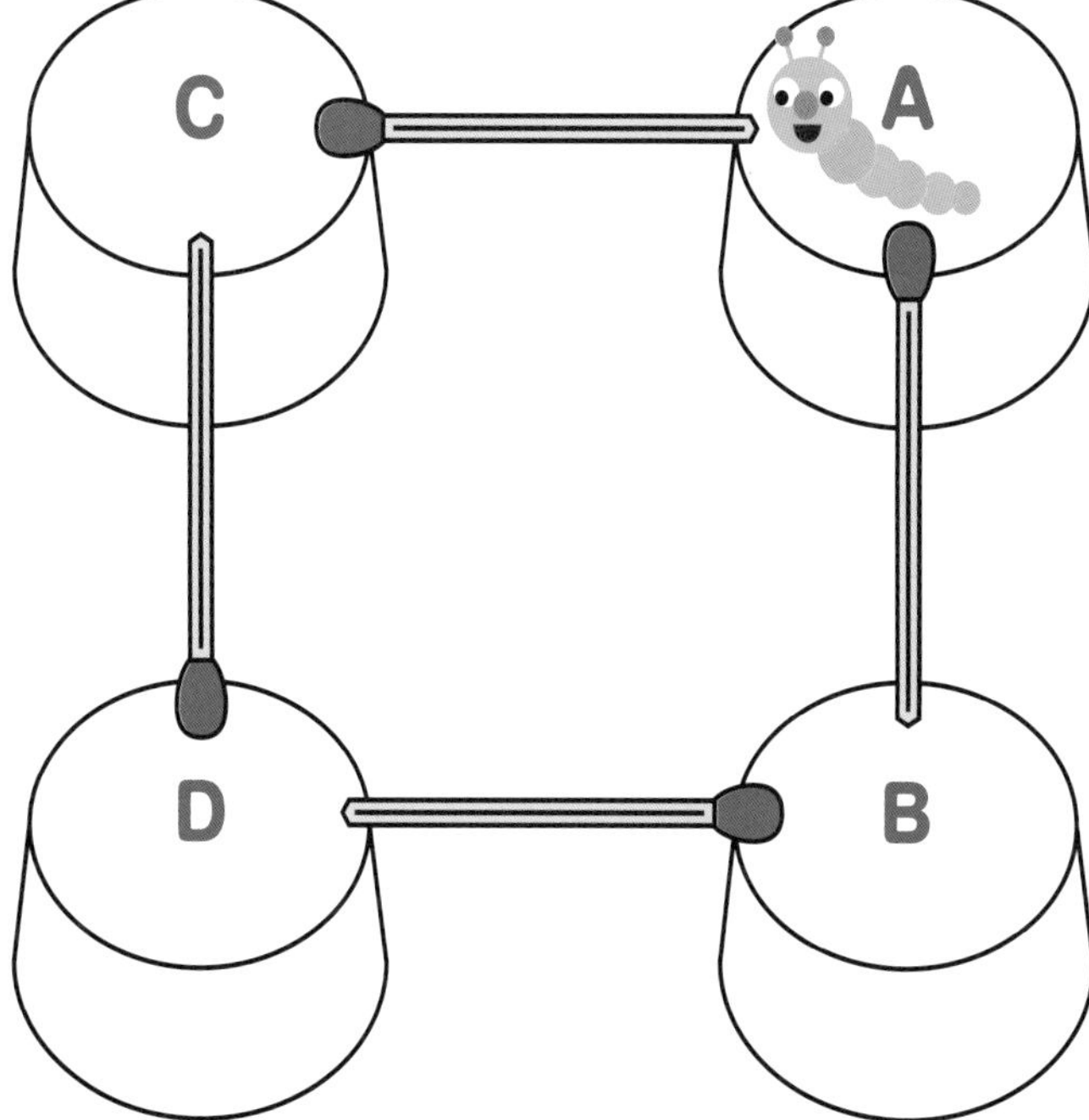

もんだい
3

左の図は同じ立方体を3つの方向から見たものだよ。くみたてるとこの立方体になるものはどれかな？

こたえ

もんだい
4

左の図を1本の直線で2つにわけ、それをくみあわせると正方形ができるよ。どのようにわければいいかな？

2センチ
1センチ
1センチ
1センチ
2センチ
1センチ
5センチ

もんだい 5

図のように正方形の折り紙を折ってハサミで切ったよ。折り紙をひろげるとどの形になるかな？

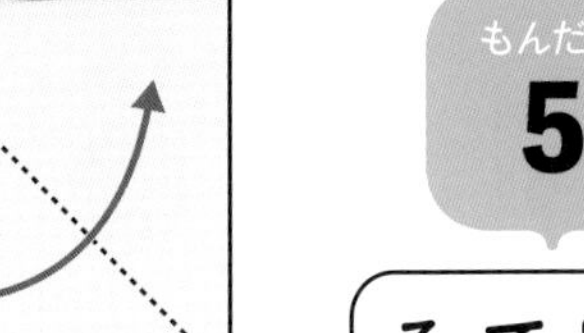

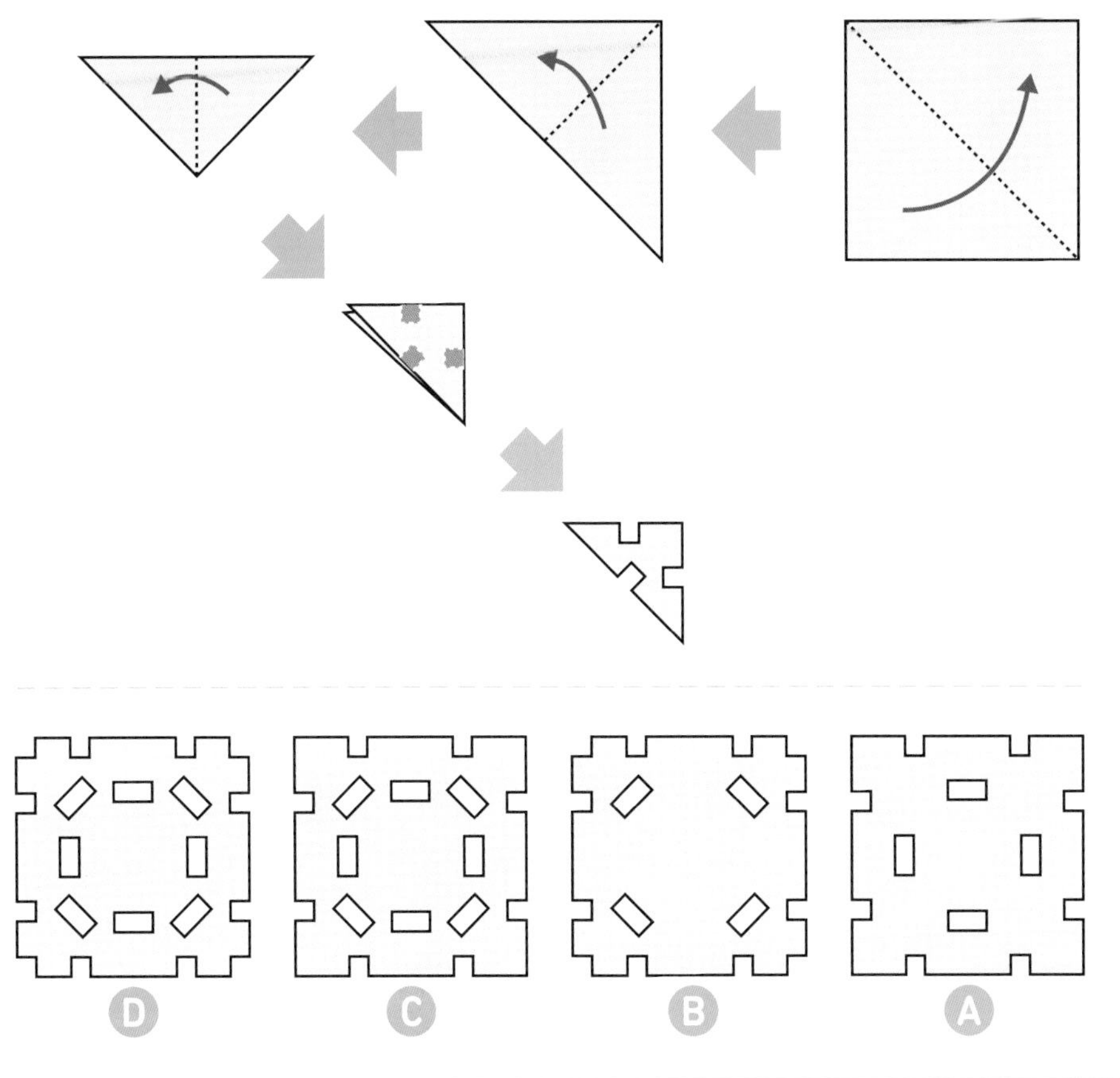

こたえ

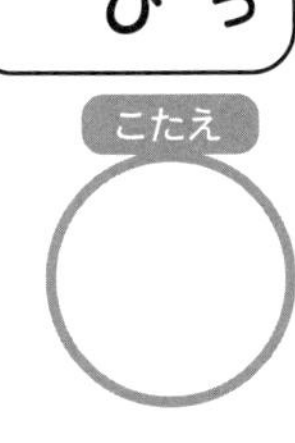

もんだい 6

図のような9つの正方形のうち、2つだけぬりつぶしたときにできるデザインは何種類あるかな？　ただし、回転させたり、裏返したりすると同じデザインになるものは1種類として考えるよ。

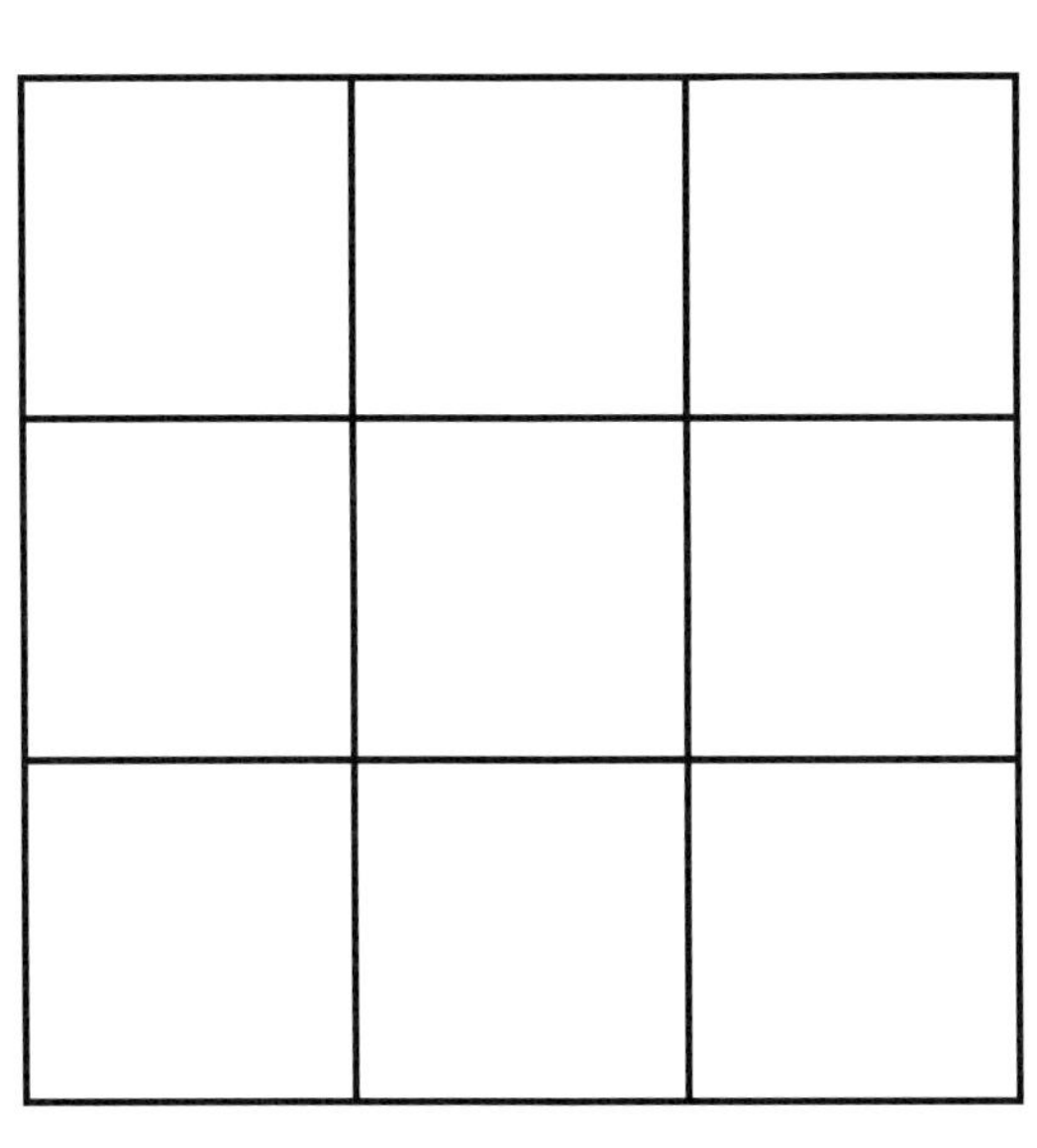

A 6種類

B 7種類

C 8種類

D 9種類

こたえ

上級問題

レベル1 レベル2 レベル3 レベル4 レベル5

もんだい
7

同じくみあわせを2つさがしてね。

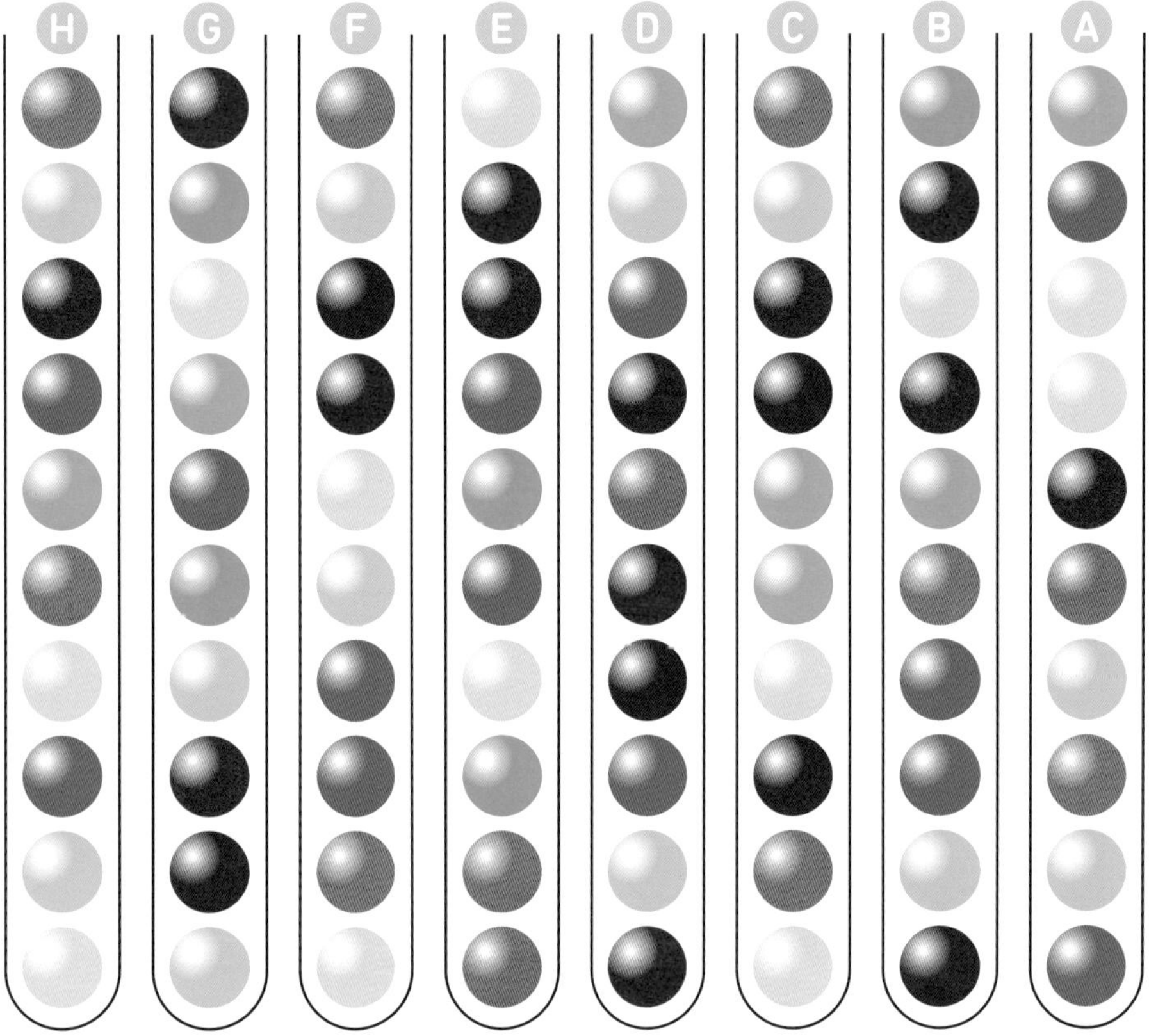

H　G　F　E　D　C　B　A

こたえ

（　　）と（　　）

もんだい
8

7リットルと9リットルと12リットルのカンがあるよ。12リットルのカンだけ水がいっぱい入っているんだ。12リットルのカンの水を1リットルだけ残すには最低何回水を移しかえなければいけないかな？　ただし、どのカンにも目盛りはついていないよ。

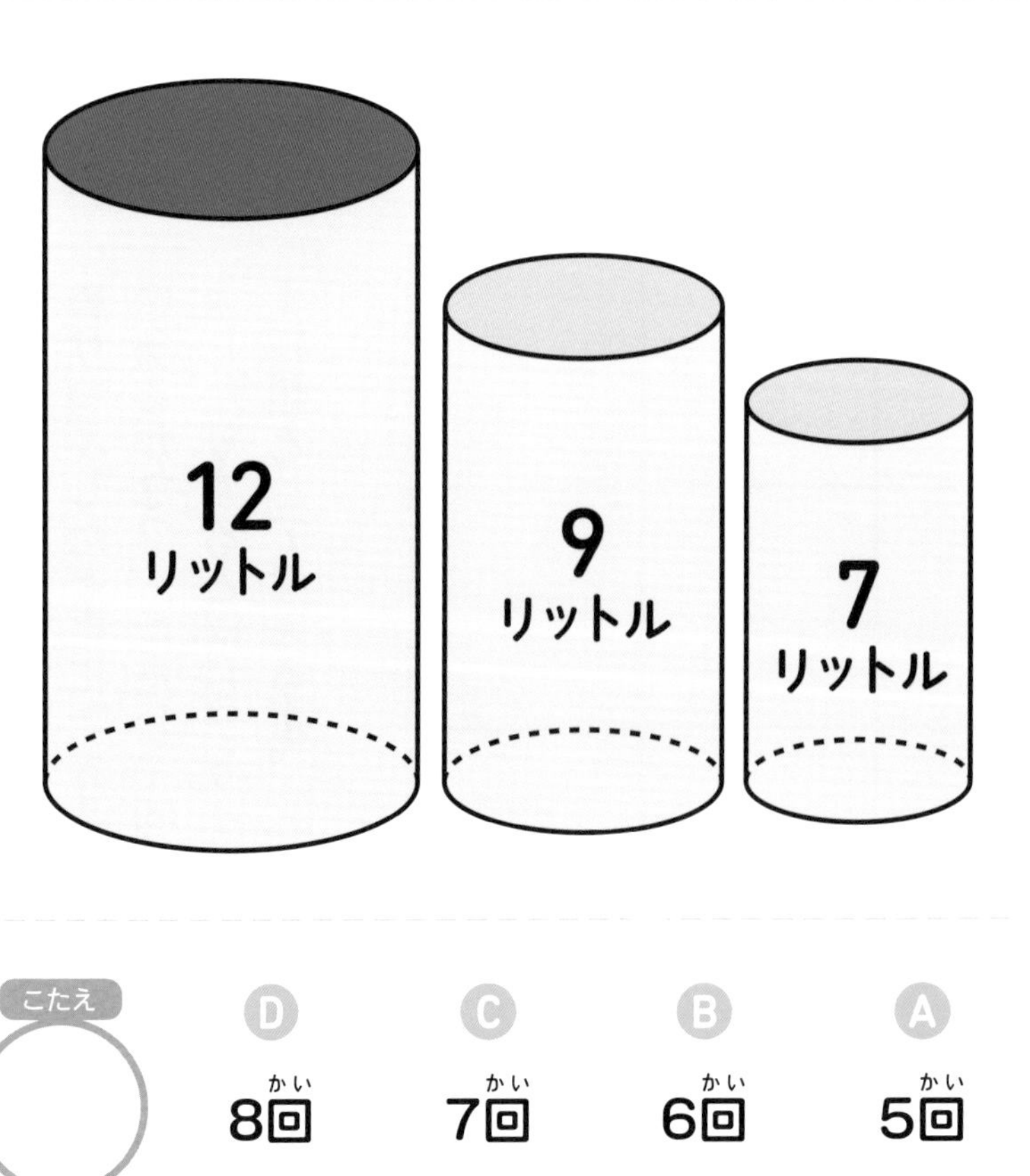

こたえ

（　　）

A　5回

B　6回

C　7回

D　8回

上級問題

レベル1　レベル2　レベル3　レベル4　レベル5

もんだい
9

図のように向かいあう辺がすべて平行になっている六角形があるよ。この六角形をものさしと鉛筆だけで1本の線をひいて面積を2等分できるかな？　ただし、この六角形の面積はわからないよ。

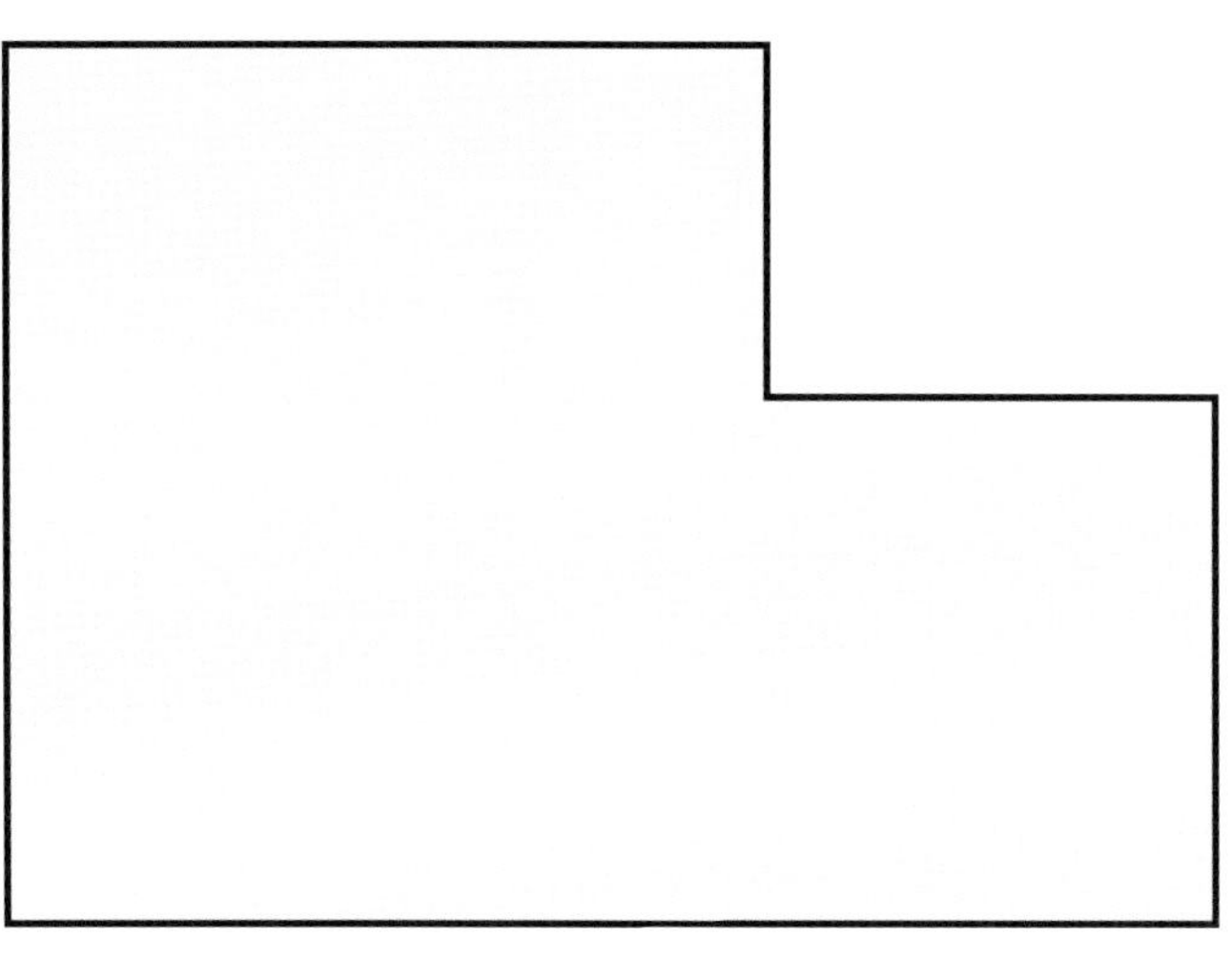

もんだい
10

1、2、3の3種類のカードを3枚ずつ並べて、タテとヨコの列にある数の合計が「6」になるようにしたよ。でも、これではナナメの1列だけ数の合計が「3」になってしまうんだ。タテ、ヨコ、ナナメすべて、列にある数の合計が「6」になるように並べかえてね。

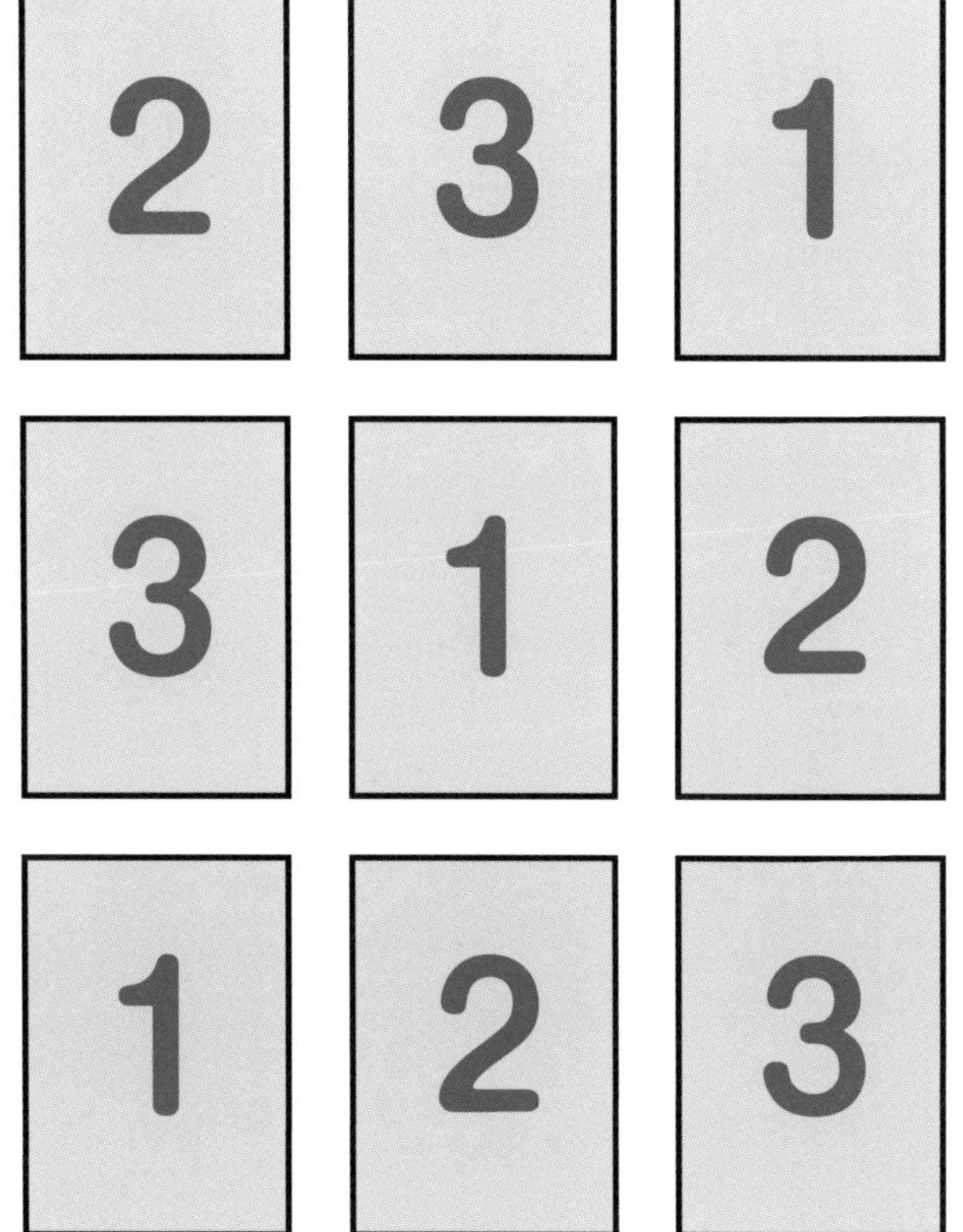

上級問題
レベル1
レベル2
レベル3
レベル4
レベル5

解答 上級問題・レベル5

もんだい 1

こたえ D

ニワトリ、ヒヨコともに、タテとヨコの列の両端で多いほうの数から少ないほうの数をひくと中央の数になるよ

もんだい 2

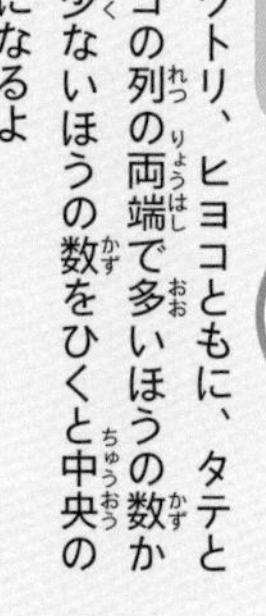

こたえ 図を見てね

もんだい 3

こたえ C

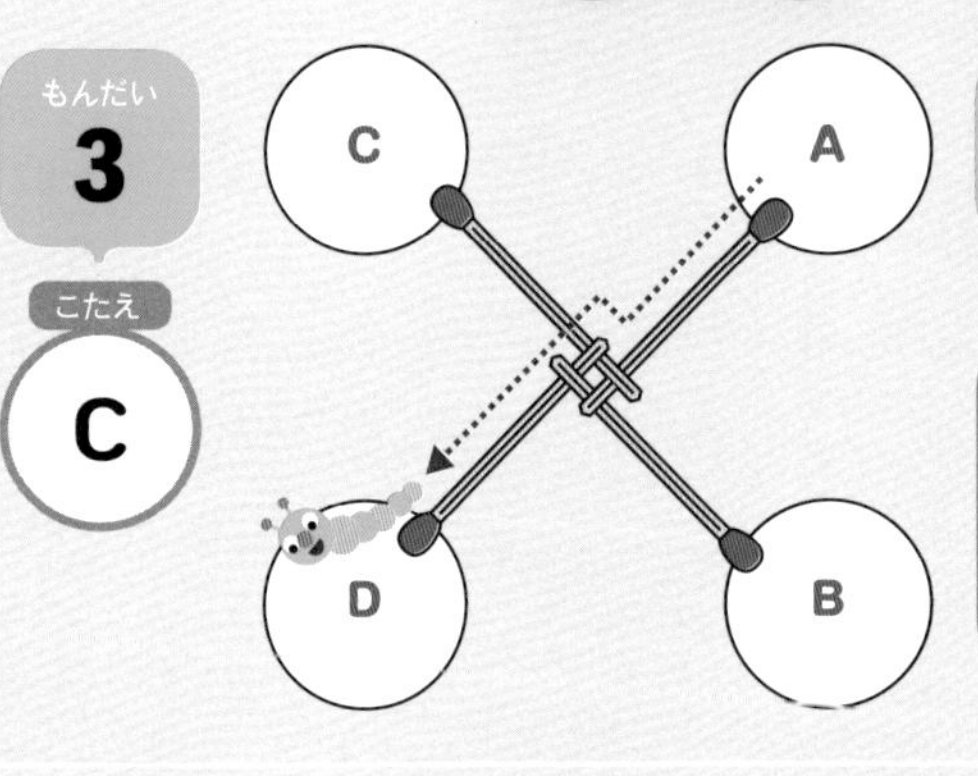

もんだい 4

こたえ 図を見てね

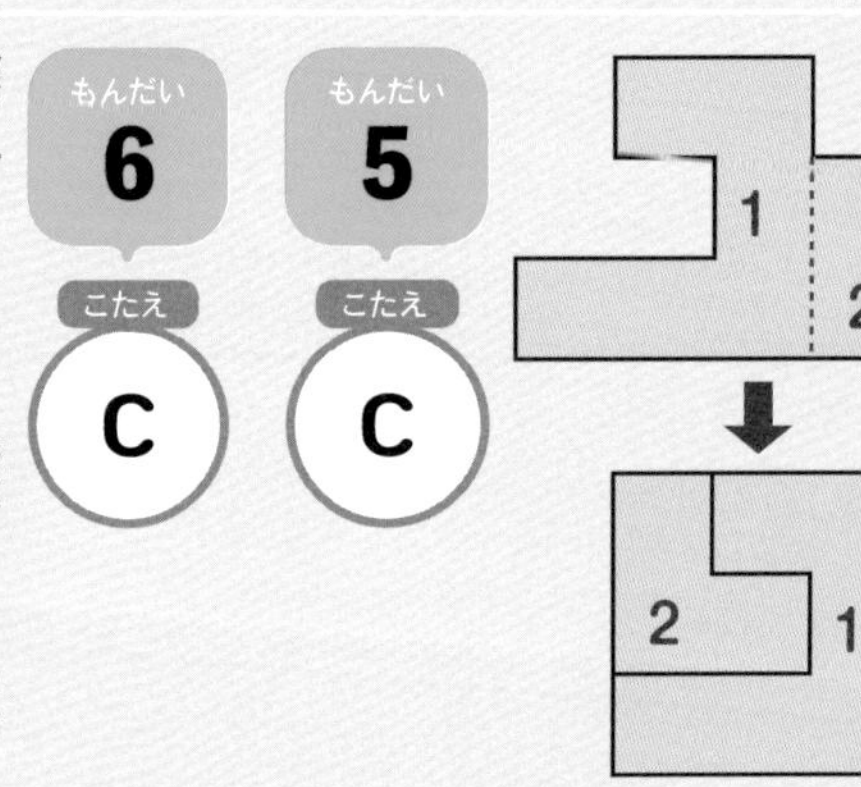

もんだい 5

こたえ C

もんだい 6

こたえ C

左の図のように8種類あるよ（上下、左右が反対でも正解だよ）

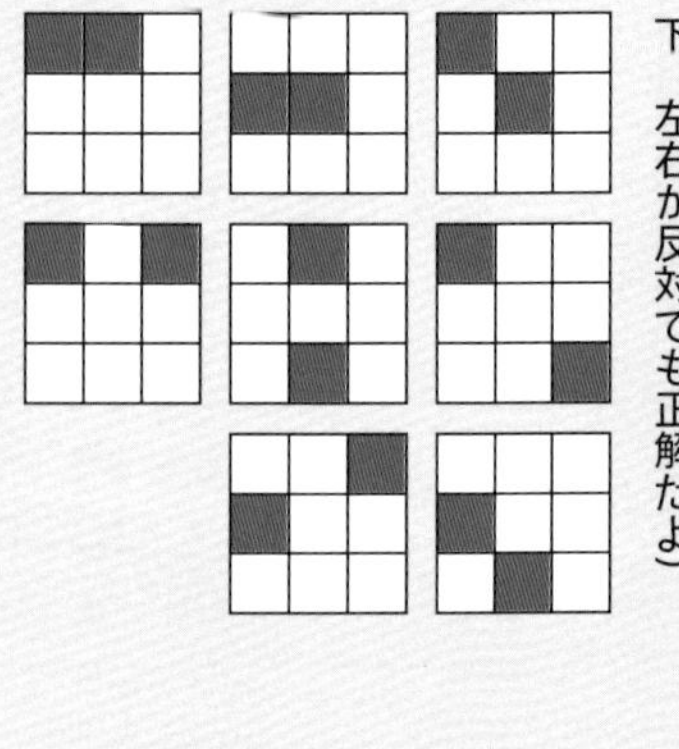

もんだい 7

こたえ A と H

もんだい 8

こたえ A

まず、12リットルのカンの水を9リットルのカンがいっぱいになるまで移すよ（1回目）。つぎに、9リットルのカンの水を7リットルのカンがいっぱいになるまで移す（2回目）。今度は、7リットルのカンの水をすべて12リットルのカンに移しかえるんだ（3回目）。そして、9リットルのカンに残っていた水をすべて7リットルのカンに移しかえる（4回目）。最後に、12リットルのカンから9リットルのカンに、いっぱいになるまで水を移せば（5回目）、12リットルのカンに1リットルだけ水が残せるよ

	1回目	2回目	3回目	4回目	5回目
12リットル	3リットル	3リットル	10リットル	10リットル	1リットル
9リットル	9リットル	2リットル	2リットル	0リットル	9リットル
7リットル	0リットル	7リットル	0リットル	2リットル	2リットル

もんだい 9

こたえ 図を見てね

まず、図形を2つの長方形にわけるよ。つぎに、2つの長方形に対角線をひいてそれぞれの中心をもとめるんだ。そして、2つの中心を結ぶ直線をひくと図形を2等分できるよ

もんだい 10

こたえ 図を見てね

3	1	2
1	2	3
2	3	1

上級問題 レベル1 レベル2 レベル3 レベル4 レベル5

1日5分!で右脳の能力がアップします!

著者 **児玉光雄**（こだま・みつお）

追手門学院大学スポーツ研究センター特別顧問。前鹿屋体育大学教授。京都大学工学部卒。カリフォルニア大学ロサンゼルス校（UCLA）大学院にて工学修士号を取得。米国オリンピック委員会スポーツ科学部門本部の客員研究員として、オリンピック選手のデータ分析に従事。専門は臨床スポーツ心理学、体育方法学。能力開発にも造詣が深く、日本で最初に「右脳IQ」という概念を導入し、現在もその普及に尽力している。『右脳ドリルシリーズ』に代表される数多くの脳トレ本を上梓しているほか、多くの受験雑誌やビジネス誌に能力開発に関するコラムを執筆。これらのテーマで、大手上場企業を中心に年間70~80回のペースで講演活動をこなす。著作は150冊以上、累計250万部。1947年兵庫県生まれ。

STAFF
装丁・本文デザイン　西村巧（株式会社ファーブル）
企画制作　岡田剛（楓書店）、シーロック出版社

※本書は 2011 年に刊行された『お受験で差をつける！子供の右脳ドリル』(東邦出版) を、新装版として再刊行したものです。

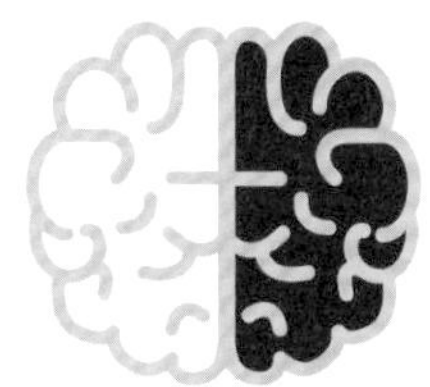

お受験で差をつける！子どもの右脳ドリル

2021年7月20日　初版第1刷発行

著　者　児玉光雄
発行者　岩野裕一
発行所　株式会社実業之日本社
〒107-0062　東京都港区南青山5-4-30
CoSTUME NATIONAL Aoyama Complex 2F
電話　編集　03-6809-0452
　　　販売　03-6809-0495
ホームページ　https://www.j-n.co.jp/
印刷・製本　大日本印刷株式会社

ISBN978-4-408-33988-7（新企画）